BAOXIAN ZIJIN YUNYONG DE FENGXIAN GUANLI YU

保险资金运用的风险管理

刘喜华　杨攀勇　宋媛媛 ◎ 著

中国社会科学出版社

图书在版编目(CIP)数据

保险资金运用的风险管理/刘喜华,杨攀勇,宋媛媛著.—北京:中国社会科学出版社,2013.11
ISBN 978-7-5161-3545-7

Ⅰ.①保… Ⅱ.①刘…②杨…③宋… Ⅲ.①保险资金-风险管理-研究 Ⅳ.①F830.45

中国版本图书馆 CIP 数据核字(2013)第 265771 号

出 版 人	赵剑英
责任编辑	侯苗苗
责任校对	王海楠
责任印制	何 艳

出 版	中国社会科学出版社
社 址	北京鼓楼西大街甲 158 号
邮 编	100720
网 址	http://www.csspw.cn
发 行 部	010-84083685
门 市 部	010-84029450
经 销	新华书店及其他书店

印刷装订	北京市兴怀印刷厂
版 次	2013 年 11 月第 1 版
印 次	2013 年 11 月第 1 次印刷

开 本	710×1000 1/16
印 张	17.75
插 页	2
字 数	282 千字
定 价	55.00 元

凡购买中国社会科学出版社图书,如有质量问题请与本社联系调换
电话:010-84083683
版权所有 侵权必究

内 容 提 要

保险资金运用的风险管理是保险公司整体风险管理的重要组成部分，它包括宏观和微观两个层面。从微观层面上讲，保险资金运用的风险管理既包括对保险资金运用风险的综合管理，又包括对具体投资品种或具体风险种类的风险管理。从宏观层面上讲，保险资金运用的风险管理主要是指外部监管。本书主要从微观层面上研究保险资金运用的风险管理。

本书共分七章，分别从五个方面研究保险资金运用的风险管理问题。首先分析保险资金运用所面临的最大风险即利率风险度量的灵敏度方法和几个典型的利率风险模型，并从一般意义上研究保险资金主要运用方式的风险管理。其次分析保险资金运用的管理组织模式及其内部风险控制，重点研究保险资产管理公司的资金运用模式，给出保险资金运用的风险管理系统设计架构，分析保险资金运用的内部控制制度以及投资决策流程和投资决策方式等。作为尝试，本书还建立了保险资金运用的操作风险管理的一般分析框架。鉴于保险资金运用的风险限额管理是监控保险资金运用风险的主要手段，是从整体上控制保险资金运用风险的主要措施，因此，本书还重点研究保险资金运用的风险限额管理，包括风险限额的形式与内容、总体风险限额的确定、风险限额的分配与调整、风险调整的绩效评价方法以及风险限额的监控与执行等，并以实例说明其应用。此外，由于保险资金运用风险就是资产负债不匹配风险，保险资金运用的风险管理不能仅仅从资产方出发，而应根据负债特点制定相应的风险控制与处理策略。因此，本书还着重从资产负债匹配管理的角度研究保险资金运用的风险管理与控制，分析中国保险业资产负债管理模式的选择，研究保险公司资产负债管理的组织系统及其负债的利率特性，并给出利率风险的几种免疫策略和保险公司资产负债管理的几个最优化模型。最后，鉴于保险资金运用风险最终可以反映到保险公司是否具有偿付能力这一核心问题上来，因此，作为尝试，本书以寿险业为例，运用径向基函数神经网络模型研究保险公司偿付能力的预警与监测方法。

　　本书除吸收国内外相关领域的研究成果外，还结合中国保险业的实际情况，对保险资金运用的风险管理理论与方法进行了广泛而深入的研究，预期目标是通过本书的研究为保险公司的资金运用提供决策支持，帮助保险公司从总体上控制资金运用风险，使保险资金运用达到更加安全、有效和流动的目标。本书内容全面，重点突出，研究视角独特，可供相关领域的研究者和专业人士参考。

目 录

第一章 绪论 … (1)

第一节 问题提出 … (1)

第二节 文献回顾 … (2)

第三节 保险资金运用问题概述 … (10)

    一 可运用保险资金来源 … (10)

    二 保险资金的特点及其运用约束 … (11)

    三 产、寿险资金来源差异对保险资金的运用约束 … (13)

    四 保险资金运用的主要环节 … (14)

第四节 保险资金运用风险及其风险管理 … (16)

    一 保险资金运用的风险分析 … (16)

    二 保险资金运用的风险管理 … (20)

    三 保险资金运用的风险控制 … (22)

第五节 本书的主要内容、思路与方法 … (24)

    一 主要内容 … (24)

    二 研究思路 … (26)

    三 研究方法 … (26)

第二章 保险资金运用方式的风险管理 … (28)

第一节 我国保险资金运用的主要方式及存在问题 … (28)

    一 我国保险资金运用的主要方式 … (28)

    二 存在问题 … (32)

第二节 保险公司固定收益投资的风险管理 … (36)

    一 概述 … (36)

    二 利率风险的度量与管理 … (37)

    三 固定收益投资的信用风险度量与管理 … (53)

    四 固定收益投资的流动性风险和再投资风险管理 … (60)

五　债券投资的风险管理 …………………………………… (61)
　　六　银行存款的风险管理 …………………………………… (65)
　第三节　保险公司权益投资的风险管理 ……………………… (67)
　　一　权益投资的风险分析 …………………………………… (67)
　　二　证券投资基金投资的风险管理 ………………………… (68)
　本章小结 …………………………………………………………… (72)

第三章　保险资金运用的管理组织模式及其内部风险控制 ……… (73)
　第一节　保险资金运用的管理组织模式 ……………………… (73)
　　一　外部委托管理模式 ……………………………………… (74)
　　二　内部管理模式 …………………………………………… (74)
　第二节　保险资产管理公司的管理组织模式 ………………… (78)
　　一　保险资产管理公司的组织形式及其业务范围 ………… (78)
　　二　保险资产管理公司投资分账户下的资产管理方式 …… (80)
　　三　保险资产管理公司的治理结构体系 …………………… (82)
　　四　保险资产管理公司的资产委托方式 …………………… (90)
　　五　对保险资产管理公司的激励约束机制 ………………… (92)
　　六　保险资产管理公司的最优激励合同 …………………… (95)
　第三节　保险资金运用的风险管理系统 ……………………… (102)
　　一　风险管理的组织系统 …………………………………… (103)
　　二　风险管理的功能系统 …………………………………… (106)
　　三　风险管理的信息系统 …………………………………… (111)
　第四节　保险资金运用的内部控制及其投资决策管理 ……… (114)
　　一　保险资金运用的内部控制 ……………………………… (114)
　　二　保险资金运用的内部控制例解 ………………………… (119)
　　三　保险资金运用的投资决策管理 ………………………… (138)
　第五节　保险资金运用的操作风险管理 ……………………… (142)
　　一　操作风险的含义 ………………………………………… (142)
　　二　操作风险的辨识与分类 ………………………………… (144)
　　三　操作风险的度量 ………………………………………… (146)
　　四　操作风险的控制与管理 ………………………………… (152)
　本章小结 …………………………………………………………… (154)

第四章 保险资金运用的风险限额管理 (155)
第一节 保险资金运用的风险限额管理概述 (156)
第二节 保险资金运用的风险限额形式 (156)
一　风险限额的形式 (156)
二　风险资本限额的种类 (158)
三　VaR 风险度量方法 (160)
第三节 保险资金运用的总体风险限额确定 (166)
一　保险公司资本实力的衡量 (167)
二　风险资本的量化分析 (168)
三　总体风险限额的确定 (169)
第四节 风险限额的分配与调整 (170)
第五节 风险调整的绩效评价方法 (172)
一　风险调整的绩效评价方法综述 (172)
二　RAROC 方法 (174)
三　保险资金运用绩效评价的数据包络分析方法 (180)
四　保险资金运用绩效评价的实证研究 (187)
第六节 风险限额的监控与执行 (195)
本章小结 (198)

第五章 资产负债管理与保险资金运用的风险控制 (199)
第一节 引言 (199)
第二节 保险公司资产负债管理的含义、特征及流程 (200)
一　保险公司资产负债管理的含义 (200)
二　保险公司资产负债管理的特征 (203)
三　保险公司资产负债匹配管理流程 (204)
第三节 国外保险业资产负债管理的经验教训 (205)
一　日产生命破产的教训 (205)
二　美国保险业资产负债管理经验的借鉴 (207)
第四节 中国保险公司资产负债管理模式的选择 (212)
第五节 资产负债管理的组织系统 (214)
一　概述 (214)
二　矩阵式资产负债管理组织架构 (215)

第六节　保险公司的负债及其利率特性……………………（219）
　　　　一　不分红产品………………………………………………（220）
　　　　二　分红产品…………………………………………………（221）
　　　　三　投资连结产品……………………………………………（221）
　　　　四　其他利率敏感型产品……………………………………（222）
　　第七节　防范利率风险的资产负债管理技术………………（224）
　　　　一　概述………………………………………………………（224）
　　　　二　缺口分析…………………………………………………（225）
　　　　三　以久期和凸性为基础的利率风险免疫策略……………（231）
　　第八节　保险公司资产负债管理的最优化模型……………（237）
　　　　一　概述………………………………………………………（237）
　　　　二　古典现金流匹配模型……………………………………（239）
　　　　三　专献模型…………………………………………………（240）
　　　　四　一般的免疫模型…………………………………………（242）
　　　　五　资产负债管理的随机免疫模型…………………………（245）
　　　　六　资产负债管理的随机专献模型…………………………（248）
　　　　七　资产负债管理的随机久期匹配模型……………………（249）
　　本章小结………………………………………………………（252）
第六章　保险公司偿付能力预警监测与资金运用的风险管理 …（254）
　　第一节　保险公司偿付能力预警监测问题概述……………（254）
　　第二节　径向基函数（RBF）人工神经网络模型……………（257）
　　第三节　保险公司偿付能力预警监测模型及其实现………（258）
　　　　一　保险公司偿付能力预警监测指标体系…………………（258）
　　　　二　指标权重的确定与研究数据的整理……………………（260）
　　　　三　单指标预警与监测………………………………………（260）
　　　　四　偿付能力的综合监测……………………………………（261）
　　　　五　偿付能力的综合预警……………………………………（262）
　　本章小结………………………………………………………（263）
第七章　研究展望……………………………………………………（264）

参考文献………………………………………………………………（267）

第一章

绪　　论

第一节　问题提出

随着国民经济的快速发展，我国保险业在过去的20年，尤其是20世纪90年代中期以来获得了迅猛发展。2012年我国保险业实现原保险保费收入约1.549万亿元，同比增长8.01%。其中，财产险原保费收入约为5330亿元，同比增长15.44%；人身险原保费收入约1.016万亿元，同比增长4.48%。保险公司总资产达到7.35万亿元，同比增长22.29%。截止到2012年末，我国保险资金运用余额高达6.85万亿元，总体规模进一步扩大。然而，近年来我国保费收入在保持较快增长速度的同时，保险资金运用收益率却一直维持在较低的水平上，且极不稳定。2008—2012年间行业投资收益率分别为1.91%、6.41%、4.84%、3.49%和3.39%[①]，大部分年度的收益率都低于五年期定期存款利率，承保业务和保险资金运用业务的发展极为不协调，保费的快速增长和保险资金运用收益率偏低的矛盾越来越突出，这一矛盾已经直接影响到保险公司的偿付能力，保险资金运用收益率偏低的问题已经成为中国保险业发展的桎梏。概括来讲，我国保险资金运用主要存在以下两个方面的问题：

其一是外部因素束缚了保险资金运用。金融市场系统性风险较高，投资工具短缺，交易工具形态落后，缺乏金融衍生工具等风险管理的创新性产品，交易品种的期限结构与保险资金的存续期限不匹配等，使保险资金运用面临严重的再投资风险。因此，投资环境限制了保险资金的

---

① 中国保监会 http://www.circ.gov.cn。

运用业务。

其二是内部因素制约了保险资金的运用能力。突出表现在，保险资金运用的专业化水平还不够高，保险资金运用的风险控制体系仅仅处于初步的建立阶段，且其中的漏洞很多。随着保险监管机构对保险资金运用渠道的逐步放开，我国保险资金运用将面临新的风险。因此，为了确保保险资金的有效运用，保险公司理应对保险资金运用业务进行有效的风险管理。保险资金运用的风险管理是保险资金安全性原则的客观要求，是保险公司风险管理的一项重要内容，它关系到金融市场的稳定和保险业的兴衰，对保险公司的偿付能力乃至长远发展都有着十分重要的影响。

因此，深入研究保险资金运用的风险管理符合保险公司的实际需要，研究将有助于保险公司进一步完善保险资金运用的风险控制措施，并在保险资金运用业务上为保险公司提供一定的决策支持，同时也有助于保险公司从总体上控制经营风险，并将管理理念最终转变到资产负债管理上来。

第二节　文献回顾

保险资金运用的风险管理是金融风险管理的一个重要组成部分，它既符合金融风险管理的一般规律，又因保险经营的固有特征和保险资金的特点而具有不同于一般金融风险管理问题的特有规律，因此，国内外关于金融风险管理的研究成果都可以为保险公司所借鉴。

近年来，金融风险管理无疑是学术界的一个重要研究领域，无论是研究的深度还是研究的广度，金融风险管理的理论与实践都有了较大发展。但与此形成鲜明对照的是，对保险资金运用风险管理的系统性的研究却不多，国内研究可见诸近年来发表在《保险研究》等杂志上的论文和部分学位论文。如林霄等人[1]将金融市场利率风险度量与管理的工具应用到寿险业，这些利率风险度量方法包括久期模型、在险价值模型

---

[1] 林霄、李勇等：《寿险公司的利率风险度量及管理》，《保险研究》2003 年第 1 期。

(VaR) 和资产负债缺口模型等；冯文斌（2003）[①] 对保险资产管理公司的设立门槛和业务范围、组织运作模式和风险管控问题进行了深入的研究探讨；张洪涛等（2003）[②] 研究了保险资产管理公司的监管模式与发展模式，包括设立保险资产管理公司的目的、保险资产管理公司独立运营所需要的制度环境、市场体系及监管原则等；邹琪等（2004）[③] 对我国保险资金运用风险进行了分析，认为保险资金运用风险产生的原因主要有三个方面，即利差损、监管方式、证券投资本身面临的风险，并提出了防范保险资金运用风险的对策措施；王娜等（2004）[④] 分析了保险资金运用的风险类型、度量方法以及风险管理思路；向峰（2003）[⑤] 分析了保险投资绩效评估的必要性和改善保险投资方式与绩效的对策与方法；秦振球等（2002）[⑥] 从资产负债管理的角度研究了保险资金运用的风险管控问题；易丹辉（2002）[⑦] 将 VaR 方法应用到保险公司基金投资组合的风险度量当中，并分别运用方差—协方差法、历史模拟法以及半参数方法计算了国内几家主要保险公司一定期限内基金投资组合的 VaR 值；郑伟、孙祁祥（2001）[⑧] 深入分析了保险资金运用风险，并提出了保险资金运用风险管理的对策措施；陈群民等（2010）[⑨] 基于对国内保险资金运用风险测量的主流方法 VaR 和 CVaR 模型的缺陷进行分析后，提出将新的风险度量方法 CDaR 模型引入到保险资金运用的风险管理实践中，并建立了有投资约束条件下的保险资金运用风险管理的拓展模型。

[①] 冯文斌：《对保险资产管理公司相关问题的思考》，《保险研究》2003 年第 5 期。

[②] 张洪涛、郑飞虎：《保险资产管理公司发展模式与监管》，《保险研究》2003 年第 10 期。

[③] 邹琪、贲奔：《中国保险业投资风险分析》，《保险研究》2004 年第 6 期。

[④] 王娜、刘志刚：《保险资金运用的主要风险测定及管理》，《保险研究》2004 年第 6 期。

[⑤] 向峰：《保险资金投资运作及绩效评估的思考》，《保险研究》2003 年第 1 期。

[⑥] 秦振球、俞自由：《从资产负债管理看我国寿险产品开发和资金运用》，《上海保险》2002 年第 12 期。

[⑦] 易丹辉：《中国寿险企业投资风险评价中风险价值的应用研究》，中国人民大学出版社 2002 年版，第 118—128 页。

[⑧] 郑伟、孙祁祥：《论保险投资的风险与管理》，《保险研究》2001 年第 3 期。

[⑨] 陈群民、王宇熹：《基于 CDaR 的保险资金运用风险管理模型》，《保险研究》2010 年第 12 期。

随着新保险法的颁布实施，我国保险资金运用渠道进一步拓宽，部分学者开始对新投资渠道下的保险资金运用问题进行研究。在股市投资方面，夏金华等（2009）[①]通过识别保险资金股票投资的风险因素，建立模糊层次分析模型（FAHP）对保险资金投资股票的风险进行评价；孙子明（2010）[②]对保险资金入市的风险，如营运风险、操作风险、监管风险等进行深入剖析，并针对不同风险提出了有针对性的防范措施。在境外投资方面，兰东娟等（2009）[③]运用理论研究与案例分析相结合的方法，分析了我国保险资金境外投资面临的风险因素，并从保险监管方式、内部风险控制、资产负债匹配、投资比例限制以及人才储备等方面提出我国保险资金境外投资风险的控制措施。在保险资金投资基础设施方面，韩信波（2010）[④]的研究认为，目前我国保险资金投资基础设施的模式主要有市政债券模式、贷款模式、城市无形资产模式等，针对可能出现的风险因素，建议采取联合监管、控制投资规模和比例、建立风控机制等措施来对风险进行控制；在REITs投资方面，冯翠英（2011）[⑤]深入分析了保险资金投资房地产投资信托基金的风险因素，并建议尽快完善REITs基金投资的配套制度，加快相关专业投资人才的培养。

此外，国内还有数十篇学位论文或专著分别从不同角度对保险资金运用的风险管理问题进行专门研究。如蓝东玫（2001）[⑥]研究了保险资金运用的风险管理问题，并着重分析了保险资金运用的风险管理体系；于泳（2002）[⑦]研究了寿险公司的固定收益投资问题，并着重从资产负

[①] 夏金华、刘冬荣：《基于模糊层次分析法的保险资金股票投资风险评价研究》，《经济问题》2009年第10期。

[②] 孙子明：《保险资金入市的风险及其防范》，《中国经贸导刊》2010年第12期。

[③] 兰东娟、宋军刚：《我国保险资金境外投资风险防范探析》，《保险研究》2009年第1期。

[④] 韩信波：《保险资金投资基础设施模式研究及风险控制》，《特区经济》2010年第2期。

[⑤] 冯翠英：《基于新保险法的保险资金投资房地产投资信托基金研究及风险控制》，《特区经济》2011年第2期。

[⑥] 蓝东玫：《我国保险投资的风险管理研究》，硕士学位论文，中央财经大学，2001年，第15页。

[⑦] 于泳：《人寿保险固定收益投资研究》，硕士学位论文，中央财经大学，2002年，第36页。

债匹配角度分析了管控保险资金运用风险的策略和方法；刘俊杰（2008）①对我国债券市场的投资风险进行了深入剖析，并在比较各种风险因素和各种类型债券对保险资金影响的基础上，提出了我国保险资金债券投资的风险管理措施；周晶（2010）②分析了我国保险资金的入市现状，并在借鉴国际成熟市场做法的基础上，就我国保险资金入市的风险管理问题提出了对策建议；朱晓峰（2011）③介绍了美、英、日、韩等国家的保险资金运用风险管控模式，并结合中国现阶段的国情，对我国保险资金运用的风险管控模式进行了研究。在出版专著方面，值得称道的研究有以下几个：一是李秀芳（2002）④研究了寿险公司资产负债管理的理论与技术，并深入分析了中国寿险业的资产负债管理模式及其发展趋势等问题；二是王一佳等（2003）⑤全面梳理了寿险公司的风险管理模式与体系、风险计量方法、风险管理工具以及各类风险的管理方法等；三是魏巧琴（2002）⑥在所著的《保险企业风险管理》一书中介绍了保险企业风险管理的一般问题，如利率风险管理、保险资金运用风险管理等。

从国外的研究来看，由于保险资金运用的历史悠久，保险资金运用方式较多，金融市场较为发达和成熟，因此，国外相关的理论研究和应用研究较为超前。像欧美一些国家的保险公司就已经建立了完善的保险资金运用风险管理体系，它们不仅建立了有效的风险管理组织架构和风险管理流程，而且还凝练培育了先进的风险管理文化，所以，像英国保诚公司、美国纽约人寿、德国安联集团、美国国际集团（AIG）、瑞士丰泰保险公司等的风险管控体系的确值得我们借鉴，本书将在后文穿插

---

① 刘俊杰：《我国保险资金债券投资的风险及对策研究》，硕士学位论文，复旦大学，2008年，第4页。
② 周晶：《我国保险资金入市的风险防范与监管研究》，硕士学位论文，东北师范大学，2010年，第3页。
③ 朱晓峰：《保险资金运用过程中的风险管控国际比较与研究》，硕士学位论文，南京农业大学，2011年，第10页。
④ 李秀芳：《中国寿险业资产负债管理研究》，中国社会科学出版社2002年版，第34页。
⑤ 王一佳、马泓、陈秉正：《寿险公司风险管理》，中国金融出版社2003年版，第142页。
⑥ 魏巧琴：《保险企业风险管理》，上海财经大学出版社2002年版，第53页。

介绍国外保险公司的风险管理体系,在此不作专门介绍。在理论研究方面,国外发表的相关论文较多,这些论文集中发表在《North American Actuarial Journal》、《Financial Risk Analytics》、《Transactions of Society of Actuaries》、(Sigma)、《Insurance: Mathematics and Economics》等学术期刊上。其中,美国沃顿商学院金融研究中心的数位研究者对此作了较为系统的研究,如 David F. Babbel(导师 Santomero)在他的《Risk Management by Insurers: An Analysis of the Process》一书中就全面介绍了保险公司风险管理的一般原理和方法。David F. Babbel 和 Frank J. Fabozzi 在其合著的《Risk Management by Insurers: Investment Management for Insurers》一书中,介绍了保险公司资金运用管理及资金运用风险管理的原则、原理及其方法,作者还用实例说明保险公司资金运用管理的一般程序,以为保险公司的资金运用管理作具体指导。总体来看,国外关于保险公司资产负债管理方面的研究论文较多,这可能与近年来欧美一些国家的保险公司比较注重资产负债的综合管理有关,这些研究成果大部分发表在上述学术期刊上,在此不作一一评述。

就金融风险度量方面的研究而言,J. Kroll(1984)[1]等提出了绝对离差风险测度,并对 Markowitz 的方差风险测度进行了改进;Sulliran 等(1991)[2]通过定义半方差风险测度对 Markowitz 的方差风险测度进行了修改,使这种风险测度更具实际意义;之后,又有学者基于不同的假设条件和研究对象提出了各种测度金融市场风险的模型方法,如以 Von Neumann-Morganstern 的期望效用理论为基础,以期望效用最大化为基本决策准则,基于证券投资回报的证券风险评估类模型。例如,基于效用函数的风险金测量模型、随机优势选择模型、均值—方差选择理论、均值—下方风险选择理论、基于下方概率的风险金模型,等等。其中,王春峰(2001)[3]对主要的金融市场风险度量方法做了详细介绍,包括灵敏度分析方法、波动性方法、VaR(Value-at-Risk)方法、压力试验和

---

[1] J. Kroll, Mean Variance Versus Direct Utility Maximization [J]. *Finance*, 1984, (39): 47—62.

[2] Ouderri B. N. Sulliran W. G., A Semi-Variance Model for Incorporating Risk into Capital Investment Analysis [J]. *Journal of the Engineering Economist*, 1991, 36 (2).

[3] 王春峰:《金融市场风险管理》,天津大学出版社2001年版,第71页。

极值理论。就实际应用而言，由于大多数市场风险测量方法是建立在一定的假设条件之上的，且都有各自的适用范围和缺陷，因此，若干传统的风险测量方法实际上都无法准确定义和度量金融风险包括保险资金运用风险。换言之，从保险资金运用的对象以及运用过程中存在的风险特点来看，传统的金融风险测量方法是否可以直接应用到保险资金运用的风险测量中还有待商榷，这是本书拟研究的问题之一。值得一提的是，1993年，G30集团在研究衍生品种基础上发表了《衍生产品的实践和规则》的报告，提出了度量市场风险的VaR模型，稍后，由JP. Morgan推出了计算VaR的RiskMetrics™风险控制模型。在此基础上，又推出了计算VaR的CreditMetrics™风险控制模型，前者用来衡量市场风险；JP. Morgan公开的CreditMetrics™技术已成功将标准VaR模型的应用范围扩大到了信用风险的评估上，发展为"信用风险估价"（Credit Value at Risk）模型，当然，计算信用风险评估的模型要比市场风险估值模型复杂得多。目前，基于VaR的金融风险度量方法已成为国外大多数金融机构广泛采用的风险度量方法，VaR模型不仅有利于金融机构进行风险管理，而且还有助于监管部门进行有效监管。因此，将VaR技术应用到保险资金运用的风险管理中是十分有必要的。为此，段国圣（2002）[①] 提出了应用构想，他在文中提出用VaR技术测度保险资金运用风险和进行风险限额管理的基本思路。另外，从国际范围看，近年来，学术界对信用风险度量的研究似乎投入了很大精力，信用风险的评估方法不断推陈出新，管理技术正日臻完善，许多定量技术、支持工具和软件已付诸商业应用。常用的信用风险定量管理技术有：评级方法、评分方法、专家系统。近年来，还出现了其他一些以资本市场理论和信息科学为支撑的新方法、衍生工具信用风险的衡量方法、信用集中风险的评估系统等。其中，当前新兴的信用风险度量和管理方法有三种：JP. Morgan 的 CreditMetrics™ 方法、KMV 公司的 KMV 模型、CSFP（Credit Suisse Financial Products）的 CreditRisk$^+$ 方法。总体来讲，上述信用风险模型大体可分为两类：一类是历史模型，即根据债务人的历史

---

① 段国圣：《保险资金投资运作及风险管理》，2002年，国泰君安证券网（http://www.gtja.com/index/index.html）。

来推断其未来违约的可能性大小;二是市场模型,即根据信用风险在市场价格方面的反映来推断违约概率。如信用分数、信用评级模型大多属于历史类模型,目前,世界上大部分信用评级机构都采用历史模型,而结构模型、简约模型等则属于市场模型。从研究情况看,王春峰等(2000—2001)[①] 分别运用线性多元判别分析方法、Logit 方法、遗传规划算法模型、神经网络模型、决策树模型等对商业银行的信用风险评估问题进行了研究,并对上述算法的信用风险预测能力作了对比分析。施锡铨等(2001)[②] 运用线性多元判别方法对上市企业的信用风险进行了实证研究,并建立了评价上市企业信用风险二水平的线性判别模型。在国外,信用风险度量方法进展很快,如麦肯锡公司在 1998 年提出了 CreditPortfolio View 方法,该方法不使用历史数据,违约概率的计算基于当前的经济状况。再如,穆迪公司在 2000 年 4 月提出了 RiskCalc 方法,该方法利用 Merton 的期权理论,用统计方法分析历史数据。综观国际上这一领域的理论研究成果和实际应用成果,信用风险管理方法已呈现出从主观判断分析法和传统的财务比率评价法转向以多变量、依赖于资本市场理论和计算机信息科学的动态计量方法为主的发展趋势,评估方法不再局限于单一投资项目的评估,而是以信用集中风险评估为主,定量研究与定性评估相结合。一言以蔽之,未来的信用风险评估方法将是集多种技术于一体的动态量化的信用风险评估系统。就利率风险度量的研究而言,大多集中于对利率敏感性分析的研究上和对利率免疫技术的研究上,但近年来人们开始采用随机利率模型。其中,J. Pollard (1971)[③]、P. Boyle (1978) 是这方面的先驱,但直到最近这方面的研究仍不多,主要以 Boyle (1992)、Retono (1992,1993)、Sharp (1988)、Sherris (1994)、Tilley (1992,1993) 为代表。在这方面常见

---

① 王春峰、李汶华:《商业银行信用风险评估:投影寻踪判别模型》,《管理工程学报》2000 年第 2 期。

王春峰、康莉:《基于遗传规划方法的商业银行信用风险评估模型》,《系统工程理论与实践》2001 年第 2 期。

② 施锡铨、邹新月:《典型判别分析在企业信用风险评估中的应用》,《财经研究》2001 年第 10 期。

③ J. Pollard, On fluctuating interest rates [J]. Bulletinde Association Royale des Actuaries Belges, 1971, 1 (66): 68—97.

的利率期限结构模型有：Vasicek 模型（1977）、CIR 模型（1985）、Brennan & Schwartz 模型（1979，1982）、Ho-Lee 模型（1986）、Hull-White 模型、BDT 模型（Bleack-Derman-Toy，1990）、HJM 模型（Heath-Jarrow-Morton，1989）。上述利率期限结构模型各有所长，Ho-Lee 模型和 Hull-White 模型建模过程快捷，而 HJM 模型则必须采用蒙特卡洛模拟。同信用风险的度量一样，保险公司面临的问题是，如何在利率风险管理中选用适宜的利率风险度量模型，限于篇幅，不再做具体的评述。

  在对金融风险控制措施的研究方面，相关成果大多专注于风险控制问题的某一个侧面。如吴文江（2001）[1] 研究了债券价值对市场利率变化的敏感度问题；陈友平（2001）[2] 对保险资金运用的管理体制进行了研究，并提出了许多有针对性的风险控制措施；陈东（2001）[3] 从寿险资金运用的风险控制制度以及管理决策的角度对寿险资金运用的风险控制问题做了研究；段国圣（2002）[4] 提出了保险资金运用的综合风险控制策略和各投资品种的具体风险控制措施。在现有文献中，有关保险资金的最优投资决策和投资组合管理的研究也非常多。Petterson（1984）[5] 研究了在考虑保证偿付能力情形下的最优保险投资策略；刘裔宏等（1995）[6] 通过建立数学规划模型和免疫投资组合模型，讨论了寿险资金运用时安全性原则与达成目标的联系，得到了不同条件下的最优投资策略。总之，从微观层面上研究保险资金运用风险控制的不少，但总体而言，这些研究还缺乏系统性。同样地，从宏观层面上研究保险资金运用风险控制方面的文献也很多。其中，较具代表性的文献是裴光（1999）[7] 研究了保险资金运用的监管问题，研究内容从保险资金运用的原则、风险管理、监管的必要性到保险资金运用监管的内容等；再

---

[1]　吴文江：《债券价值对市场利率变化的敏感度》，《经济数学》2000 年第 17 期。
[2]　陈友平：《论保险资金管理体制》，《保险研究》2001 年第 2 期。
[3]　陈东：《如何过滤寿险资金的投资风险》，2003 年 10 月，中证网（http://www.cs.com.cn/）。
[4]　段国圣：《保险资金投资运作及风险管理》，2002 年，国泰君安证券网（http://www.gtja.com/index/index.html）。
[5]　Petterson, J. A., The dependence of Investment Policy on the Liabilities of a Lift Office. Transactions of 22nd International Congress of Actuaries in Sydney, 1984, (15)：201—215.
[6]　刘裔宏等：《寿险基金运用的模型研究》，《系统工程》1995 年第 13 期。
[7]　裴光：《中国保险业监管研究》，中国金融出版社 1999 年版，第 65 页。

如，王绪瑾（1999）① 针对我国保险资金运用现状提出了保险资金运用监管的对策措施。

第三节 保险资金运用问题概述

保险资金运用又称保险资产运用或称保险投资，是指保险公司在经营过程中，将积聚的资金部分地用于投资，使保险资金保值增值的业务活动②。可运用保险资金并不全是自有资金，还包括大量负债，如未决赔款准备金、未到期责任准备金、人身保险准备金等。保险资金来源的多样性及其负债特性决定了保险资金运用的风险管理必须充分考虑不同保险产品的特点及其相应保险资金的支付方式。为此，有必要明确如下几个相关概念，即可运用保险资金的来源、构成、特点及其运用约束等。

一 可运用保险资金来源

可运用保险资金是指保险公司所拥有的可用于投资活动的保险资金。保险公司的资金来源较多，但可用于投资的资金主要包括以下几项。

（一）权益资产

权益资产，即资本金、公积金、公益金和未分配利润等保险公司的自有资金。资本金是公司的开业资金，也是保险公司开业之初的资金来源和业务备用资金，各国保险法一般都对保险公司的开业初期的资本金规定一定的金额，而且要求这一最低资本在经营过程中要一直得到满足，目的是保证保险公司的偿付能力和经营的基本稳定。在正常情况下，保险公司的资本金除了按规定上缴部分保证金和用于破产清算外，大部分处于闲置状态。因此，这部分资金具有长期性和稳定性的特点，可以作为保险公司进行长期投资的资金。保险公司的资本金作为企业的所有者权益，是保险人的自有资金，因而不存在偿付责任；公积金分为

---

① 王绪瑾：《论我国保险投资的监管》，《内蒙古保险》1999 年第 3 期。
② 申曙光等：《中国保险投资问题研究》，广东经济出版社 2002 年版，第 180 页。

资本公积金和法定公积金，资本公积金主要形成于资本溢价、资本盘盈、接受捐赠和汇兑收益等。法定公积金是保险公司从税后利润中提取的。公积金的用途一般限于弥补亏损，扩大公司生产经营和转赠公司资本。正常情况下，公积金是长期积累的，因此，公积金是保险公司长期投资的一项重要的资金来源；公益金与法定公积金不同，它是保险公司从税后利润中提取的，用于职工集体福利，暂时得以闲置，是一项可运用资金；未分配利润是保险公司在经营过程中形成的，尚未被股东分配或转为资本金的利润，因此，未分配利润同样是一种可运用资金。

（二）各类准备金

责任准备金是保险公司为保障被保险人的利益，从收取的保费中按期和按比例提留的资金。与资本金的性质不同，责任准备金一般是保险公司的负债（总准备金除外），是保险公司将在未来某一时期偿付的资金。根据保险业务的特点，保险公司的准备金有多种形式，如未到期责任准备金、未决赔款准备金、人身保险的各种准备金、总准备金、巨灾准备金等。上述几类准备金虽然是保险公司对被保险人的负债，但由于保险业务的连续性和长期性，准备金在提存和给付之间有一个时间差，因此，这部分资金是一种不断积累、长期稳定的可运用资金。

（三）其他资金

在保险公司经营过程中，还存在其他可用于投资的资金，如保留盈余、结算过程中形成的短期负债等，这些资金因保险公司的业务规模的不同而有很大差异，虽然数额不大，而且必须在短期内归还，但这部分资金却可以作为一种补充的资金来源。

二 保险资金的特点及其运用约束

可运用保险资金具有以下几个显著特征：（1）负债特征。除所有者权益外，保险公司的可运用资金大多属于公司负债，需要在将来某一时刻予以返还，因此，负债性是保险公司可运用资金的一个重要性质。（2）长期稳定性。如从寿险责任准备金来看，一般人寿保险公司以10—30年的长期保单居多，加之人寿保险几乎没有像财产保险的突发性给付高保额保险金的情况，因此，寿险合同的储蓄性和长期性使得寿险准备金不断积累，成为保险资金运用稳定的资金来源。为了规避再投资风险，寿险资金的长期性要求有长期资产与之匹配。（3）寿险保费收入的滚存性及续保资金的可预测性。寿险保费一般可分为首期保费及续期保费，即第一个保单年度缴纳的和在以后各保单年度缴纳的保费。从长期来看，保险公司每年收取的续保资金总体上是可预测的。（4）流动性。保单到期时的满期支付、保险事故发生后的赔付以及保险客户的退保要求，都要求保险资金必须具备一定的流动性。（5）资金的成本性。在总保费收入中，尤其在存量保费收入中，相当一部分资金仍然来自于传统储蓄型产品。传统保险产品的最大特点是像银行储蓄一样，具有一定的成本性，保险资金的运用收益必须超过其成本才能盈利，否则，便会出现利差损。（6）利率敏感性。保险公司各类责任准备金对市场利率具有较强的敏感性。（7）社会性。可运用保险资金主要来源于社会上不同保户缴纳的保险费，具有广泛的社会性。一方面，它会随着社会生产的发展和人们对保险认识的提高而不断增加，另一方面，考虑到社会影响，保险公司对资金的运用也会采取谨慎态度。

可运用保险资金的上述特点决定了保险资金运用必须受到各方面的约束，对此，学术界和业界提出了各种不同的观点，其中，最具影响力的观点是 J. B. Pegler 在 1948 年提出的保险资金运用四原则[①]：（1）保险资金运用的目标是尽可能获得更多的利润；（2）保险资金应尽可能分散投资；（3）应根据未来的可能趋势尽可能选择新的投资方式；（4）保险资金运用政策应兼顾社会效益和经济效益。从总体来看，保险资金运用和开放式基金在某种程度上具有一定的相似性。在保险资金运用过程中，每年都会有一定的保费收入收缴到保险公司并加以运用，同时，也会由于保单满期支付、赔付、退保等原因使一部分资金需要变现，并返还给被保险人，因而，保险资金运用具有一定的开放性特征。同开放式基金的运用约束类似，保险资金运用应受到以下几个方面的约束：其一是安全性约束。从本质上讲，保险资金和其他性质的资金并没有本质区别，都表现为一定数量的货币资金，但其在资金运用上却有特殊之处，最突出的一点就是保险资金的安全运用，即保险资金运用首先应当保证资金的安全返还，数量不受

---

① 赵军：《我国人寿保险资金运用基础问题研究》，硕士学位论文，中央财经大学，2001年，第21页。

损失。其二是流动性约束。即在不损失保险资金价值的情况下由流动性差的资产变现为流动性较强的资产的能力，一般指由其他资产变为现金的能力。其三是效益性约束，即保险公司进行资金运用能够取得的、作为自身存在和发展动力的盈利能力，这是保险资金运用的根本目的。其四是分散性约束，它是保险资金运用安全性原则的要求，是指资金运用结构的多样性。分散性约束要求保险公司尽可能选择多种多样的，彼此相关程度较小的资产构建投资组合。其五是匹配性约束。即投资资产要尽可能匹配现有保险产品，以随时满足负债要求。应当说，上述约束是相互联系、相互制约的，在尽可能满足匹配要求的情况下，追求收益性是保险资金运用的目标，安全性是出发点，流动性是基础，多样性是手段，因此，在保险资金运用过程中，稳健的经营不是追求收益，而是先保证保险资金的安全，先追求资金保值，再追求资金增值。

三 产、寿险资金来源差异对保险资金的运用约束

保险资金来源的多样性及其上述特性决定了保险资金运用必须充分考虑不同保险产品的特点及其相应保险资金的支付方式。从资金来源看，产、寿险资金既有一致性又有差异性。产、寿险资金来源机制的相同性、资金来源的循环周转机制的相似性以及资金来源结构的相近性，体现了产、寿险资金来源的一致性；但实际上，产、寿险资金更多地体现了其来源的差异性。其一，产、寿险资金对偿还或报酬的要求不同。财产保险作为补偿性的契约安排，在风险管理得当的情况下，精算保费收入一般可以满足赔付要求，因此，这部分资金运用的压力相对较低。相反，寿险资金运用的压力较大。所以，从收益率结构来看，财产保险主要是进行风险责任范围内的赔款，可以通过谨慎选择保险标的和合理制定费率来达到这一要求，它对资金运用收益率的要求不是很高，而人寿保险具有补偿与储蓄的双重功能，特别是对于那些非传统寿险产品来说，寿险资金运用必然会追求较高的收益率。其二，产、寿险产品的期限不同。财产保险的保单责任期限一般在一年以内，从保费收入到支出之间的时间间隔较短，资金来源基本上是短期资金，因此，产险资金很难长期运用。而人寿保险的保单期限一般在一年以上，可运用资金的占用时间一般较长，特别是对于趸缴保费部分。其三，从风险结构来看，

财产保险的保险标的遭受意外损失的不确定性较大,损失程度事前不易确定,因而所面临的负债风险也就较大。财产保险的高潜在负债风险必然会要求资金运用应小心谨慎,而人寿保险的赔付时间及赔付数额基本上都是事先已经确定好的,寿险公司可以预先准备资金满足客户的赔付需要,不确定的赔付风险较小,资金来源对于资金运用风险的约束相对要小一些。

显然,产、寿险资金来源的差异会影响保险资金的运用策略。一般来讲,影响有以下几个方面:(1)对资金运用原则的影响。首先,无论是分业经营还是混业经营,在资金运用上都应当区别对待产、寿险两类资金,在混业经营的条件下,可以实行产、寿险资金运用的分账核算,以免将寿险资金拆入短期财险用于资金运用或者赔款支出而影响寿险的赔付,进行寿险资金运用时注意流动性要求,防止因流动性不足而将产险资金挪用于寿险赔付;其次,产、寿险资金运用还应注意流动性与灵活性相结合的原则,产、寿险资金分别运用主要是为了防止保险公司资金运用失误并影响其赔付能力,但这同时也会割断产寿险资金融通及流转上的相互联系,为此,保险公司可分别从产、寿险中提取一定数量的备付金,应付产、寿险临时赔付的需要,相应地,这部分备付资金适宜投资于风险较小,有一定收益保证,而且变现能力较强的资产。(2)对资金运用规模的影响。财产保险的资金来源的初始规模和存量规模都比较小,保费收入和赔付支出较为频繁,资金积累的存量规模在量上有很大的不确定性,这种不确定性制约了财产险的资金运用规模。人寿保险资金来源的初始规模和存量规模都比较大,且资金来源主要体现为存量规模,存量资金大、来源稳定,可运用时间较长。(3)对资产结构的影响。由于产、寿险资金来源结构的差别,使得产、寿险资金运用时的资产结构有诸多不同。财产保险以短期资金运用为主,且对资金运用收益率的要求不高,宜谨慎运用。寿险资金可以做长期运用,对资金运用收益有较高要求,可投资于有较高收益的高风险资产。总之,财产险的资金运用主要是注意期限结构和风险结构的管理,而寿险资金运用主要是追求较高的收益率,并兼顾到期限结构和风险结构的管理。

四 保险资金运用的主要环节

同一般的证券资金运用一样,保险资金运用的主要环节包括四个方面，即确定资金运用目标及其方针政策、资产分配、投资组合管理、证券选择。

(一) 确定资金运用目标及方针政策

确定保险资金运用的目标和方针政策是保险资金运用的首要步骤，它涉及确定保险资金运用的收益目标、可运用保险资金规模以及保险公司所能承受的最大风险限额等。具体来讲，保险资金运用目标的确定要依据保险公司的风险偏好、负债结构特点，如负债业务的数量、期限、缺口、久期、凸性等。合理的保险资金运用应当是对收益和风险的很好的权衡，即一方面提高投资回报率，另一方面又要保证保险资金运用的安全性。除此之外，保险资金运用目标与方针的制定还要充分考虑到外部金融市场的投资环境以及监管政策。保险资金运用目标和方针确定后，保险公司或保险资产管理公司可以进一步确定适宜的资金运用方向、资金运用规模和资金运用策略，以尽可能实现资产负债相匹配的管理目标。

(二) 资产分配

资产分配作为保险资金运用的第二个环节，包括战略性资产分配和战术性资产分配。战略性资产分配是在保险公司最大资金运用风险限额的约束下，在公司总体资金运用政策和监管法规的指导下，根据不同保险资金的负债特性，依据收益/风险最大化原则所确定的不同负债资金在不同投资品种上的分配策略。战术性资产分配是指在战略性资产分配范围内，根据现实市场收益/风险情况以及负债现金流所做出的中短期资金分配。资产类型的选择是基于产品类型和各类保单要求的现金支付时间，以及基于对金融市场投资环境的估计而做出的资产选择，最终所形成的资产选择方案集中反映在了债券、基金、银行存款等投资工具的比例关系上。

(三) 投资组合管理

投资组合管理是保险资金运用的第三个环节，它是通过构建和调整资产组合，达到以下目的：(1) 尽可能使未来资金运用获得的现金流与不同保单所可能需要的赔付、满期支付的资金量和期限相匹配。例如：产险保单存续期一般为一年，在运用产险资金时，就必须尽可能采用一年期存款或基金投资的方式，以保证一年后有足够的现金流在相匹配的时间满足赔付需要；（2）有效地控制资金运用风险；（3）在风险一定的前提下，使收益达到最大化；（4）最大限度地利用投资账户资金。一般来讲，投资组合管理涉及的内容十分宽泛，它既包括投资组合的构建，如个别证券的选择、投资时机的选择，又包括在对投资组合绩效进行评估的基础上而对现有投资组合所作的调整。当然，投资组合管理还要综合考虑许多因素，如保险资金来源结构、经济发展状况、国家对保险资金运用投资结构的监管规定以及资本市场状况，等等。

（四）证券选择

证券选择其实是投资组合管理的一项重要内容。市场上证券种类繁多，保险公司在对资金运用品种的收益和风险进行分析研究的基础上，选择具体的证券品种，构建资产组合，目的是在有效控制风险的前提下取得资金运用收益的最大化。证券选择是投资管理的基础，也是保险资金运用风险管理的基石。

第四节　保险资金运用风险及其风险管理

一　保险资金运用的风险分析

保险资金运用的风险分析是一个需要对保险资金运用的内部业务状况和外部市场环境同时进行监测和分析的动态过程，它不仅要识别保险公司在资金运用过程中面临那些风险，而且还要对这些风险的影响程度做出初步评估，主要包括：保险资金运用面临那种类型的风险，最主要的风险是什么，风险产生的来源何在，风险结构的性质如何，等等。这一阶段的工作可以细分为风险识别、风险因子分析、风险结构设计与风险状况报告四个部分。由于保险资金运用与一般金融机构的投资活动没有显著差异，因此，保险资金运用的风险种类、来源、特征等都较易判别。

根据对保险资金运用各环节中可能存在的风险因素的判断，即从诱发风险的角度区分和辨识保险资金运用风险，目前保险资金运用主要存在六大类风险，即利率风险、市场风险、信用风险、流动性风险、操作风险和委托—代理风险。

（1）利率风险。利率风险是一种主要的市场风险类型之一。由于利率变动对保险公司的资产和负债影响很大，因此，在这里有必要单独讨论利率风险。所谓利率风险是指因市场利率的不寻常波动而给保险公司的资产和负债价值造成损失的可能性。众所周知，在保险公司的资产中，有相当比例的定息债券资产，定息债券的最大特点是对利率的敏感性，当利率上升时，债券的价格下跌；当利率下降时，债券的价格上升，利率的高低直接影响到保险资金运用的收益率。其中，利率的变化对寿险业的影响尤为显著。如对寿险业来说，保证利率产品仍然占据主导地位，如果这类产品的预定利率是在高利率环境下确定的，那么，当市场利率下降时，寿险公司计提的责任准备金将上升，会出现通过资金运用得到的现金收益不能与保单所支付的现金匹配，寿险公司的负债相应加重，寿险公司将会面临巨大的利差损。例如，某寿险公司售出一张利率为10%的年金产品，客户趸交1万元，保单有效期10年，即寿险公司承诺在10年内向客户付清1万元并附加10%的年利率，则该保单10年到期价值为25937.45元，但现在市场上并没有与之匹配的资金运用方式，只有一种5年期的，利率为11%的债券可供投资，因此，在五年内，寿险公司投资该债券连同本息共得16850.58元。寿险公司必须把这16850.58元再投资5年，但5年后利率下降为6%，16850.58元以6%的利率投资得到22549.87元，这与寿险公司的承诺相差3387.5元。因此，利率的变化对寿险公司负债的影响是很大的。反之，如果利率大幅上升，则寿险公司会面临退保的压力，进而使大量保费流失，寿险公司的资金运用收益和日常经营便会受到严重影响。不仅如此，当利率上升时，如果寿险公司已将大量资金以长期固定利率方式存入银行，或购买长期固定利率债券，那么资金的盈利能力会受到影响。最后，寿险公司的大量续期保费和定息资产到期兑付会面临再投资利率风险。所以，利率风险管理在保险公司资产管理中占有相当重要的地位。

（2）市场风险。市场风险是指因市场因子的不利变动而给保险公司资产造成损失的可能性，或被定义为金融工具及其组合价值对市场变量变化的敏感度。根据这些市场变量的不同，市场风险又分为利率风险、汇率风险、股权价格风险和商品价格风险，等等。由于保险公司的资产组合包含大量的上市债券、证券投资基金和股票，因此，证券价格的波动会给保险公司的资产价值造成损失。市场风险的管理方式主要有：提供相关的市场风险信息、计算面临的风险程度（波动性、弹性、在险价值）、设立合适的管理程序及风险限额、进行风险监控并了解风险来自何处。

（3）信用风险。信用风险是指因交易对手不能或不愿履行合约承诺而给保险公司造成损失的可能性。这些合约包括：按时偿还本息；证券买卖与回购协议。由于保险公司有大量资金是通过银行存款方式投资于货币市场，因此，存款银行的资信状况会对保险公司的资金运作产生很大影响。此外，随着保险公司可投资企业债券品种的增多，在企业债券投资、回购业务以及结算过程中同样会存在信用风险。信用风险的存在要求保险公司必须在法定信用评级机构提供的有关信息的基础上对投资对象的信用状况进行分析，以确定投资亏损或违约的可能性，并加以控制。

（4）流动性风险。流动性风险可以在产品、市场和保险机构整体三个层次上讨论，金融产品的流动性是指金融产品在正常的市场价格上变现的能力；市场的流动性是指通过该市场来出售和购买相关金融产品的便利程度；机构整体的流动性是指通过将资产变现或对外融资来清偿到期债务的能力。如果保险公司持有资产的流动性较差，在面临赔付时不得不以低价变卖一部分资产，如未到期债券或到市场上临时筹集高成本的资金以应付给付之需，那将会给保险公司的稳定经营带来严重影响。流动性风险大小主要取决于二级市场的发育程度和投资工具的流动性，管理流动性风险的主要方式是将所需资金与资产流动性相匹配，制定限制资产等级和金融工具风险的流动性指标。对于保险公司尤其是财产险公司而言，由于要随时履行保险赔付责任，因此，确保保险资产的流动性就显得异常重要。

（5）操作风险。操作风险是保险公司在资金运用过程中由于信息系统或内控机制失灵而造成意外损失的风险。这类风险主要是因为定价、交易指令、结算和交易等人为错误以及控制失效等方面的问题所导致的损失。操作风险也包括技术风险，指因技术局限或硬件方面的问题，使公司不能有效、准确地搜集、处理和传输信息所导致的损失。尽管操作风险涵盖了保险公司资金运用过程中的许多内部风险，但长期以来，保险公司较为注重信用风险、利率风险和流动性风险的管理，而不太注重对操作风险的管理。其实，因操作风险失控而造成巨大损失的案例是很多的，如 Morgan Grenfell 资产管理公司的基金经理违反投资指令将资金投资于未上市的投机性股票，从而使该公司蒙受了巨额损失；1995 年交易员里森更是钻了巴林银行内控机制失效的漏洞，使这家英国著名的老牌银行毁于一旦。由于许多金融机构因未能有效管理操作风险而遭受了损失，因此，操作风险越来越受到更广泛的关注，许多金融机构开始对这种传统上归后台管理的工作放到与信用风险管理和市场风险管理同等重要的地位。管理操作风险的主要方式包括：建立适当的资金运用职能分离和监控制度，合理测试各种系统，全面协调内、外部系统，建立全面的系统支持设备，等等。

（6）委托—代理风险。在保险资产管理公司的资金运用模式下，保险公司将部分或全部资金委托给保险资产管理公司运作，因信息的不对称性，也就必然会存在一定程度的委托—代理风险。如果由保险公司内部的投资管理部门负责保险资金运用，在目前保险公司资金运用机制不完善，信息不对称的情况下，同样会存在暗箱操作的现象。因此，对于保险公司来说，既要防范保险公司外部的委托—代理风险，防止保险资产管理公司的风险波及保险公司内部，又要注意防范来自保险公司内部的委托—代理风险。一般认为，委托代理风险防范的一个主要途径是设计一个最优的激励机制诱使保险资产管理公司选择保险公司所希望的行动，降低激励成本。此外，委托代理风险的规避还有赖于公司治理结构的优化、信息披露和经理人市场的构建等一系列制度安排。

以上六种风险是保险公司在资金运用过程中所面临的主要风险，除此之外，保险公司还会面临通货膨胀风险、政治风险、再投资风险，等等。当然，保险资金运用风险还可以从其他角度进行辨识或分类，如根据风险发生的范围，可以将保险资金运用风险分为系统性风险和非系统性风险。如果从个别投资工具所蕴涵的风险识别，保险公司的债券投资主要面临利率风险和信用风险，对于上市债券来说，市场价格的波动也是其面临的主要风险，国债投资风险主要是利率风险，企业债券的投资风险主要是信用风险；而保险公司的银行存款则主要面临信用风险和通货膨胀风险，证券投资基金的投资风险主要是市场风险，股票投资主要面临市场风险和政策风险等。

二 保险资金运用的风险管理

风险管理的概念最早是由美国的所罗门·肖伯纳博士在1930年的一次保险学会上提出的，但较为完整的定义则出自台湾的袁宇慰，即"风险管理是经济单位旨在对风险的不确定性及可能性等因素进行考察、预测、收集、分析的基础上，制定出包括识别风险、衡量风险、积极管理风险、有效处置风险及妥善处理风险所致损失等一整套系统而科学的管理方法"。该定义阐述的是广义的风险管理，而狭义的风险管理通常侧重于企业纯粹风险的管理。

保险公司是专门经营风险的金融机构，自成立之初，风险管理便是其经营管理的核心内容。保险资金运用的风险管理，既有一般投资问题风险管理的共性，也有其独特之处，这种差异性主要源自于保险资金的特性和保险资金运用的特有规律。一般认为，保险资金运用的风险管理是在科学预测和度量风险的基础上，对保险资金运用的各类风险的综合控制和处理策略，包括确定保险资金运用风险水准，辨识保险资金运用过程中面临何种风险，评估风险对保险公司的影响程度，制定保险资金运用的风险管理策略和设计具体的风险控制方案，风险管理方案的实施、监控、反馈与调整等。

由上述定义知，保险资金运用的风险管理过程包括五步，即风险水准定位、风险辨识、风险度量、风险控制与处理策略的选择、风险管理措施实施后的动态监控、反馈与调整。起初，保险公司的投资管理委员会需要根据公司的风险偏好确定基本的投资原则和指导方针，即根据自己的资本实力、偿付能力水平和风险偏好在安全性、盈利性、流动性三者之间做出权衡，确定保险资金运用的总体风险限额并就战略性资产配置做出决策。在此基础上，保险公司的投资管理部门根据资金运用过程中可能发生的风险因素，分析辨识保险资金运用风险，其主要工作包括：风险识别、风险因子分析、风险结构估计与风险状况报告几个部分。当然，接下来的风险度量很重要，其中，风险大小由两方面的因素决定：其一是风险因子的变化；其二是金融产品对风险变化的敏感程度。为了较为准确地度量风险，风险管理部门需要建立各种类型的风险度量模型。对于保险资金运用过程中的风险，保险公司不能阻止风险的发生，甚至不能对风险进行准确预测，但必须在风险发生时采取措施将风险的不利影响控制在可以接受的范围之内，即根据风险管理方针选择有针对性的风险控制与处理策略，如风险规避、风险防范、风险抑制、风险分散和风险的转移，等等。从保险公司的角度来说，保险资金运用风险的控制方法有两类：其一是政策性控制，即从防范资金运用交易过程中所产生风险的角度入手，对资金运用的职责权限进行控制和管理，包括监管机构对风险资产的投资比例限定；其二是技术性的风险控制方法，最主要的控制手段是对保险资金运用的风险限额管理，包括市场风险限额管理、流动性风险限额管理、操作风险限额管理等。此外，资产负债匹配管理、资产配置、投资组合管理以及包括对冲方法在内的金融工程方法也是控制保险资金运用风险的重要工具。总之，保险资金的合理、有效运用不仅取决于风险限额的合理设定，而且还取决于对风险的准确辨识和准确度量及有效控制。当风险控制与处理策略确定以后，还必须付诸实施，并对其实施情况进行监控。由于金融市场变化多端，保险资金运用的风险管理方案还要根据实际情况作相应的动态调整。在上述环节中，风险度量是风险管理的关键，而保险资金运用风险的控制又是其核心内容，它是保险资金运用风险管理成败或效果好坏的决定性步骤。保险资金运用的风险管理过程可用图 1-1 说明。

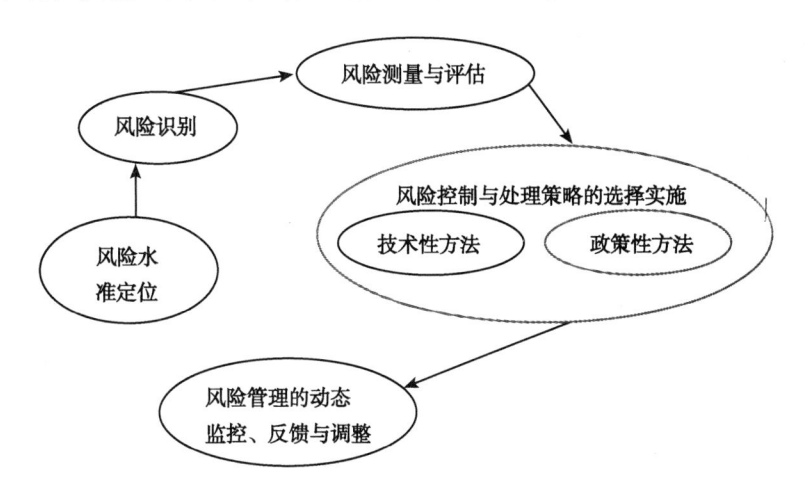

图 1-1 保险资金运用的风险管理过程

三 保险资金运用的风险控制

保险资金运用的风险控制是指保险公司在对保险资金运用过程中所面临的风险环境和风险特征进行深入分析的基础上，所采取的适用于某一特定风险或保险资金运用总体风险的风险处理策略、体制和工具等。从层次上讲，保险资金运用的风险控制包括宏观和微观两个层面，或者说有内部控制和外部控制两条途径。从微观层面上讲，保险资金运用的风险控制包括两方面内容：一是对保险资金运用风险的综合控制，二是对具体的资金运用方式或具体风险种类的风险控制，而风险控制方法既包括政策性的控制措施，又包括技术性的控制方法。从宏观层面上讲，保险资金运用的风险控制是指外部监管，即指保险监管部门和证券监管部门对资金运用的政策性控制。如保险监管部门对保险资金运用渠道及其投资比例等的限制，也包括监管部门通过对保险公司的偿付能力监管而对资金运用所实施的间接控制。当然，外部控制也包括社会特别是被保险人对保险资金运用的监督。

就保险资金运用的风险控制而言，微观层面的风险控制是基础。首先，保险公司应采取有效措施控制保险资金运用过程中所产生的各类风险，如市场风险、信用风险、流动性风险以及操作风险，等等。其次，由于风险因素是相关联的，资产风险与负债风险也有相关关系，而实际中观察到的风险往往是各种风险的综合体现，如债券投资风险就是市场风险、流动性风险以及信用风险等的综合反映，因此，保险资金运用的风险控制不能仅从单一类型的风险控制或单一资金运用方式的风险控制进行，还应通盘考虑，应当利用风险的相关性来优化投资组合，以降低资金运用风险，所以，有效的风险管控方案还必须综合考虑各种风险因素并从整体角度进行控制。具体而言，保险资金运用的管理组织模式、保险资金运用的管理架构和风险管理系统等都与保险资金运用的风险控制有关，因此，保险公司应当做好对保险资金运用的事前的风险控制，确保建立一套有效的保险资金运用的职能体系。在此基础上，还要进行事中的风险控制，即对具体资金运用过程的监督与管理，包括战略性资产分配、战术性资产分配、资产选择三个层面。通过战略性资产分配和战术性资产分配，可以规避保险资金运用过程中的系统性风险,通过投资组合管理,可以进一步规避大部分非系统性风险。最后是事后风险控制,即对保险资金运用绩效进行评估,以便及时发现和控制保险资金运用风险。总之,对保险资金运用的风险管控首先应当从内部风险控制体制的建立和变革开始,这是保险资金运用风险管理的制度保证和核心问题,它不仅包括保险资金运用的组织模式选择、投资管理的组织架构设置以及风险管理系统设计,而且还包括所有涉及风险控制的内部政策规范的制定,甚至还包括保险公司的风险管理文化建设。其次,保险公司还应当对资金运用战略进行恰当定位,应当对金融市场和保险市场进行深入研究,在对保险资金运用风险进行准确分析的基础上,运用科学的风险度量方法和控制方法管理保险资金运用风险,最终提高保险资金运用的风险管理决策水平。再次,保险资金运用风险从某种意义上讲就是资产负债不匹配风险,因此,投资组合构建要基于保险产品的特点,保险公司应从资产负债管理的角度,从系统科学的观点确定保险资金的运用策略,保险资金运用风险的控制不能只从资产方入手,还应当考虑保险公司的负债组合,即设法使保险公司资产组合收益的不确定性和负债组合支付的不确定性形成对冲,从而达到分散风险的目的,这是资产负债综合风险管理技术的基本思想;另外,保险资金运用过程中的风险管理与控制,不仅与资金运用过程本身有关,而且还与保险产品的设计有关,恰当的产品开发策略不仅可以增强新产品的销售竞争力,而且可以化解许多潜在的资金运用风险。归纳起来,微观层面上的综合控制措施主要有:保险资金运用的风险限额管理、资产负债管理、保险资金运用的风险管理系统设计、资产配置与投资组合管理、建立内部控制制度、投资决策管理以及保险产品的开发等等。具体投资品种的风险控制主要包括对银行存款的风险控制、债券投资的风险控制和证券投资基金投资的风险控制等。保险资金运用的风险控制体系如图1-2所示。

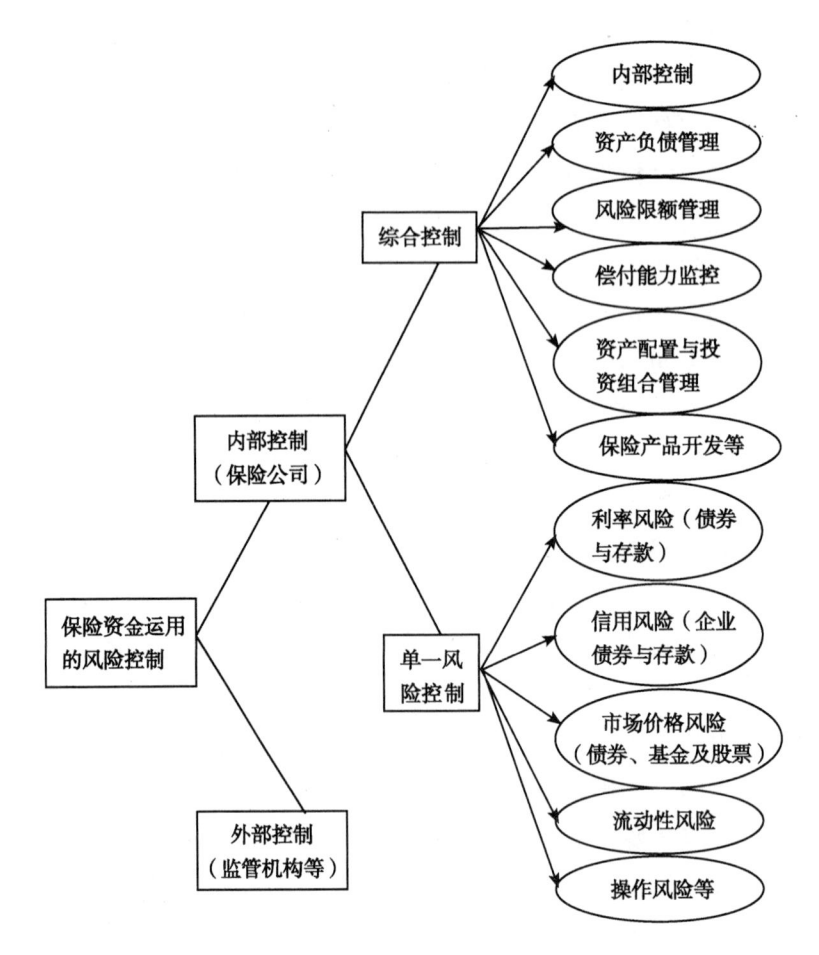

图 1-2　保险资金运用的风险控制

第五节　本书的主要内容、思路与方法

一　主要内容

本书拟在微观层面上研究保险资金运用的风险管理问题，研究内容涉及两方面，即保险资金运用方式的风险管理以及保险资金运用风险的综合管理。研究重点在保险资金运用风险的综合管理。具体内容包括以下几方面。

（一）保险资金运用方式的风险管理

不同的保险资金运用方式蕴涵不同的风险，如银行存款主要面临信用风险、通货膨胀风险和利率风险，企业债券投资主要面临信用风险，上市债券、证券投资基金和股票投资主要面临市场价格变动风险。本书拟针对保险资金运用特点，从一般意义上研究保险资金具体运用方式的风险管理。

（二）保险资金运用的管理组织模式及其内部风险控制

内部风险因素主要来自于保险公司或保险资产管理公司内部，是保险资金运用风险管理的主要对象。研究内容包括：（1）保险资产管理公司的资金运用模式研究。包括保险资产管理公司的组织形式、资产管理范围、治理结构体系、资产管理方式、激励约束机制与最优激励合同设计、委托代理风险控制等。（2）保险资金运用的风险管理系统设计。包括风险管理的组织系统、功能系统和信息系统的构成、结构和功能等。（3）保险资金运用的内部控制与投资决策管理研究。内容包括保险资金运用的内部控制制度、保险资金运用的投资决策流程和投资决策方式。（4）保险资金运用的操作风险管理研究。包括操作风险的含义、辨识与分类、度量方法以及控制策略等。

（三）保险资金运用的风险限额管理

保险资金运用的风险限额管理是监控保险资金运用风险的主要手段，是从整体上控制保险资金运用风险的主要措施。研究内容包括：保险资金运用风险限额管理的内容、保险资金运用的风险限额形式、保险资金运用的总体风险限额确定、风险限额的分配与调整、风险调整的绩效评估方法以及风险限额的监控与执行。同时拟根据某寿险公司的投资组合，分别运用 RAROC 方法和 DEA 方法评价业务部门的投资绩效，并计算投资组合的 VaR 值。

（四）资产负债管理与保险资金运用的风险控制

保险资金运用的风险管理不能仅仅从资产方出发，而应根据负债特点制定相应的风险控制与处理策略。首先分析保险公司资产负债管理的含义、特征及其流程，进一步梳理和分析外国保险业资产负债管理的经验教训，研究中国保险业资产负债管理模式的选择，研究保险公司资产负债管理的组织系统和保险公司的负债及其利率特性，在此基础上，给出利率风险的几种免疫策略和保险公司资产负债管理的几个最优化模型。

（五）保险公司偿付能力预警监测与保险资金运用的风险管理

保险资金运用风险最终可以反映到保险公司是否具有偿付能力这一核心问题上来，如果保险资金运用风险超过承受能力从而使资金运用收益达不到预期水平，那就必然会影响到保险公司的偿付能力。作为尝试，拟以寿险业为例，运用径向基函数神经网络模型研究保险公司偿付能力的预警与监测，包括偿付能力预警监测指标体系构建、单指标预警与监测以及综合预警与监测的基本方法、原理与步骤等。

本书的目的在于探讨保险资金运用的风险管理规律与方法，提出保险资金运用的具体风险控制措施。预期目标是通过本书的研究为保险公司的资金运用提供决策支持，帮助保险公司从总体上控制资金运用风险，使保险资金运用达到更加安全、有效和流动的目标。

二　研究思路

研究拟从两个方面展开，即保险资金具体运用方式的风险管理和保险资金运用风险的综合管理。其中，保险资金运用风险的综合管理是本书研究的重点。首先，保险资金运用的风险管理与可运用保险资金的特点、来源、运用约束等有密切关系，因此，拟首先梳理和分析保险资金运用的有关概念；针对我国现有保险资金运用方式所蕴涵的主要风险种类，研究保险资金具体运用方式的风险管理。另一方面，拟着重从总体风险管理的角度研究保险资金运用的风险控制。包括保险资金运用的组织管理模式选择与内部风险管理、保险资金运用的风险限额管理、保险公司的资产负债匹配管理、偿付能力风险的预警与监控，最后进行总结并进行研究展望。全书的体系结构如图1-3所示。

三　研究方法

考虑到我国民族保险业保险资金运用风险管理的实际需要以及数据来源的限制，在研究时将采取以理论研究为主、应用研究与理论研究相结合的研究方法；在研究过程中，既借助定量研究工具，又有定性分析方法。研究拟运用金融风险管理理论与一般的数学工具，将理论研究与

```
┌─────────────────────────────┐
│      保险资金运用概述         │
│ （可运用保险资金来源、特点、约束、原│
│  则、风险、风险管理与风险控制体系）│
└─────────────┬───────────────┘
              │
┌─────────────▼───────────────┐
│    保险资金运用的风险管理      │
└──────┬──────────────┬───────┘
       │              │
┌──────▼──────┐  ┌────▼──────────────────┐
│保险资金运用方式│  │ 保险资金运用风险的综合管理 │
│的风险管理     │  ├───────────────────────┤
│(利率风险、信用│  │保险资产管理公司的管理组织模│
│风险、流动性   │  │式及其内部风险控制       │
│风险、债券、银 │  ├───────────────────────┤
│行存款、基金等)│  │保险资金运用的风险限额管理 │
│              │  ├───────────────────────┤
│              │  │保险公司的资产负债管理    │
│              │  ├───────────────────────┤
│              │  │保险公司的偿付能力预警与监测│
└──────┬───────┘  └───────────┬───────────┘
       │                      │
       └──────────┬───────────┘
                  ▼
         ┌────────────────┐
         │ 全书总结与研究展望 │
         └────────────────┘
```

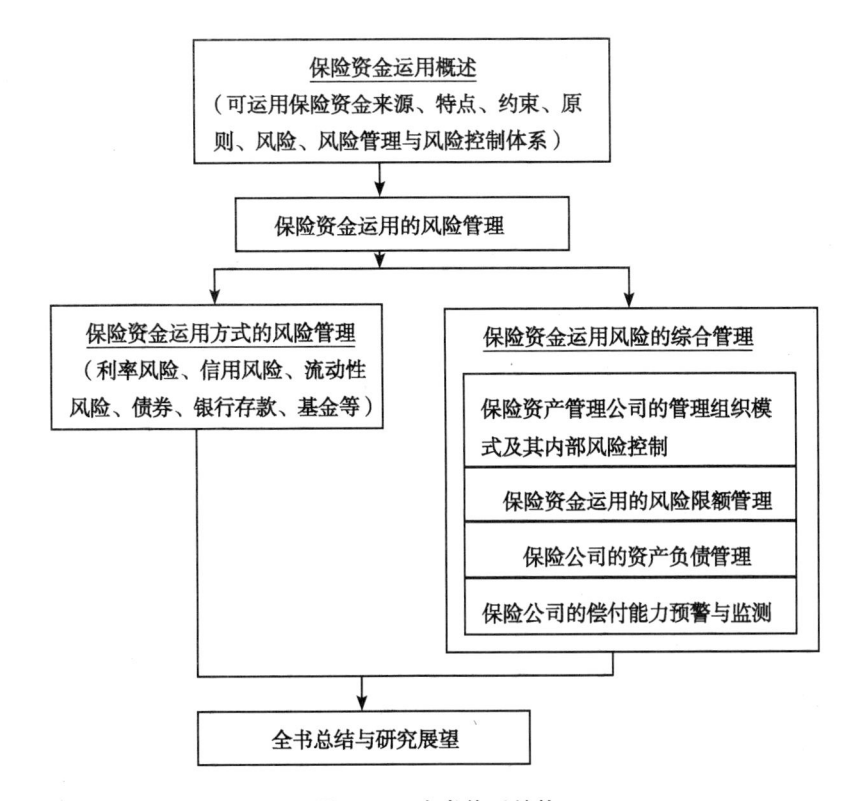

图 1 – 3　本书体系结构

实证剖析、对策建议有机结合起来，以完成研究目标。

第二章

保险资金运用方式的风险管理

第一节 我国保险资金运用的主要方式及存在问题

一 我国保险资金运用的主要方式

发达国家和地区的保险资金运用方式较多，各国和地区的法律一般都对不可投资方式做出明确限制，且大都禁止或限制保险公司投资于流动性较差和风险性较高的非上市公司股权以及非抵押或非担保贷款。如英国、美国、法国、德国、日本对银行存款、政府债券和公司债券的投资比例均无限制，我国香港和台湾地区对此也基本没有限制，只有台湾对"公司债"做了35%的比例限制。对于股票投资，英国没有比例限制；法国规定的比例为65%以下；德国和日本限定为30%；美国各州不尽相同，限定为10%或20%不等；我国台湾地区规定为35%，香港特区规定为20%。对于房地产投资，美国和法国限定为10%；英国无限制；德国限定为40%；日本限定为20%；我国台湾限定为19%，香港限定为30%。对于发放贷款，美国、英国、日本和我国香港均无限制，法国和德国规定比较严格，分别为5%和10%，我国台湾地区则规定为35%。由此可见，在国际上，保险资金运用已经呈现出多元化和系统化的特征。与发达国家相比，我国的资本市场还不成熟，保险资金运用工具相对短缺。1998年10月以前，保险资金运用只限于银行存款和购买国债。1998年10月12日，中国人民银行批准保险资金加入全国同业拆借市场，但只能从事债券的现券交易。1999年7月，国务院批准保险公司可以购买信用评级在AA+以上的中央企业债券。同年8

月，国家允许保险公司可以在全国银行间同业市场办理债券回购业务。1999年10月，中国保监会批准保险资金可以间接入市。2003年6月，中国保监会公布新的《保险公司投资企业债券管理暂行办法》，进一步扩大了保险公司投资企业债的对象和比例。同年，国家允许有条件的保险公司成立保险资产管理公司，并批准了中国人保和中国人寿成立保险资产管理公司的申请，保险资产管理公司已成为保险资金管理体制与运作机制的新的突围方向。2005年2月，中国保监会发出《关于保险资金股票投资有关问题的通知》，准许一定比例的保险资金可以直接入市投资股票。从总体看，我国保险资金的运用渠道正在逐步拓宽，一个必然的发展趋势是，保险市场与资本市场将日趋融合，保险资金运用必将成为保险市场联系资本市场、货币市场的重要环节，保险公司资产会逐步呈现证券化趋势。2009年颁布的新《保险法》大幅放宽保险资金运用渠道，标志着保险资金运用及监管进入一个新时代。修订后的《保险法》将现行的"买卖政府债券、金融债券"，拓宽为"买卖债券、股票、证券投资基金份额等有价证券"，并增加了"投资不动产"的内容，并对保险资金投资于各种资产的比例进行了详细规定。2010年《保险资金运用管理暂行办法》颁布实施，作为保险资金运用领域的一个纲领性文件，它对保险业及相关投资市场都将产生重大而深远的影响。随后，《保险资金投资股权暂行办法》、《保险资金投资债券暂行办法》和《保险资金投资不动产暂行办法》等相继出台，为我国保险资金运用渠道的进一步拓宽创造了更为有利的政策环境。到目前为止，我国保险资金运用的主要方式有以下几种：

（1）银行存款。银行存款包括活期存款、定期存款、协议存款。活期存款是各分支机构完成保险业务收取保费存入各银行的临时存款；定期存款是资金集中使用前各分公司存在当地银行的资金；协议存款是指允许保险公司在存入金额3000万元人民币以上，期限5年期以上的存款时，可与银行自行协商利率水平、存款期限、结息和付息方式、违约处罚标准等事项。

（2）债券。为规范保险资金投资债券行为，改善保险公司资产配置，维护保险当事人合法权益，保监会在2012年7月19日制定了《保险资金投资债券暂行办法》。该办法对保险资金投资债券进行了详细规定，其中包括保险资金投资债券的资质和条件，投资的规范、投资债券的风险控制以及后续的监督管理等。目前保险公司投资债券的种类主要包括政府债券、金融债券、企业债券、非金融企业债务融资工具以及符合规定的其他债券。其中企业债券是指由企业依法合规发行，且不具备政府信用的债券，包括金融企业债券和非金融企业债券。金融企业债券又包括商业银行可转换债券、混合资本债券、次级债券以及金融债券，证券公司债券，保险公司可转换债券、混合资本债券、次级定期债券和公司债券，国际开发机构人民币债券以及中国保监会规定的投资品种。非金融企业债券包括非金融机构发行的企业债券、公司债券、中期票据、短期融资券、超短期融资券等非金融企业债务融资工具，可转换公司债券，以及中国保监会规定的其他投资品种。

(3) 股权投资。2010年9月，保监会颁布的《保险资金投资股权暂行办法》对保险资金投资股权的相关事宜进行了详细规定。保险资金投资的股票，主要包括公开发行并上市交易的股票和上市公司向特定对象非公开发行的股票。保险资金投资的股权，应当为境内依法设立和注册登记，且未在证券交易所公开上市的股份有限公司和有限责任公司的股权。保险资金在购买股票时，禁止购买被交易所实行"特别处理"、"警示存在终止上市风险的特别处理"的股票。同时规定对于不具有稳定现金流回报预期或者资产增值价值、高污染等不符合国家产业政策项目的企业股权不能投资。

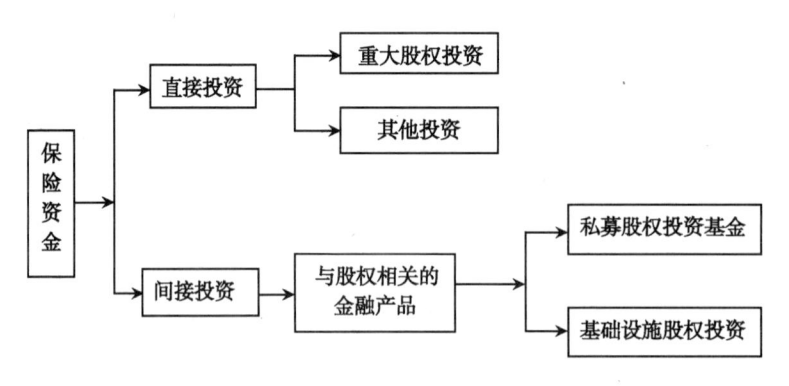

图2-1 保险资金股权投资结构

(4) 不动产投资。2010年9月颁布的《保险资金投资不动产暂行办法》规定，保险资金投资的不动产，是指土地、建筑物及其他附着于土地上的定着物。保险公司可以采用直接或者间接的方式对不动产进行投资。在直接投资方面，保险资金可以用物权的方式投资两类不动产，以股权的方式投资四类不动产，以债权的方式投资五类不动产。在间接投资方面，保险资金可以投资于与不动产相关的金融产品。同时该办法还对保险公司投资不动产的门槛和不动产投资的对象进行了限制。保险资金投资不动产的前提是上一会计年度末及投资时上季度末偿付能力充足率不低于150%，并且上一会计年度盈利，净资产不低于1亿元人民币。保险公司不得变相炒地卖地，不得利用投资养老和自用性不动产的名义，以商业房地产的方式，开发和销售住宅；不得投资设立房地产开发公司。

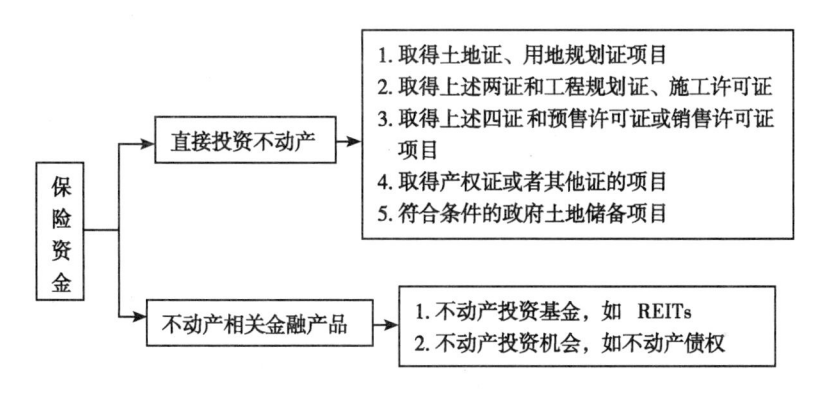

图2-2 保险资金不动产投资结构

（5）证券投资基金份额。根据有关规定，从1999年10月28日起，保险公司被允许通过买卖证券投资基金间接进入股市。2010年8月颁布的《保险资金运用管理暂行办法》对证券投资基金进行了明确规定。保险资金投资证券投资基金，其基金管理人必须符合以下条件：公司治理良好，净资产连续三年保持在人民币1亿元以上；依法履行合同，维护投资者合法权益，最近三年没有不良记录；建立有效的证券投资基金和特定客户资产管理业务之间的防火墙机制；投资团队稳定，历史投资业绩良好，管理资产规模或者基金份额相对稳定。

总体而言，目前我国保险资金的运用方式主要有以下五个方面，即银行存款、债券、证券投资基金、股票以及不动产。同时，保险控股公司或保险公司在保险资金运用过程中必须满足表2-1所示的比例。

表 2-1　　　　　　　　　保险资金运用方式及比例

资产类别	银行活期存款、政府债券、中央银行票据、政策性银行债券和货币市场基金等	无担保企业（公司）债券和非金融企业债务融资工具	股票和股票型基金	证券投资基金	未上市企业股权	未上市企业股权相关金融产品	不动产	不动产相关金融产品	基础设施等债权投资计划
投资比例	不低于5%	不高于20%	低于20%	低于15%，且投资证券投资基金和股票合计低于25%	不高于5%	不高于4%	低于10%	低于3%	低于10%
					合计不高于5%	合计低于10%		

二　存在问题

目前，我国保险资金运用方式基本上与国际市场接轨，保险资金运用的法律法规也在逐步完善之中，但在实践中，仍然存在诸多问题。

其一，资产负债不匹配现象严重，存在着较大的再投资风险。因我国缺乏具有稳定回报率的中长期投资项目，因此，目前国内各类性质的保险资金大多用于短期投资，致使长期负债与长期资产严重不匹配。如表 2-1 所示，我国寿险业资产与负债的平均期间相差 10—15 年，远大于日本（8 年）和韩国（6 年）等国家寿险公司资产与负债的期限差距。期限结构与数量的不匹配，特别是可供寿险公司投资的、收益率较高的中长期金融资产规模太小、品种过少，直接限制了我国寿险公司进行较好的资产与负债匹配，使我国寿险业面临很高的资产负债匹配风险，如图 2-3 所示。

表 2-2　　　　　亚洲各国寿险业资产负债期限匹配情况对照

	中国	中国台湾	韩国	日本
负债的平均期限	15—20 年	14.5 年	10 年	15 年
资产的平均期限	5 年	10.5 年	4 年	7 年
资产与负债平均期限之差	10—15 年	4 年	6 年	8 年

资料来源：德意志银行 2003 年专题研究报告。

其二，保险资金运用结构不合理。在目前的保险资金运用方式中，保险资金运用结构不尽合理。银行存款的投资比例偏高，债券投资及其

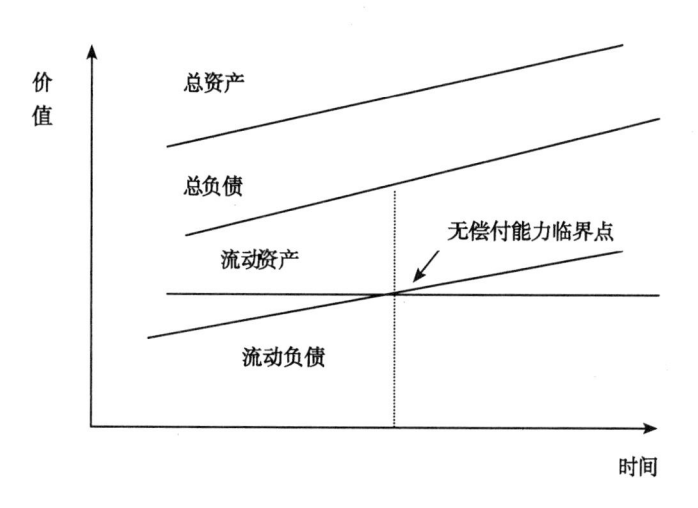

图 2-3 资产负债匹配风险

他投资渠道占比仍然不高。由于保险资金具有稳定性和长期性的特点，保险资金运用的主要方式应该是债券投资，保险业发达国家投资债券的比重都超过50%，美国更是超过了70%（寿险业一般为72%，产险业约为66%），而我国债券投资的比重只在近几年达到了50%左右。显然，我国目前的保险资金运用结构不能满足保险资产与负债相匹配要求，不利于资源的优化配置，也不利于资金安全性、收益性、流动性的结合。其次，对于股票投资的比例限制过于严格。英国寿险业资金投资股票的比例在40%左右，美国产险的股票投资比例为19%左右，寿险的股票投资比例偏低，但是单独账户高达80%。2004年我国股票投资的比例仅为0.4%，2010年股票投资的比例为12%。近几年，股票投资的比例虽然有所上升，但与发达国家相比，还有一定的差距。

其三，保险资金的实际运用渠道过窄。近年来，我国保险资金运用的相关制度和规定不断完善，保险资金运用渠道逐渐拓宽，目前保险资金运用的渠道或方式主要有：银行存款、债券、证券投资基金、股票、基础设施建设、境外投资、不动产等。保险资金的多元化配置框架已经形成。但与国外发达国家相比，我国保险资金实际的运用渠道狭窄，我国金融市场本身不完善，资本市场体系不健全，投资品种较少，保险资金运用方式。例如，在贷款业务中，我国仅允许实行保单贷款，而保单抵押贷款，如住房抵押贷款、汽车贷款等则没有涉足。对股票等投资方式的比例限制过严。2010年颁布的《保险资金运用暂行管理办法》规定：保险公司投资于股票和股票型基金的账面余额，合计不高于本公司上季末总资产的20%；投资于未上市企业股权的账面余额，不高于本公司上季末总资产的5%；投资于未上市企业股权相关金融产品的账面余额，不高于本公司上季末总资产的4%，两项合计不高于本公司上季末总资产的5%。在发达国家，保险资金既可以购买股票、投资债券，也可以进行各种形式的贷款、购置不动产和实业投资等。由于发达国家的金融市场成熟度高，因而其资金运用范围较广。

其四，保险资金运用收益率偏低，稳定性较差。由于我国保险业发展的时间较短，保险公司的主要精力放在承保业务上，保险资金运用业务的发展相对滞后，加上我国金融市场不完善，投资品种有限，导致资金运用收益率偏低。由表2-3可以看出，从2000年到2005年，保险资金运用收益率分别为4.1%、4.3%、3.14%、2.68%、2.87%、3.6%，而国外同期的资金运用收益率均在6%以上。由于股市的疯狂，保险资金收益率在2007年达到创纪录的10.9%，而2008—2010年期间，保险资金运用收益率分别为1.91%、6.41%、4.84%，保险资金运用收益率的稳定性较差。因为只有当保险资金运用收益率超过保单的预定利率时，才能保证保险资金的给付，否则就会出现利差损，影响保险公司的偿付能力。因此，在经历了数次加息之后，保险企业的利差损风险非常大，这无疑将会影响我国保险企业的长期稳定发展，也势必影响我国保险业的可持续发展。

其五，监管能力不适应。新的保险资金运用法规颁布后，拓宽了保险资金的运用渠道，但同时也给保险资金运用带了一系列的风险点，从侧面暴露出我国保险资金运用监管存在不适应地方：首先是制度的建设跟不上环境的发展变化；其次是监管人员的数量和综合素质需要进一步提升；最后是监管的手段、理念仍处在较低的水平。保险资金运用渠道拓宽以后，客观上要求保险资金监管采取新的措施，一是提高监管的技术含量和水平，例如开发动态的现金流控制模型，关注退保、给付等对保险公司现金流的影响；二是实现监管手段的现代化，加强监管的信息化建设，实现实时的在线监管，从根本上解决问题；三是探讨逆周期监管。在监管方面，要根据经济周期的变化，实时地调整监管的重点和手段，增强保险公司在经济下滑时的抗风险能力。

表2-3　　　　　　　历年保险资金运用结构及收益率　　　　　（单位：%）

年份	银行存款	债券	投资基金	股票	其他投资	收益率
2000	48.7	37.7	5.3		8.7	4.0
2001	53.0	21.8	5.7		19.4	4.3
2002	52.0	28.8	5.4		13.8	3.14
2003	52.0	29.6	5.3		13.1	2.68
2004	49.2	39.0	6.0	0.4	5.4	2.87
2005	36.7	46.9	7.9	1.1	7.4	3.6
2006	23.6	53.1	5.1	5.2	4.0	5.8
2007	24.4	43.9	9.5	17.7	4.5	10.9
2008	26.5	57.9	5.4	7.9	2.3	1.91
2009	27.2	51.9	7.1	11.3	2.5	6.41
2010	29.7	50.5	5.7	12.0	2.1	4.84

资料来源：根据《中国保险统计年鉴》整理。

显然，保险产品尤其是寿险产品的不断创新对资金运用收益提出了较高要求，这在客观上会促使保险资金运用渠道要做进一步拓宽，这也是我国保险业发展的内在要求。但保险资金运用方式的拓宽只能是渐进的，保险资金运用渠道的开放与拓宽不仅要考虑保险资金安全性的要求，更要基于外部的投资环境。例如，像美国保险业投资股票也是采取渐进的方式（各州法律不一），从最初的5%到10%，再到15%。因此，我国保险资金运用渠道的拓宽，一方面是为保险公司获得更高收益的考虑，但更重要的是增加一种分散风险的方式，增大资产负债匹配的可能性。所以，理想的保险资金运用渠道应当是以几种主要的投资方式为主，多种投资方式并存的模式。如美国寿险公司普通账户的投资结构以债券为主，2000年债券投资比例占到70%左右，辅之以股票、抵押贷款、不动产、保单贷款、金融衍生工具、外币投资等其他投资方式；英国寿险公司的投资结构以股票为主，约占50%，其他投资方式包括政府债券、公司贷款、公司债券、不动产及其他投资方式；日本寿险公司的投资结构以有价证券为主，其次为贷款；德国寿险公司的投资结构以记名债券为主，其次为不动产和抵押贷款以及股票等。从各国的保险资金运用历史看，其保险资金运用结构存在较大差别的主要原因是保险投资的历史及其投资环境的不同造成，其中，资本市场状况是影响保险资金运用的最关键因素，资本市场的结构在一定程度上决定着保险资金运用的结构，资本市场的效率在一定程度上决定了保险资金运用的效果。美、英两国直接金融居主导地位，资本市场十分发达，因此，保险资金主要投资于有价证券，同时，美国证券市场以债券为主，而英国证券市场以股票为主，表现在保险资金运用结构上就是美国保险资金运用结构以债券为主，而英国的保险资金运用结构以股票为主。中国保险资金运用的历史还不长，从1985年保险公司可以自主运用保险资金到现在还不到20年时间，当前的资本市场稳定性又很差，因此，保险资金运用还不能照搬别国模式，保险资金运用渠道和比例的拓宽只能受制于资本市场。

第二节　保险公司固定收益投资的风险管理

一　概述

固定收益投资实质上是一种贷款性投资，其持有者可以在事先约定的期限内收取利息和本金，因此称之为固定收益资产。固定收益投资是保险公司资金运用的一种重要方式，它具有安全、收益稳定和风险较小的特点，其投资对象主要有政府债券、政府机构债券、地方政府债券、公司债券、抵押债券等。目前我国保险资金的固定收益投资工具仅限于国债、金融债、企业债和银行存款等形式。涉及的具体业务类型有：活期存款、定期存款、协议存款、债券认购业务、国债现券业务、国债回购业务、二级市场上的国债现货交易和国债回购交易业务、金融债券和企业债券的现货交易业务等。从固定收益投资品种的业务特点以及其自身特征来看，固定收益投资所面临的最大风险是利率风险、信用风险、流动性风险和再投资风险。就具体的投资品种和业务类型而言，债券投资的风险主要有信用风险、利率风险和流动性风险，其中，国债投资以国家财政实力和信誉作担保，基本上不存在信用风险，但二级市场上的国债现货交易和国债回购交易会存在市场价格风险，国债回购交易业务也会存在一定程度的清算风险；金融债券具有准国家信用，发行债券的金融机构资金力量雄厚，基本上不存在信用风险；企业债券存在一定的信用风险，根据各个发债企业的信用风险水平，又进一步分为不同的信用级别。此外，上市债券还存在市场价格风险，银行存款面临的主要风险是信用风险和利率风险。因此，对于保险公司来说，信用风险和利率风险是保险公司在固定收益投资中应当重点管理的两类风险。概括来讲，固定收益投资的利率风险是指货币市场、资本市场利率的波动通过存款、拆借、债券买卖等业务而使保险资金运用收益发生损失的可能性；而信用风险则是指保险公司在银行存款，企业债券投资以及国债回购业务中，交易对手不能遵照合约按时足额偿还本金与利息的可能性。

显然，就固定收益投资品种的风险管理来说，风险的度量是基础，保险公司只有在对债券投资和银行存款的利率风险以及发债企业和存款银行的信用状况进行较为准确的定量分析与评估的基础上，才能选择合适的债券投资品种和在不同银行之间合理分配存款限额。此外，保险公司还应当采取相应的风险控制措施以对具体投资品种的投资实施有效的风险管理，如科学的投资技巧、有效的投资组合管理，等等。

二 利率风险的度量与管理

资产负债管理是利率风险管理的主要手段，但绝大多数资产负债管理技术又是以利率风险度量为基础的[①]。通常情况下，金融机构通过考察金融工具的市场价格敏感性来测量利率风险，价格敏感性表示为利率每变化1%，金融产品价值变化的百分比。由于不同的固定收益工具具有不同的利率风险暴露，相应地也就有不同的风险测度方法，如基本点价格值、久期、凸性、期权调整利差等。作为第五章的基础，本节拟介绍常用的利率风险测度方法，即久期和凸性的概念与原理。久期和凸性的利率风险度量方法已被大多数金融机构所采用。最后，本书还拟分析几种典型的利率模型。

（一）久期概念及其原理

在寿险公司的资产负债管理中，确定未来的现金流入、流出时间，

---

① Babbel, D. F. and R. Stricker, Asset Liability Management for Insurers, Insurance Perspectives, Goldman Sachs, May 1987.

对于寿险公司的投资决策至关重要。其中,最为简单的是债券的到期期限,如 7 年期债券的到期期限为 7 年,它通常比 3 年期债券的价格波动要大。但是,到期只考虑固定利率工具的最后资本流动时间,却忽略了其他重要信息,如其他现金流的规模时间。实际上,利率敏感性是依赖于这些因素的,为此,美国经济学家 Frederick Macaulay 在 1938 年提出了"久期"的概念,以后这一概念又得到了进一步完善和发展。相对于传统的利率风险衡量方法而言,久期能更准确有效地衡量利率水平变化对债券价格和责任准备金提存数量的影响,因而成为固定收益资产组合管理者进行利率风险管理和资产负债管理的重要工具。

Macaulay 将久期定义为债券支付的加权到期日,每一次支付的权重为该次支付现金流现值占债券价格的百分比,显然,久期是为完全收回利息付款和本金现值的加权平均年数,久期越大,价格波动的幅度越大,久期基本的计算公式是:

$$D = \sum_{t=1}^{T} t \times \frac{CF_t}{(1+y)^t} \times \frac{1}{p_0}$$

其中,D 为债券的久期;t 为债券产生现金流的各个时期;T 为债券的成熟期,即最后一次现金流的时期;CF_t 为 t 期的现金流量;y 为该债券的到期收益率;p_0 为该债券当前价格,它可以表示为各期现金流的现值之和,即有:

$$p_0 = \sum_{t=1}^{T} \frac{CF_t}{(1+y)^t}$$

显然,对于折现债券来说,因为所有的 $CF_t = 0, t = 1,2,\cdots,T-1$,从而 $D = T$,即折现债券的久期就是债券的到期期限,而对于所有期间有现金流发生的债券来说,久期短于到期期限。

久期也可以解释为债券价格对其到期收益率变动的弹性,因为有

$$\frac{dp_0}{dy} = -\sum_{t=1}^{T} \left(\frac{CF_t}{(1+y)^{1+t}} \right) t$$

$$= -\frac{Dp_0}{1+y}$$

即有

$$D = -\frac{dp_0/p_0}{dy/(1+y)}$$

进一步,上式可以写为:

$$\frac{dp_0}{p_0} = -D\frac{dy}{1+y} \qquad (2.1)$$

如果市场利率变化 Δy，由上式便可以计算债券价格的变化。

如果某一债券有 T 次利息支付，支付时间距离目前时刻分别为 α，$\alpha+1$，$\cdots$，$\alpha+T-1$，其中，$0<\alpha<1$，这说明第一次支付距开始时刻不到一个单位时间，则根据久期计算公式可以得到：

$$D = \frac{1}{\sum_{t=1}^{T}\frac{CF_{t+\alpha}}{(1+y)^t}}\left(\sum_{t=1}^{T}\frac{tCF_{t+\alpha}}{(1+y)^t}\right) + \alpha - 1$$

如果把利率表达为连续复利形式，可以得到久期更为简洁的计算公式为：

$$D = \frac{1}{p_0}\sum_{t=1}^{T}tCF_t e^{-ty^*}$$

其中，$y^* = \ln(1+y)$，并可以推导出 $\frac{dp_0}{p_0} = -Ddy^*$。

如果更精确一些，考虑收益项，根据（2.1）式还可以对 Macaulay 久期进行调整，调整久期（Modified Duration）为：

$$D^* = -\frac{dp_0}{p_0 dy} = \frac{D}{1+y}$$

可以看出，Macaulay 久期用来预测假设利率和金融投资工具的现金流量不变的情况下资产与负债的变化趋势。而调整久期则是固定现金流量下债券价格的利率弹性，是对债券价格利率线性敏感性更精确的测量，因此，调整久期在实际中的应用更为普遍。

如果利息每年支付次数为 n 次，则调整久期就等于 Macaulay 久期除以 1 加上年到期收益率的 $1/n$，为了比较的方便，通常还要把计算结果转换为以年为单位的数值。

久期具有许多良好的性质，如久期是到期收益率的减函数；久期具有可加性，即一个资产组合（或负债组合）的久期是组合内各项资产（或负债）的久期的加权和，权重为该项资产（或负债）占组合总资产（或总负债）的比例；其中，久期的可加性是一个很重要的概念，它为资产组合久期的计算提供了一种非常简洁的方法。

久期给出了债券价格利率敏感性的测量方法，但这种方法也存在一定缺陷：

（1）久期计算方法假设利率期限结构是平坦的，但一般情况下利率期限结构呈上翘的非线性形状，因此，只有在收益率变化较小时，久期才是利率敏感性较好的估计。

（2）久期实际上只考虑了收益率曲线平移的情况。

（3）久期只适用于资产负债表内的利率风险管理，具体而言，就是主要适用于固定收入组合，即各类存款、贷款和债券形式的资产和负债组成的组合，适用于无选择权的金融工具。

（4）久期是一个静态概念，但随着利率水平的变化，资产组合和负债组合及其债券久期的变动可能是不一致的，这通常会制约组合调整和利率风险免疫的实现。Macaulay 久期和调整久期的计算都是在假定当利率变化时，债券的现金流不变，对于可赎回债等则无能为力。

针对久期的上述局限性，有人在不同的利率期限结构模型下，对债券价格的利率敏感性作了深入分析，一定程度上拓展了久期的概念。比如，假设表示利率期限结构的债券的收益率曲线不是平坦的情况，而债券收益率曲线发生平移，现金流为 $CF_t, t = 1, 2, \cdots, T$，则其价格为：

$$p = \sum_{t=1}^{T} \frac{CF_t}{(1 + y_t)^t}$$

由于这一债券的现金流是固定的，价格的变化取决于利率期限结构的变化，利率期限结构作平行移动。在这样的情况下，我们可将久期定义为：

$$-\sum_{t=1}^{T} \left(\frac{dp}{dy_t}\right) \frac{1}{p} = -\frac{1}{p} \sum_{t=1}^{T} \frac{tCF_t}{(1 + y_t)^{t+1}}$$

债券价格还可以用远期利率表示，假定债券的息票率为 c，到期前有 T 次利息支付，则债券价格和远期利率的关系为：

$$p = \sum_{t=1}^{T} \frac{c_t}{\prod_{i=1}^{t} (1 + f_0^{(i \to i+1)})}$$

对于收益率曲线不是平行移动的情况，情况就会变得非常复杂，需要应用复杂的利率期限结构。

（二）浮动利率债券久期的计算

以上给出的久期计算方法都是针对具有固定现金流的债券，但在债券市场上还有其他类型的债券,如寿险公司的资产中就有一定比例的浮动利率债券。对于浮动利率债券同样可以根据其特征计算久期。典型的浮动利率债券也具有到期日、面值,但它的息票率是不固定的,一般以某一个市场基准利率作参考,如半年期或一年期的国库券收益率。以下分别就几种常见的浮动利率债券久期的计算进行分析。

(1) 半年付息一次的浮动利率债券

对于半年付息一次的浮动利率债券来说,息票率由具有同样时间到期日的基准利率决定。不妨用 r' 表示半年确定一次的息票率;r 表示浮动利率债券的参考利率。若一个债券刚刚发行,或者寿险公司刚刚购买一个债券,它的下一个利息支付已经确定,设息票率为 $r' = c$,付息次数为 T 次。另外,为讨论方便起见,假设今天离下一个付息日正好有半年,则债券价格与市场参考利率的关系为:

$$p = \frac{\frac{c}{2}}{(1+r/2)} + \sum_{i=2}^{T} \frac{r/2}{(1+r/2)^i} + \frac{1}{(1+r/2)^T}$$

$$= \frac{\frac{(c-r)}{2}}{(1+r/2)} + \sum_{i=1}^{T} \frac{r/2}{(1+r/2)^i} + \frac{1}{(1+r/2)^T}$$

$$= \frac{\frac{(c-r)}{2}}{(1+r/2)} + 1$$

$$\frac{dp}{dr} = \frac{-(1+r/2) - (c/2 - r/2)}{2(1+r/2)^2}$$

$$= -\frac{1}{2} \frac{(1+c/2)}{(1+r/2)^2}$$

如果 $c = r$,则有:

$$-\frac{1}{p} \frac{dp}{dr} = \frac{1}{1+r/2} \left[\frac{1 - \frac{T/2}{(1+r/2)^{T+1}}}{2 - \frac{1}{(1+r)^T}} \right]$$

因此,从上式可知,一个浮动利率债券的久期就是一个半年后到期不付息债券的久期。

(2) 双倍浮动利率债券(double floater)久期的计算

所谓双倍浮动利率债券是指其息票率为参考利率的两倍的债券,即

有 $r' = 2r$。假设现在购买一个双倍浮动利率债券，今天离下一个付息日正好还有半年，下一次利息已经确定为 c，则可以计算双倍浮动利率债券的价格及久期如下：

$$p = \frac{\frac{2 \times c}{2}}{(1+r/2)} + \sum_{i=2}^{T} \frac{\frac{2 \times r}{2}}{(1+r/2)^i} + \frac{1}{(1+r/2)^T}$$

$$= \frac{c-r}{(1+r/2)} + \sum_{i=1}^{T} \frac{\frac{2 \times r}{2}}{(1+r/2)^i} + \frac{1}{(1+r/2)^T}$$

$$= \frac{c-r}{(1+r/2)} + 2\left[\sum_{i=1}^{T} \frac{r/2}{(1+r/2)^i} + \frac{1}{(1+r/2)^T}\right] - \frac{1}{(1+r/2)^T}$$

$$= \frac{c-r}{(1+r/2)} + 2 - \frac{1}{(1+r)^T}$$

$$\frac{dp}{dr} = -\frac{1+c/2}{(1+r/2)^2} + \frac{T/2}{(1+r/2)^{T+1}}$$

如果 $c = r$，则有

$$-\frac{1}{p}\frac{dp}{dr} = \frac{1}{1+r/2}\left[\frac{1 - \frac{T/2}{(1+r/2)^{T+1}}}{2 - \frac{1}{(1+r)^T}}\right]$$

由上式可知，双倍浮动利率债券的久期为负值，利率的上升将会导致价格的上升，利率降低，价格变小。因此，可以看出，普通债券的久期是正值，浮动利率债券的久期接近于零，双倍浮动利率债券的久期为负值。例如，假设当前的参考利率为 6%，简单债券的收益率也是 6%，所有债券的到期日都是 10 年，则不难计算出：零付息债券的久期为 9.71；平价债券的久期为 7.44；浮动利率债券的久期为 0.49；双倍浮动利率债券的久期为 -3.05。

（三）凸性概念及其原理

正因为久期存在这样或那样的缺陷，才使得久期方法的实用性和准确性受到了一定的限制。对债券价格利率敏感性更准确的测量需要考虑更高阶的价格—收益率波动情况，其中，最常用的方法就是凸性方法。

久期可以看做债券价格对利率小幅波动敏感性的一阶估计，而凸性则是对债券价格利率敏感性的二阶估计，即对债券久期利率敏感性的测量。凸性可以通过计算久期对利率的导数或债券价格对利率的二阶导数再除以债券的价格得到，即有：

$$C = -\frac{dD^*}{dy} = \frac{1}{p_0}\frac{d^2p_0}{dy^2} = \frac{1}{p_0}\frac{1}{(1+y)^2}\sum_{t=1}^{T}\frac{t(1+t)CF_t}{(1+y)^t}$$

对于固定收益证券来说，所有的 $CF_t > 0$，因此，凸性 $C > 0$。

如果对债券价格的相对变化作二阶泰勒展开，则有：

$$\frac{dp_0}{p_0} \approx \frac{1}{p_0}\frac{dp_0}{dy}dy + (1+2p_0)\frac{d^2p_0}{dy^2}(dy)^2$$

$$= -D^*dy + \frac{1}{2}C(dy)^2$$

显然，当收益率变动幅度较小时，凸性的作用并不明显，可以忽略不计。而当收益率发生较大幅度的变动时，凸性就变得非常重要，上式可以改写为：

$$\frac{dp_0}{p_0} = -(D^* - \frac{1}{2}Cdy)dy$$

上式表明，当利率上升或下降时，凸性会引起债券的久期下降或上升。由于不含期权的债券的久期为正值，因此，债券实际的价格/收益关系曲线应在久期之上，从而利率变化引起债券价格实际上升幅度比久期的线性估计要高，而下降的幅度却相对较小。债券的凸性越大，这一效应也就越明显，所以，具有较高凸性的债券会受到投资者的青睐，因此也就更贵。

由凸性公式得到的债券价格相对于收益率变化的凸性调整为：

$$\Delta p_C = \frac{1}{2}p_0C(dy)^2$$

例如，有一种10年期、年息票率为4%，面值为100元的国债，每年支付一次利息，根据上式可以计算出收益率变化对该国债价格的凸性影响。经计算，其凸性为 $C = 43.2$，如果假定收益率上升到6%，则凸性对该国债价格的影响为：

$$\Delta p_C = \frac{1}{2} \times 100 \times 43.2 \times \frac{4}{10000} = 0.864$$

进一步还可以计算出久期的影响 Δp_D，最终可以计算国债价格变化 Δp（略）。

同久期一样，固定收入证券组合的凸性等于组合中各证券凸性的加权和，这一性质无疑会简化组合凸性的计算。

久期和凸性的关系可以用下图说明。久期描述的价格—收益率关系如图中的直线所示，凸性描述的价格—收益率关系如图 2-4 中的曲线所示。

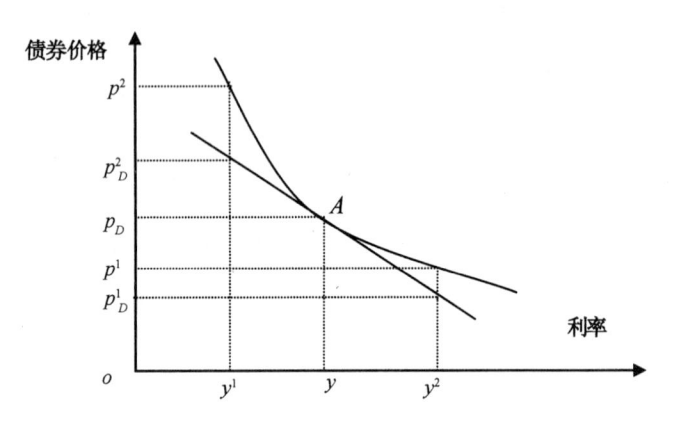

图 2-4 债券的久期和凸性

图 2-4 进一步验证了上述结论，即久期是在利率变化幅度不大时债券利率风险的测度。由图 2-4 可以看出，当利率由 y 上升或下降到 y^2 或 y^1 时，根据久期得到的债券价格分别为 p_D^1 或 p_D^2，而实际的债券价格分别为 p^1 或 p^2。显然，在利率变化较大时，久期明显在利率上升时高估了债券价格变化值，而在利率下降时又低估了债券价格变化值，主要原因在于利率和债券价格的关系不是线性的，而是如图 2-4 所示的一条曲线，是凸性的，因此，当收益率变动较大时，久期描述的关系就会与实际情况有差距，这时需要考虑二阶量，即凸性。

（四）近似久期和凸性

对于简单债券，可以直接利用定义来计算债券的久期和凸性，但对于较为复杂的债券，如含有一定期权的债券，直接用公式计算其久期和凸性会很繁琐，甚至不能计算，这时，久期和凸性的计算可以采用近似算法。现在再来重新理解久期的概念。久期的原始含义是作为金融工具加权寿命的测度。实际上，久期另外一种正确的理解是利率变化很小的值引起的价格变化百分比的近似值。因此，我们可以用近似方法来计算金融工具或复杂衍生证券的近似久期。具体步骤如下：

(1) 将债券的收益率提高 Δy 基点，确定新收益率下的债券价格 p_0^1；

(2) 将债券的收益率降低 Δy 基点，确定新收益率下的债券价格 p_0^2；

(3) 久期近似为：$D = \dfrac{p_0^1 + p_0^2}{2p_0 \Delta y}$

类似的有近似凸性的计算公式：$c = \dfrac{p_0^1 + p_0^2 - 2p_0}{2p_0(\Delta y)^2}$。

久期和凸性的近似计算公式不仅可以用于无选择权的金融工具，而且还可以用于有选择权的金融工具。一般认为，久期是金融工具价格对收益率的敏感度，调整久期是假定收益率改变不影响现金流情况下的价格敏感性测度，这一测度可应用于无选择权金融工具和虽然具有嵌入选择权但选择权为虚值状态（市场利率高于可赎回债券票面利率的利率环境）的金融工具[①]。近似久期假设收益率的变化可能影响现金流，这与调整久期是不相同的。

从国内外关于利率风险度量方法的研究来看，利率风险的度量工具还在不断发展，度量方法越准确其复杂性就越强，对使用者的要求也就越高。一种好的利率风险度量方法如果使用不当，不但不会给使用者带来投资收益，而且会带来更大的风险，因此，利率风险管理是否有效，关键在于是否能够准确理解各种利率风险度量方法的真实含义并恰当地予以应用，而不在于你是否应用了先进的利率风险度量工具。

(五) 利率模型

保险公司在资金运用之前，首先应对其资产、负债、业务状况以及利润前景等进行预测分析，目的是确定可运用保险资金的来源和规模，降低经营风险，对此，利率一直起着关键作用。就保险资金的具体运用而言，债券价格的变化是不确定的，我们只知道今天的利率期限结构，但无法完全预测未来的利率期限结构，从而也就无法完全清楚未来的债券价格水平，因此，债券价格波动的主要原因同样是由利率的不寻常波动造成的。

---

① 李秀芳：《中国寿险业资产负债管理研究》，中国社会科学出版社 2002 年版，第 60 页。

利率有期限之分，估计利率曲线的基础就是利率的期限结构理论。利率的期限结构是指利率与到期日之间的关系，它具体表现为收益率曲线。利率期限结构理论是对收益率曲线形状的解释，其理论主要有四种：纯粹预期假设、流动性偏好假设、区间偏好假设、基于随机过程的利率期限结构理论。对于保险公司来说，固定收益投资的关键是要预测未来的利率走向，即分析预测各种期限的利率在未来可能的变化情况。最简单的办法当然是集合一些专家的意见并加以汇总分析，但这种方法带有很强的主观性。另外一种方法是利率的情景模拟，如纽约利率七景，但这种方法的人为影响也比较大。鉴于此，人们开始尝试建立各种形式的利率模型。一般认为，Black-Scholes（1973）模型和Merton模型是创立较早的利率模型，这些模型根据对基础资产的对数正态分布假设，得到一个用累积正态分布密度函数表示的解析解，模型假定服从对数正态分布的基础资产包括债券、即期利率、远期利率和互换利率等。用Black-Scholes模型进行定价的利率产品可以分为两类：国债产品和利率上限及互换期权等LIBOR产品，但Black-Scholes模型在实际应用时却受到质疑。

之后，人们又提出了多种随机利率模型，这些随机模型分为单因素模型、双因素模型和三因素模型。单因素模型用以描述短期利率随时间发生的随机变动，如CIR模型、Vasicek模型、Ho-Lee模型、Hull-White模型等；双因素模型除了描述短期利率的变化之外，还反映长期利率的变化，如Brennan-Schwartz模型；三因素模型认为利率的动态变化是由瞬态利率水平、瞬态利率的数学期望及方差三个因素共同决定的，其他模型都可以看作是它的特例。

Vasicek模型首先提出了一个均值回复的期限结构模型，Cox等（1985）又进一步将期限结构理论推广到一般均衡下的经济环境中去。CIR模型保留了短期利率围绕均值变动的性质，但同Vasicek模型假定固定方差的条件不同，CIR模型允许短期利率方差与短期利率的平方根成正比（异方差）。这两个模型都预先规定了利率动态变化的具体结构，然后描述期限结构基于经济基础变量的系统变动。一直到HJM模型类出现之前，Vasicek模型和CIR模型一直是利率模型建模的主流化方法。

20世纪80年代末90年代初出现了套利模型，如Black-Derman-Toy

模型、Hull-White 模型以及作为其特例的扩展的 Vasicek 模型和扩展的 CIR 模型。这类利率模型的共同的特征是模型的均值回复项都是时变的，因此，这类模型第一次可以通过调整均值回复项拟合任意形状的初始收益率曲线。其后，Health、Jarrow 和 Morton（1992）从初始市场曲线开始，建立了基于整个远期利率曲线演变的利率衍生产品定价的框架，这一方法最早是由 Ho-Lee 提出的，用无套利条件来确定远期利率漂移项和扩散项之间的关系，HJM 模型在此基础上提出了一个一般性的结构。但在实际应用 HJM 模型对衍生产品进行定价的过程中，由于瞬时远期利率的期限结构不能通过直接观察获得，因此，HJM 模型不便于实际应用。为此，Brace、Gatarek 和 Musiela，Jamshidian 和 Miltersen，Sandmann 和 Sondermann 等人于 1997 年提出了市场模型，该模型可以直接在 HJM 模型下对有限到期时间的可观察利率，如 LIBORs、互换利率等建模。近年来，在 HJM 模型类的推动下，又出现了许多新的利率模型，如随机弦模型、随机域模型、跳跃过程模型、定价核模型，等等。

其中，在上述模型中，单因素模型的应用最为普遍，以下在参考文献［99］，文献［103］以及文献［144］等的基础上对几个较具代表性的利率模型作简要介绍。

1. Black-Scholes 模型

Black-Scholes 模型可以用来模拟收益率曲线的变动情况，并已经成为利率敏感性证券定价的主要工具。该模型的基本假设是对利率敏感性证券的扩充和延伸：（1）市场是无摩擦的，不存在税收和交易费用，因此，证券是可分割的；（2）投资者可以以一个连续的复利率进行无限制的借入或贷出；（3）到期日为 T 的贴现债券定义为债券在 T 年结束时支付给持有者，除此之外无其他支付，债券市场完全处于对每一到期日都存在贴现债券的状况；（4）影响债券价格的唯一因素是风险，风险服从几何布朗运动；（5）市场不存在套利机会。Black-Scholes 模型假设证券价格是一正态过程，即有：

$$ds = \mu s dt + \sigma s dz$$

其中，s 为证券价格，μ 为即时的证券回报值，σ 代表证券价格的波动性，dz 是标准布朗符号，利率为常数 r，欧洲看跌期权 c 是证券价格 s 的衍生产品，$c = c(s,t)$，到期时，看涨支付是 $c = \max(s-k,0)$，k 为履约价格。在上述假设下，可以得到下面的 Black – Scholes 模型：

$$c = sN(d_1) - xe^{-rT}N(d_2)$$

$$d_1 = \frac{\ln(s/x) + (r + \sigma^2/2)(T-t)}{\sigma(T-t)^{\frac{1}{2}}}$$

$$d_2 = d_1 - \sigma(T-t)^{\frac{1}{2}}$$

对每一期权，都可以通过出售 H 股（套期保值率）证券来进行动态的套期保值，$H = N(d_1)$。

2. 修正 Black-Scholes 模型

Black-Scholes 模型适用于优先股权和风险性期权的定价，而修正 Black-Scholes 模型适用于债券期权的定价，如长期债券价格也是一正态过程，设 b 为债券价格，c 为债券看涨期权的价格，于是有：

$$db = \mu b dt + \sigma b dz$$

$$c = c(b,t) \text{ 到期时}: c = \max(b - k, 0)。$$

现在可以用 Black-Scholes 模型动态套期保值理论来确定长期债券的价格，模型为：

$$c = bN(d_1) - xe^{-r(T-t)}N(d_2)$$

$$d_1 = \frac{\ln(b/x) + (r + \sigma^2/2)(T-t)}{\sigma(T-t)^{\frac{1}{2}}}$$

$$d_2 = d_1 - \sigma(T-t)^{\frac{1}{2}}$$

修正 Black-Scholes 模型不仅可以测量长期债券价格的波动性，而且还可以用于不同种类之间的期权交易分析。

3. Vasicek 模型

Vasicek 模型是 Vasicek 和 Dothan 于 1977 年最先提出的单因素利率模型，所有债券的价格都完全相关，模型假定所有债券价格都受短期利率一个因素的影响，且利率服从高斯正态过程。这样，Vasicek 模型可以用下面的动力学方程描述：

$$dr = a(b - r)dt + \sigma dz$$

其中，a,b 是常数，a 表示回归速度，b 表示长期回归水平，σ 表示 r 的波动性大小，r 是围绕利率的长期平均值 b 上下波动的，是一个连续的马尔可夫过程，表明未来的短期利率仅与现在的利率水平有关，而与短期利率的历史值无关。如当 $r > b$ 时，漂移项为负，这使利率向减小的方向运动的可能性增加。

贴现债券 $B(t,T)$ 在 Vasicek 模型下的价格方程为：

$$B(t) + \frac{1}{2}\sigma^2 B_{rr} + (ab - r - \lambda b)B_r - rB = 0$$

其中，λ 为风险的市场价格。结合边界条件 $B(T,T) = 1$ 和 $\tau = T - t$，并进行变量替换，便可以得到贴现债券的价格表达式以及贴现债券的收益率公式（略）。

Vasicek 模型应用的一个成功范例是 1989 年 Jamshidian 提出的一个建立在零息债券基础上的欧式期权定价模型，该模型得到了类似 Black-Scholes 形式的封闭解。

4. CIR 模型

CIR 模型与 Vasicek 模型有类似的结构，区别在于 CIR 模型是一个异方差模型。CIR 模型的基本假设是每位投资者都通过对单一产品的选取达到预期效用的最大化，而这一产品是通过有限状态的技术生产出来的。在一般均衡条件下，得到一个单平方根过程，即有：

$$dr = a(b - r)dt + \sigma\sqrt{r}dz$$

其中，a, b, σ 是常数，r 围绕利率的长期平均值 b 上下波动，a 为平均债券购回的调整率，即利率回复到 b 的速度，调整率越高，短期利率收敛于长期固定利率的速度就越快，短期利率变化的方差与利率水平的平方根成正比。

贴现债券 $B(t,T)$ 在 CIR 模型下的价格方程为：

$$A(\tau) = \frac{\sigma^2}{4a^3}(1 - e^{-\tau a}) + \frac{1}{a}\left(b - \frac{\lambda\sigma}{a} - \frac{\sigma^2}{a}\right)(1 - e^{-\tau a})B(t,T)$$

$$= \exp[A(\tau) - rB(\tau)]$$

其中，

$$B(\tau) = 1 - e^{-\tau a}$$

可以看出，贴现债券价格的对数与短期利率 r 呈线性关系。根据

$$R(t,T) = -\frac{1}{T-t}\ln B(t,T)$$

$$\tau = T - t$$

可以得到贴现债券的收益率 $R(t,T)$（略）。

CIR 模型是一种单平方根模型，1989 年，Longstaff 对 CIR 模型进行

了修改，得到了双平方根模型，1992 年，Beaglehole 和 Tenny 对 Longstaff 模型作了进一步改进得到了下述模型：

$$dr = a(b - \sqrt{r})dt + \sigma\sqrt{r}dz$$

其中，a,b，σ 是常数，$ab = \sigma^2/4$。双平方根模型的理论框架和推导方法同 CIR 模型类似。在该模型中，r 非负并且是均值回复的。由于 a,b，σ 中只有两个变量是独立的，所以，双平方根模型应用起来比 CIR 模型更为方便[①]。

5. Ho-Lee 模型

Ho-Lee 模型是由 Ho、李（Lee）两人在 1986 年提出的。在此之前的利率模型如 Vasicek 模型（1977）和 CIR 模型（1982）等被称为均衡模型，这些模型不能很好地反映利率期限结构及其变化。Ho-Lee 模型吸取前面模型的优点，并且可以通过选取参数的取值而与当前的市场利率期限结构完全一致，因此，Ho-Lee 模型是无套利模型。

Ho-Lee 模型最初是由可重组（recombining）二叉树实现的，其连续形式为：

$$dr = (f(t) + \sigma_t^2)dt + \sigma dz$$

其中，$f(t)$ 是远期利率，σ 表示利率的波动性。推广的 Ho - Lee 模型为：

$$dr = (f(t) + \sigma^2(t).t + \frac{\sigma'(t)}{\sigma(t)}[r(t) - f(t)])dt + \sigma(t)dz$$

Ho-Lee 模型可以告诉我们债券的现价以及债券价格的变化，除此之外，Ho-Lee 模型还可以告诉我们债券的风险大小以及如何进行风险管理。而推广的 Ho-Lee 模型还可以对衍生产品进行定价。

6. Hull-White 模型

Hull-White 在 1990 年将 Vasicek 模型扩展为一个参数时变且可拟合的模型，即 Hull-White 模型，该模型在 Ho-Lee 模型的基础上增加了一个回归项，其一般形式为：

$$dr = (b - ar)dt + \sigma r^\beta dz$$

Hull-White 模型给出的扩展的 Vasicek 模型和扩展的 CIR 模型分别为：

[①] 王一佳等：《寿险公司风险管理》，中国金融出版社 2003 年版，第 166 页。

$$dr = [\lambda + a(b-r)]dt + \sigma dz$$

$$dr = [\lambda + a(b-r)]dt + \sigma \sqrt{r} dz$$

7. Black-Derman-Toy 模型

Black-Derman-Toy 模型可以在投资者风险偏好未知的情况下为任意零息债券定价。由于互换利率可以看作是零息债券价格的线性组合，所以给定任意形式的波动率结构都可以用 Black-Derman-Toy 模型为基于互换利率的金融产品定价。Black-Derman-Toy 模型的一般形式为：

$$dy = [c + a(b-y)]dt + \sigma dz$$

其中，$y = \ln r$，$b = \ln u$，$c = \partial b/\partial t$，$a = -\partial \ln\sigma/\partial t$。

该模型的一个主要特征是均值回复的速度是波动率的函数，因此，当短期利率的波动率为常数时，$a = 0$，此时模型不具有均值回复性，若短期利率的波动性是随时间衰减的，则 y 以正速度 a 向 b 回复。

由于短期利率的均值回复速度 σ'/σ 直接取决于波动性结构，在同时拟合初始利率期限结构和波动性结构时带来许多不便。因此，Black 和 Karainski 于 1991 年提出了下述形式的改进模型：

$$d\ln r = (\theta - k\ln r)dt + \sigma dz$$

该模型对 Black-Derman-Toy 模型进行了推广，即加入了时变的均值回复速度，模型更加符合实际。

从理论基础上看，单因素模型并不是 Black-Scholes 模型的直接推广。单因素模型不将收益率曲线从正斜率变化到负斜率作为一类风险，但当这类风险影响到证券的价值的时候，单因素模型就不太适合了，于是有人提出了双因素模型。

8. Brennan-Schwartz 模型

Brennan-Schwartz 模型是所有双因素模型中最贴近主成分分析框架的一个模型，它假设收益率曲线的变动可以用两个不可观测的环境变量运动来解释，其特殊情形是使用短期利率和长期利率，因此 Brennan-Schwartz 模型可以认为是用长期利率（利率水平）和长、短期利率之差（斜率）来解释期限结构的，该模型的一般形式为：

$$dr = a_1 + b_1(l-r)dt + r\sigma_1 dz_1$$

$$dl = (a_2 + b_2 r + c_2 l)dt + l\sigma_2 dz_2$$

$$dz_1 dz_2 = \rho dt$$

其中，短期利率 r 收敛于长期利率 l，σ_1、σ_2 分别为短期利率和长期利率的标准差，ρ 为这两种利率的相关系数。该模型在单因素模型基础上加入一维长期利率 T 的动力演化，长期、短期随机过程具有一定相关性。对任何期限为 T 的债券，债券价格 $B(T)$ 由短期利率和长期利率所决定，即 $B = B(r,l;T)$。

利率期限结构模型的发展十分迅速，这些模型已经开始应用到各类债券以及衍生证券的定价、风险控制、投资组合管理以及资产负债管理问题中，如利率上限与利率互换的定价、付息债券期权的定价、Ho-Lee 模型下的金融衍生产品鞅定价方法、Ritchken-Sankarasubramanina（HJM模型的一个子类）模型用于资产配置、单因素和双因素 HJM 模型用于债券组合的利率风险免疫，等等。因此，上述利率模型可以用于保险公司的资产管理，不仅如此，如果其他因素已知，保险产品的价值取决于利率，此时可以将保险产品看作是一个利率衍生证券，上述利率模型同样可以用于保险公司的负债管理。总之，利率模型的应用已经超出了证券估价的范畴，利率模型在现金流预测、收入模拟以及寿险产品的精算利率的确定和利率风险管理中有着广泛的应用。至于在实际中应当选用哪一种模型，这要根据使用者的需求来定，如 Ho-Lee 模型、Hull-White 模型等的建模过程快捷简便，而有的模型则必须使用蒙特卡洛模拟方法。

（六）利率风险控制

任何一家金融机构都不可能完全规避利率风险，但在对利率风险进行准确度量和预测的基础上，利用有关技术方法又确实可以减轻利率风险的不利影响。总体而言，利率风险的管理分为基于资产方的管理、基于负债方的管理以及资产负债的匹配管理①。基于资产方的管理主要是通过资产的重新配置以及金融衍生工具来对冲利率风险，其中，金融衍生工具已经成为利率风险非常重要的管理手段，如利率上限产品、利率下限产品、CMS 上限、CMS 利率下限和自动利率上限等；另外，具有触发器的期权、平均利率互换期权等都可以防范因利率的不利变化而导致的退保

---

① Ang A., Sherris M., Modeling for risk management and valuation of interest rate dependent cash flows [J]. North American Actuarial Journal, 1998, 1 (2): 1—26.

风险；基于负债方的管理方式主要有：审慎的准备金管理、保险证券化以及再保险等。其中，保险证券化是近一二十年来发展起来的一种新的避险产品，它通过证券化产品产生稳定的现金流，不仅比传统的再保险成本更低，而且还具有较之再保险更为完善的风险管理功能，现已成为美国等西方发达国家保险业规避利率波动风险的主要工具之一，如美国 SKANDIA 保险公司在 1996 年和 1997 年两年时间内寿险产品证券化总额达到了 2 万亿美元[1]。由于寿险公司受利率风险的影响较重，因此，保险证券化主要应用于寿险业，目前，寿险证券化的品种主要包括：寿险变动风险证券化、保单质押贷款证券化、保费收入证券化以及寿险公司未来收益的证券化等[2]；资产负债管理技术较早应用于利率风险管理问题当中，资产负债管理的核心思想就是通过适当调整资产负债结构实现其合理匹配，以规避利率风险的不利变动所带来的影响。具体来说，有效的资产负债管理就是以资产负债相互匹配为目标来确定具体的投资策略和保险产品的设计策略。当今，国外许多寿险公司已经在经营管理过程中应用了较为成熟的资产负债管理方法，如缺口分析、累积缺口分析、久期匹配、凸性匹配、现金流测试以及资产负债管理的最优化等。而我国民族寿险业还没有全面应用这些有效的资产负债管理技术，更无法准确度量资产负债不匹配的风险程度。就此，本书拟在第五章介绍防范利率风险的几种免疫策略，然后介绍资产负债管理的最优化模型和资产负债匹配管理的几种检测方法。

三 固定收益投资的信用风险度量与管理

（一）固定收益投资的信用风险管理概述

除了利率风险之外，部分固定收益产品如企业债券、银行存款和国债回购业务还面临较大的信用风险。概括来讲，保险公司信用风险管理的主要内容就是管理上述交易对手的信用风险，提供信用评级建议、建立信用评级系统并进行信用评级、出具信用分析报告。在信用风险度量的基础上，根据信用评级结果制定符合公司风险回报要求的信用风险限额分配计划，实施风险控制。因此，保险公司信用风险管理的核心内容

---

[1] Risk Management by Insurers: Investment Management for Insurers [M]. Edited by David F.

[2] Babbel, D. F. and R. Stricker, Asset Liability Management for Insurers. Insurance Perspectives, Goldman Sachs, May 1987.

就是信用风险的度量。

在国外，企业债是保险公司一种重要的资金运用方式，也是保险公司的主要金融资产。在我国，企业债已经从投资范围和投资比例两方面逐步对保险公司放开，保险公司投资于企业债的资金规模将进一步扩大。一般而言，购买企业债可以获得较之国债和银行存款更高的收益，但其信用风险也相对较高。因此，在企业债券的投资过程中，除了要考虑收益因素外，还应当对发债企业的信用状况进行分析，目的是通过对发债企业的财务状况、管理水平以及发展潜力等的分析来判断企业违约的可能性，为企业债券的投资决策提供依据。目前，我国有几家信用评级机构定期对企业债券进行信用评级，中介机构的这些评级结果无疑可以作为保险公司的决策参考，但同时也应看到，与美国等发达国家的情形不同，我国的中介信用评级机制还很不成熟，也很难保证信用评级机构能够站在客观公正的立场上对企业债进行信用评级。在实际中，某些金融投资机构还会根据实际情况和自身需要，对发债企业自行做出信用评级，并建立自己的评级系统。另一方面，从对商业银行的信用评级看，针对商业银行的信用评级较少，国内的信用评级公司——中诚信国际对国内十几家银行进行主动信用评级（综合财务实力、个体财务实力），标准普尔对中国四大国有商业银行在内的十几家商业银行进行长期外币和短期外币评级，但二者的评级结果差别很大[①]，评级结果仅有有限的参考价值，很难作为最终的判定依据。对于保险公司来说，银行存款占可运用保险资金比例的一半左右，如此大规模的资金分散存放到数十家国有商业银行和股份制银行，在各银行的存款利率水平差别不太大的情况下，出于资金运用安全性的考虑，保险公司应主要根据不同银行的信用状况来确定存款限额，这就需要保险公司建立自己的、有针对性的信用评级系统。总之，保险公司固定收益投资的信用风险来源是多方面的，主要分为两大类：第一类是发债企业或银行的履约能力出现了问题。本金和利息的偿还虽然可以通过取得经营收入、出售某项资产，或借入资金来进行，但衡量发债企业或银行的履约能力最主要的还是应

---

① 邵晓华、陆履亨、姚奕：《关于我国保险资金入市的风险与对策的一些思考》，《浙江金融》2007年第7期。

当考察其经营状况和财务状况；第二类是发债企业或银行的履约意愿出现了问题，这主要由其品质来决定。但发债企业或银行的品质一般难以直接计量，通常情况下可以根据以往的记录和经验对其履约意愿进行评价。

(二) 信用风险度量方法

信用风险主要分为盯市风险（Market to Market）、债务或债券的发行风险和交割风险。就具体的信用风险度量而言，债权人会根据对有关数据的归纳分析来判断债务人是否能够如期偿还债务，而这种按时偿还债务的信用风险是由违约概率和违约损失共同确定的。违约概率是指在给定时间内交易对手不能按时偿还债务的可能性。但是，即使出现违约情况，也不意味着债权人会损失全部债权。假设风险暴露为 t，一定期限内交易对手违约的概率为 p，违约损失为 l，则债务人面临的信用风险损失为 $v = t \times p \times l$。违约损失一般由债务人的所有债务合同条款以及宏观经济状况来推测。除违约概率外，信用风险还有其他标识指标，如信用分数、信用级别、违约距离，等等。就信用风险计量方式而言，可以归纳为两类：一是利用信用风险的市场价格即信用价差来表示；二是利用信用风险的理论模型。通常情况下，在计算债券的信用价差时，首先应当确定一个与该债券的期限、利息都相同的无信用风险债券（如国债），并以此为基准，然后再求二者的收益率之差，即为该债券的信用价差。信用价差越小的债券，其信用越高，反之则越差。信用价差方法已为债券交易员所广泛采用，该方法简单直观，便于比较。但信用价差只是一个相对量，而且由于债权投资收益取决于各种风险因素，因此，信用价差反映的可能不仅仅是信用风险，还可能包含其他类型的风险，该方法显然有一定的局限性。为此，人们又开始建立各种信用风险模型，概括来讲，这些信用风险模型主要有两类：一类是历史模型，即根据债务人的历史来推断其未来违约的可能性大小；二是市场模型，即根据信用风险在市场价格方面的反映来推断违约概率。需要说明的是，信用风险模型还有其他分类方法。

近几年来，信用风险模型与计量方法不断推陈出新，如古典信用分析模型、多元统计分析模型、Creditmetrics 模型、KMV 模型以及其他一些以资本市场理论和信息科学为支撑的新方法等。其中的有些模型适合于保险公司，但有些模型并不能完全满足保险公司的实际需要，应根据具体情况作简单改进。总体而言，比较典型的信用风险模型包括：信用分数模型、神经网络模型、分类树模型、判别分析模型、Creditmetrics 模型、KMV 模型和 CreditRisk + 模型，等等。

1. 信用分数模型

信用分数模型最早由沃特曼等于 20 世纪 60 年代末期提出，主要基于财务报表比率分析。该方法对 33 个样本的 22 个财务指标进行分析，得到预测力较强的 5 个指标。沃特曼的信用分数模型针对制造销售业的 Z—分数模型和适合于其他行业的 ZETA—分数模型。Z—分数模型的形式是：

$$Z = 1.2x_1 + 1.4x_2 + 3.3x_3 + 0.6x_4 + 1.0x_5$$

式中：x_1——营运资本/总资产比率；

x_2——留存盈余/总资产比率；

x_3——利息和税收之前的收益/总资产比率；

x_4——股权的市场价值/总负债的账面价值比率；

x_5——销售额/总资产比率。

假如发债企业的各项财务比率在用 Z 函数中估计的系数加权计算之后得到的 Z 值低于一个临界值，那么，该企业就会被归为信用差的一类。沃特曼于 1977 年提出了第二代信用分数模型，即 ZETA—分数模型，该模型删除了 x_5，而新增加了公司规模和盈利稳定性。但信用分数方法是有其缺陷的，其一，这一模型是线性的，但各 x_i 之间的关系有可能是非线性的；其二，在杠杆比率中，除了股权的市场价值一项之外，该模型基本上以财务比率为基础，而通常情况下，财务数据只是在不连续的一段时间间隔之后才会披露，且通常以历史或账面价值的会计原则为基础。为此，一些非线性方法开始应用到信用风险分析之中，典型的如神经网络模型、专家系统以及递归分类树模型等等。

2. 基于神经网络模型的信用风险度量方法

企业能否如约偿还本息，主要取决于其财务状况，而影响企业财务状况的因素又有很多，因此，我们应当根据企业的多维指标而不是单一指标来评估企业的财务状况。进一步的研究还发现：（1）对企业财务状况的评价可以看作为分类问题；（2）企业的财务状况与财务比率的关系一般是非线性的；（3）财务比率指标有可能是高度相关的，而且指标一般不服从正态分布。显然，利用传统方法来解决这类问题是不合适的，而神经网络技术作为研究复杂性问题的工具，在解决非线性问题时已经显示出优越性，该技术同样可以用于对企业信用状况的判别分类中。神经网络方法克服了传统分析方法选择适当模型函数形式的困难，它是一种自然的非线性建模过程，不需要分清存在什么样的非线性关系，这给建模带来了极大的方便。而且人工神经网络方法对问题的求解方式与传统方法不同，它是经过训练来解决问题的，训练一个人工神经网络是把同一系列的输入例子和理想的输出作为训练样本，根据一定的训练算法对网络进行足够的训练，使得人工神经网络能够学会包含在解中的基本原理，当训练完成后，该模型可以用来求解相同的问题。当然，基于神经网络的信用风险评估方法还有一些尚待解决的问题，如神经网络对判别结果的解释能力较差，这也是该方法所存在的一个主要缺陷。近年来，有人在构造网络结构时使用了遗传算法，还有人使用启发式算法来解释输入变量的相关重要性，并取得了很大的研究进展。对此，王春峰等（1999）[①]利用人工神经网络技术研究了我国商业银行的信用风险评估问题；陈雄华等（2002）[②]给出了基于神经网络的信用等级评估方法，本书不再对此进行阐释。

3. VaRc 方法

JP 摩根的 Creditmetrics 方法是一种信用等级变化方法。在 Creditmetrics 方法中，给定投资组合，可以得出一定期限后的组合价值分布曲线，进而用该曲线计算投资组合的 VaR 值。因此，Creditmetrics 方法的核心技术又称信用受险价值方法，简称 VaRc 方法。该方法是用来度量金融资产或投资组合在一定的置信水平下，经过一段时间间隔因信用资质变化所引起的最大潜在的价值变动或预期损失范围。VaRc 的计算方法有两类，即分析方法和模拟方法。如以标准差法为例，该方法的计算过程大致分三步：（1）计算资产组合中每一种资产的信用敞口分布；

[①] 王春峰、万海晖、张维：《基于神经网络技术的商业银行信用风险评估》，《系统工程理论与实践》1999 年第 9 期。

[②] 陈雄华、林成德、叶武：《基于神经网络的企业信用等级评估》，《系统工程学报》2002 年第 6 期。

(2)估算每一金融工具价值波动率（标准差）；(3)资产信用资质变化相关性分析与联合概率计算。对于单一资产组合，VaRc 的计算只需要前两个步骤，但对于两个以上的资产组合，VaRc 的计算还必须进行资产信用资质变化之间的相关性分析和联合概率的计算，然后才可汇总得出资产组合信用受险值 VaRc。VaRc 方法推崇的是全公司范围内统一风险管理理念，它不但可以对单一债务人或单一金融工具的信用风险进行量化，而且还可以从全局角度对保险资金运用所有债务人的信用集中风险进行测度。

4. KMV 模型

KMV 模型是一个对公司的信用风险进行计量的模型，它基于 Merton 提出的违约证券估价模型。该模型求解出了 Merton 模型中的公司资产价值和公司资产价值波动率，提出了"违约距离"（DD）和"期望违约频率"（EDF）的概念，并用之于衡量公司的信用状况。模型认为，EDF 的值充分反映了公司信用利差和信用等级等市场信息。EDF 的计算分三步：(1)估计公司资产价值和公司资产价值波动率；(2)计算违约距离（DD），DD 是用指数形式表示的违约风险值；(3)使用 KMV 违约数据库将 DD 转化为 EDF。EDF 的具体计算过程如下：

首先根据期权定价公式得：

$$E = VN(d_1) - Be^{-r\tau}N(d_2) = f(V, \sigma_a, r, B, \tau) \qquad (2.2)$$

式中，E 为公司的股票市值；B 为公司债务面值；V 为公司资产市值；τ 为债务期限；σ_a 为资产收益标准差；r 为无风险利率；$N(\cdot)$ 为标准正态累积分布函数：

$$d_1 = [\ln(V/D) + (r + (\sigma_a^2/2))\tau]/\sigma_a\sqrt{\tau}$$

$$d_2 = d_1 - \sigma_a\sqrt{\tau}$$

另外，公司股票收益率标准差 σ_e 和公司资产收益率标准差 σ_a 之间还存在如下关系：

$$\sigma_e = N(d_1)V\sigma_a/E \qquad (2.3)$$

求解由（2.2）式、（2.3）式组成的方程组，就可以得到公司资产价值和资产价值的波动率。KMV 模型假定资产价值的变化服从正态分布，定义违约距离：

$$DD = \frac{E(V) - D'}{\sigma_a E(V)}$$

式中，$E(V)$ 为期望资产价值；D' 为违约点，一般表示公司所拥有的债务值。

如果按上式计算得 $DD = 4$，若根据 KMV 数据库，违约距离为 4 的公司有 6000 家，其中有 30 家在一年以后发生违约，则有 EDF(一年) $= 30/6000 = 0.5\%$。

KMV 模型中，信用转移矩阵通过历史 EDF 来计算。债券折现方法较为复杂，公式为：

$$PV = (1 - LGD) \sum_{i=1}^{n} \frac{C_i}{(1 + r_i)^{t_i}} + LGD \sum_{i=1}^{n} \frac{(1 - Q_i) C_i}{(1 + r_i)^{t_i}}$$

其中，PV 为债券现值；LGD 为违约时的损失；C_i 为现金流；Q_i 为累积风险中性 EDF，是对 EDF 进行修正后得到的；式中第一项为无风险部分现值，第二项为信用风险部分现值。

同 Creditmetrics 方法相比，KMV 模型包括更多的市场信息，更依赖于股票市场的数据。

5. CreditRisk + 模型

CreditRisk + 模型利用保险精算中的数学方法，模型仅考虑违约概率，并认为在给定时间内违约次数的概率分布服从泊松分布。即有：

$$p(k) = \frac{\lambda^k}{k!} e^{-\lambda}, k = 0, 1, 2, \cdots$$

因为每一次损失的损失额不同，所以，对于整个组合来说，损失分布不再服从泊松分布。为此，CreditRisk + 模型首先将组合中每笔贷款风险暴露按大小分组，组内贷款风险暴露相同，这样，每组损失服从泊松分布，然后汇总各组损失，便得到整个组合的损失分布。

CreditRisk + 模型还分析了组合多期情形下的损失分布和违约随机变化下的损失分布。这种方法的优点是需要数据少，但也有明显缺陷，如这种方法忽略了信用等级变化，因而每笔贷款的信用风险暴露在计算期内固定不变，这显然不合乎实际情况。

近几年来，有关信用风险度量与管理的研究进展很快。如麦肯锡公司在 1998 年提出了 Credit Portfolio View 方法，该方法不使用历史数据，违约概率的计算基于当前的经济状况。再如，穆迪公司在 2000 年 4 月提出了 Risk Calc 方法，该方法利用 Merton 的期权理论，用统计方法分析历史数据。以上介绍了几种典型的信用风险度量方法，尽管中介机构建立了各种信用风险度量与管理模型并提供各种服务，但在国外，不少金融机构还是建立了自己的内部评级系统，由于长期的信贷关系，这些金融机构对于债务人的情况可能更为了解，因此，这些内部评级系统常常采用定性与定量相结合的评估方法，信用分析师结合模型分析结果与经验判断来确定公司的信用级别，评估结果具有较高的可信度。

四 固定收益投资的流动性风险和再投资风险管理

除利率风险和信用风险外，固定收益投资还会面临较大的流动性风险和再投资风险。其中，流动性风险可以分为两种类型：其一是资产的流动性风险，即因资产头寸过大或交易机制不完善，使投资者无法及时进行正常交易而造成损失的可能性；其二是因资金周转问题所导致的不能及时偿还到期债务而造成损失的可能性。通常情况下，资产的流动性可以用价格变化和买卖数量的比率来衡量。显然，这个比率越高，说明资产买入和卖出的数量对价格的影响越大，资产的流动性也就越差，反之，资产就具有较好的流动性。此外，金融市场上还使用其他一些指标来反映资产的流动性，如资产价格的宽度、深度和阻尼等。其中，资产价格的宽度表示交易的实际价格与市场叫价平均值的差。资产价格的深度是指不明显影响市场交易价格的最大交易量。价格阻尼反映一宗交易对市场价格影响从大到小的变化速度。显然，资产价格的宽度越小、深度越大、阻尼越大的资产其流动性也就越好。在保险公司的固定收益投资中，根据期限的不同，银行存款和债券各具有不同的流动性，一般而言，期限越长的存款或债券其流动性也就越差，上市债券较之非上市债券具有良好的流动性。控制流动性风险的最基本手段是资产负债匹配管理，在对资产负债流动性进行度量的基础上，根据负债流动性要求，制定相应的资产配置方案，尽可能使资产的现金流入与负债的现金流出匹配起来。此外，规避资产流动性风险的另外一个手段是流动性额度管理，即限制流动性较差的资产的比例，将具有不同流动性水平的资产额度控制在一定的范围之内。

在固定收益投资中，需要保险公司重点防范的另外一类风险便是再投资风险。实际中,保险公司的大量续期保费和定息资产到期兑付会面临再投资利率风险。再投资风险可以用再投资收益率与实际再投资收益率的差来衡量。一般情况下,规避再投资风险的措施有两类:其一是投资策略的规划。即在综合考虑多方面因素的基础上制定投资和再投资策略,选择适宜的投资工具和合适的投资时机,如浮动利率债券投资就可以在一定程度上减轻再投资风险的不利影响。其二是保险产品的设计。如变额寿险和万能寿险等保险产品,投保人可以根据自己的意愿选择分离账户资金的投资方式,投资风险由投保人自己承担,寿险公司只保证最低的保险金,这样的保险产品可以减轻保险公司的再投资风险。在固定收益投资中,保险公司面临的风险类型还有很多,如政策性风险和法律风险等等,对此,保险公司也应当采取针对性措施予以防范。

五 债券投资的风险管理

一直以来,债券都是保险公司最适宜的投资产品,它不仅可以平衡保险公司的资产负债结构,而且还是保险公司构建投资组合的基础性产品。但因客观原因,我国保险公司的债券投资主要以买持为主,这不但会丧失运用积极的投资策略获取较高投资收益的机会,而且还会面临一定的投资风险,因此,在债券投资过程中,保险公司一方面应采取更为灵活的投资方式,以获取相对较高的投资收益率,另一方面还应该利用各种方法和手段去识别债券投资过程中的风险因素,分析风险产生的原因,并进而制定相应的风险管理策略和风险控制措施。就债券投资的风险控制措施而言,具体措施有很多,如债券投资的合规性控制、交易流程控制、风险限额控制、信用风险控制、利率风险控制,等等。对于上述措施,本书会作为一般性问题在后面的章节做详细阐述。以下仅从债券投资组合管理策略的角度介绍债券投资的风险控制。

首先,在债券投资之前,保险公司应尽可能全面地了解和掌握各种信息,分析宏观经济形势以及未来的利率走向。从宏观角度看,保险公司的资金运用部门应当了解经济运行的周期性特点以及各种宏观经济政策尤其是财政政策和货币政策的变动趋势,更为重要的是应关注利率的变动方向以及影响利率的各种因素的变动情况,如通货膨胀率、失业率等指标。从微观角度看，保险公司既要从总体上把握国家的产业政策，又要对影响国债或企业债券价格变动的各种因素进行具体分析。如就企业债券的投资来说，保险公司一方面应当利用中介机构对发债企业的信用评级结果，另一方面又要充分搜集信息，多方面了解和分析发债企业的经营管理水平、产品的市场占有情况以及发展前景和企业的各项财务指标等等，在此基础上判断发债企业的信用状况，并作为债券投资品种选择的主要依据之一。应指出的是，债券评级并不是向投资者推荐买入、卖出或持有某一债券品种，它只是债券评级机构根据债券发行者提供的资料或自行获得的资料而对债券发行人的信用状况所做出的客观评价，债券信用评级需要涉及众多的经济因素，而这些因素又是在不断发展变化的，因此，投资者应当动态地看待债券的信用评级结果。显然，由于债券评级并非以债券的市场价格为基础，债券的市场价格除受自身因素影响外，还受供求关系等其他因素的影响，所以，即使信用级别最高的债券也不一定是合适的投资对象。此外，在构建债券投资组合之前，保险公司的投资管理部门还应熟知债券市场的交易规则、市场规模、投资者的组成，以及投资者基本的经济状况和心理状况、市场运作的特点等，这样一来，保险公司便会滤掉大部分投资风险。

　　债券投资的下一步工作就是要选择债券品种构建投资组合，并进行投资组合管理，投资组合管理的关键是执行正确的、能够规避投资风险的债券投资策略，具体而言，债券的投资策略主要有：（1）债券投资期限梯次化策略。所谓投资期限梯次化是指保险公司将资金分散投资于不同期限的各类债券上，使自己的债券组合中包含一定比例的短期、中期和长期债券，短、中期债券到期后又可以投资于其他类型的中、长期债券，如此滚动，保险公司的债券组合就会有一个良好的债券期限结构，而且在一定期限内，总会有一部分即将到期的债券，以随时满足负债要求。如某保险公司的债券投资资金为100亿元人民币，若分别用2亿元去购买1年期、2年期、3年期、4年期和5年期的各类债券，这样，每年都会有2亿元债券到期，在收回资金后又去购买5年期债券，循环往复，并形成一个良好的债券期限结构。（2）债券投资品种的多样化策略。所谓债券投资品种的多样化，是指保险公司按照投资分散化原理将资金分别投资于不同类型的债券品种上，即选择不同期限和不同类型的国债、金融债和企业债来构建债券投资组合，以分散投资风险。事实上，由于债券投资品种的收益率和风险是各不相同的，若将保险资金集中投资于某一种或某几种收益率相对较高但有一定风险的债券品种，尽管会取得较高的投资收益，但同时也会面临较大的投资风险，反之，如果将保险资金集中投资于相对安全的债券品种，收益率也难以满足负债要求。如将所有资金全部用来购买国债，这种投资策略可能会非常安全，但因国债利率相对较低，保险公司失去了投资企业债券而获得较高投资收益的机会；如果将全部资金用来购买高收益的低等级企业债券，收益率虽然很高，但投资风险也会很大。因此，在债券投资过程中，保险公司应实施多样化的投资策略，以达到分散风险和稳定收益的目的。

在确定债券的投资策略以后，保险公司还应当采用各种有效的投资组合管理方法规避投资风险，获取较高的投资收益。投资组合管理的主要方法和措施有（以国债投资为例）：（1）利用国债期货交易进行套期保值。国债期货交易是指在债券市场上买入或卖出国债现货的同时，相应地作一笔同类型债券的远期交易，然后灵活运用空头和多头交易技巧，在适当时机对两笔交易进行对冲，使期货交易的盈亏与现货交易的盈亏实现抵消或部分抵消，从而达到规避利率风险的目的。例如，某投资者购买一种面值100元、利率为6%的债券2000个单位，这时，市场上银行存款利率也为6%。投资者预测三个月后市场利率可能发生变化，为了规避利率风险，该投资者按当前每1单位债券100元的价格卖出3个月的债券期货2000个单位。3个月后，市场利率上升，债券价格从100元下跌到96元，则该投资者在债券现货交易中的损失为8000元，但因该投资者在期货市场进行了套期保值，所以，只要售出债券期货20万元，然后再按现行价格每单位96元买进2000单位进行对冲，期货交易中盈利的8000元正好可以弥补现券市场上的损失，从而规避了利率风险。（2）专献投资组合技术（Dedicated portfolios）。所谓专献投资组合技术，是指利用这种投资技术满足一些既定的将要到期的债务或资金要求，比如，保险公司负债要求债组合能够产生相应的现金流来满足保险客户的赔付需要。具体来说，专献投资组合技术又分为两种，即纯现金流匹配专献投资组合（Pure cash-matched dedicated portfolio) 和再投资专献技术 (Dedicated with reinvestment)。其中，前一种技术遵从保守的投资策略，是一种相对被动的投资技术。按这种策略构建的投资组合是通过组合中附息国债的息票以及到期的本金与负债实行完全匹配，投资组合所产生的现金流必须在债务到期之前。通常情况下，组合经理可以在投资组合中选用一系列的零息国债来实现与债务的完全匹配。当然，按这种技术方法所构造的投资组合产生的现金流不能进行再投资，因此，其缺陷也是显而易见的。而后一种技术与前一种技术的不同之处在于，在再投资专献技术下，国债组合所产生现金流的时间并非完全与到期债务的时间相一致，因此，债务到期前所获得的现金流可以用保守利率进行再投资，所以，该技术允许组合经理考虑一些高收益的国债品种，以使组合获得较高的投资收益。(3) 免疫技术 (Immunization)。免疫技术是指所采用的投资策略能够抵御利率的不利变动，即若实际利率发生不利变动时，整个债券组合仍然能够在目标时刻点实现预定的投资收益。免疫技术主要针对国债投资面临市场价格风险及再投资风险。通常情况下，由于利率的不正常波动，国债投资主要面临市场价格风险和再投资风险，市场价格风险是指利率上升时，国债在二级市场上的价格必然会降低，当市场利率下降时，国债的市场价格升高，但问题的关键在于，投资者难以判断市场利率未来的走势，这就使得投资者很难把握准确的买卖时机。而再投资风险是指在投资期内到期债券的本金和利息不能按照原来所期望的收益率进行再投资而带来损失的可能性。如果投资期内市场利率没有发生明显波动，到期债券的本金和利息可以按原来利率进行再投资，而当市场利率下降时，在投资期内，到期债券的本金和利息的再投资收益就会小于期望收益；而当市场利率上升时，到期债券的本金和利息的再投资收益也就会大于期望收益。对于国债投资中的市场价格风险和再投资风险（即利率风险），机构投资者通常采用利率免疫技术来进行管理。由于利率变化与国债的市场价格及到期债券的本金与利息再投资收益的变化方向相反，因此，投资者如果能够选择合适的投资期，使得到期债券的本金与利息的再投资收益变化正好与国债价格变化相对冲，则国债投资组合就实现了利率免疫，即利率的任何变化都不会对投资组合的收益产生任何影响。对此，本书将在第五章专门讨论利率风险免疫技术，在此不作详细阐述。

（4）时期匹配技术（Horizon Matching）。时期匹配技术是纯现金流匹配技术与免疫技术的组合。在这种技术下，国债组合的构建是以纯现金流匹配技术为主，而投资组合策略又以免疫技术为基础。这样一来，初期投资能够获得稳定的现金流入，后期投资又能保本并具有灵活性。

（5）或有免疫技术（Contingent Immunization）。或有免疫技术是传统利率免疫技术的进一步发展，在这种技术下，组合经理普遍采用积极的投资组合管理策略，目的是获取更高的投资收益，即使在积极的投资管理策略失效时，该技术也能确保投资组合获得比较稳定的收益。但或有免疫技术的一个前提是要求投资者能够接受一个比市场利率稍低的预期收益率，这样组合经理就有采取积极的投资管理策略的空间，当预测到利率下降时，就调整投资组合，并使其久期大于投资期，如果未来的实际市场利率果然下降，那么，在取得资本利得之后投资组合又进行传统免疫；国债组合所获得的收益要高于传统免疫技术下所获得的投资收益，倘若利率上升，尽管因错误预测市场利率走势而使投资者损失了部分投资收益，但该技术又可以在高市场利率环境下实现投资组合的利率风险免疫。

总之，通过债券投资组合管理来控制其投资风险的技术措施还有很多。债券投资风险的控制主要还是对利率风险和信用风险的控制，对于利率风险的控制而言，主要的措施是在对债券的利率风险进行测度的基础上，采用免疫类的投资策略以及资产负债综合管理的手段。对于信用风险的控制，重点在于对发债企业的信用状况进行准确的分析和评估，在参照中介评级机构的评级结果的基础上，依据于自己的信息优势通过自有的信用评级系统对中介机构已评级企业和未评级企业做出评级，以此作为投资决策的主要依据。

六 银行存款的风险管理

由于我国的资本市场还很不完善，保险资金运用方式有限，银行存款一直是保险资金运用的主要方式，有关统计资料显示，近几年来，银行存款占可运用保险资金的比例一直在30%左右。可见，银行存款的投资收益会极大地影响到保险公司最终的投资收益。但近年来，存贷款利率却在不断下调，大额协议存款利率持续下降，保险公司在商业银行的存款同样会面临一定的投资风险。一般认为，定期定息存款没有市场风险，但其变现能力稍差，存在一定程度的流动性风险，当然，在低利率的市场环境下，银行存款也会存在再投资风险。对于流动性风险和再投资风险的管理，国外的金融机构一般是通过资产负债综合管理的手段，即根据预期的负债特性来决定存款的期限和存款的数量，以尽可能避免这两类风险的发生，但资产负债的匹配既要取决于资产状况，又要取决于负债的特点，即保险产品的预定利率要根据未来的预期利率来确定，不同利率的负债能够在市场上找到相应的资产与之匹配。显然，在我国目前的市场环境下，资产和负债的匹配还存在很大困难，银行存款的再投资风险和流动性风险难以得到完全有效的控制，保险公司所能做到的就是尽量减少这两类风险的不利影响。尽管活期存款方式可以减少再投资风险和流动性风险，但这种存款方式的利率一般较低，保险公司用于活期存款的资金规模一般来说比较小。银行存款面临的主要风险还有信用风险和通货膨胀风险。一般认为，商业银行有着雄厚的资金实力，银行倒闭的可能性不大，这其实是一种错误认识。在我国全面推行利率市场化以后，商业银行面临的经营风险还是比较大的，因此，保险公司不能忽视来自商业银行的信用风险。而对于信用风险的管理，除了实施分散化投资策略之外，保险公司应当建立自己的风险评估系统，对商业银行进行跟踪研究，分析其财务状况，并进行信用风险评级，对于上市银行要分析其公开的财务报表和其他相关数据，当然，对非上市银行进行信用评级的最大困难是缺乏数据，对此，保险公司应当在尽可能搜集相关资料的基础上，借助于专家意见，对商业银行的信用风险做出评判。通货膨胀风险是银行存款收益低所导致的内禀风险，这种风险起因于保险公司外部，不能为保险公司所控制，其中，浮动利率存款是一种规避通货膨胀风险的手段，但其收益率仍然不能满足负债要求，对此，保险公司还应当寻求其他的投资方式以获取较高的投资收益，以此来对冲风险。总之，银行存款的投资收益率相对较低，但也存在不容忽视的投资风险，对此，保险公司应当采取相应的风险控制措施以保证银行存款的安全性、收益性和流动性的目标。概括起来讲，防范存款风险的主要措施有：（1）对商业银行进行信用风险评估。（2）不同银行的存款限额控制。在存款利率相差不太大的情况下，给信用状况良好的商业银行分配较大的存款额度，反之，则分配较小的存款额度。(3) 分散存款。根据投资分散化原理，尽可能选择更多的银行分散存款。(4) 借助于资产负债匹配的管理技术。

第三节 保险公司权益投资的风险管理

一 权益投资的风险分析

从 1999 年 10 月 28 日起，保险公司被允许通过买卖证券投资基金间接进入股市，2005 年 2 月又允许少量的保险资金直接进入股市，2010 年 9 月，为规范保险资金投资股权的行为，保监会又发布了《保险资金投资股权暂行办法》。总体而言，股票投资的风险既有因股票市场价格波动而导致的市场风险，又有因上市公司倒闭而导致的准信用风险，同时还存在一定的流动性风险。当然，股票投资的主要风险还是市场价格风险，这类风险的度量主要采用灵敏度方法、波动性方法、VaR 方法、极值理论和压力测试等。其中，灵敏度方法主要包括：针对股票的 Beta、针对金融衍生工具的 Delta、Gamma、Vega、Theta 等。其中，Delta 度量相对于其标的资产价格的敏感度，Gamma 度量相对于基数的 Delta 敏感度，Vega 度量相对于市场波动的价格敏感度，Theta 度量相对于时间的价格敏感度，Rho 度量相对于无风险利率的价格敏感度。波动性方法反映的是证券收益的波动性，通常用标准差和协方差来描述。VaR 度量在一定置信水平下，证券组合在未来一定期限内的最大可能损失，其最大优点在于测量的综合性。而极值理论和压力测试度量各种极端情况下投资组合的损失额，以弥补前述方法的不足。对此，学术界对股票及其衍生工具的风险度量与管理做了大量研究工作，其中关于股票的市场风险度量已经有相对成熟的理论，市场上也已经出现有大量的股票投资风险管理软件，在这一方面，保险公司有现成资讯和计算机软件可资利用，本书不再做进一步研究。

证券投资基金（以下简称基金）是一种利益共享、风险共担的集合投资方式。其特点在于，首先，基金采用专家理财的方式且具有较强的流动性，它既可以满足投资者资产增值的需要，又具有较好的流动性和安全性，因而在近几年来，基金获得了较快发展。同股票一样，基金不能消除市场固有风险，基金的投资收益也具有一定的波动性，因此，基金投资会面临市场价格风险。其次，封闭式基金投资还面临一定的清偿风险（折价风险）。封闭式基金挂牌后，其供需受股市行情影响，经常会出现市价偏离净值的现象，特别当股市低迷时，基金多半会出现折价的情形。但因封闭式基金的特有性质，保险公司无法向基金公司申请以净值赎回，只有选择折价脱手或耐心抱牢两种方式，使得保险公司必须承受一定的清偿风险。再次，由于基金是一种委托理财方式，与直接投资方式相比，保险公司除了要承担证券市场的投资风险之外，还要承担因代理关系而引致的风险，如基金管理人为了尽可能多地提取管理费用，可能会人为操纵基金的净资产值。如通过与他人联手，大量买卖某只股票将其价格维持在很高的价格水平上，以提高基金账面净资产值。这种做法一方面会增加保险公司的基金管理费支出，另一方面又会增加股票买卖的交易费用，而且保险公司还要承担资金积压损失和资金过度集中的风险。因此，委托代理风险或称基金管理人风险是保险公司面临的一种主要风险。总之，基金作为一个金融产品是存在风险的，保险公司只有在充分分析基金的风险因素的基础上做出投资决策，才能真正享受到基金的专家理财优势。投资基金风险度量方法很多，成型的风险度量方法包括方差风险计算法、系数风险计算法以及VaR风险计算法等等，其中，以VaR方法最为重要，本书将在第四章进行基金风险的VaR计算。

二 证券投资基金投资的风险管理

（一）证券投资基金风险管理概述

就保险公司基金投资的风险管理而言，既包括单一风险的管理，又包括基金投资整体风险的管理。其中，基金投资单一风险的管理与其他投资品种单一风险管理并无显著差别，如就股票投资的市场风险管理以及基金投资的市场风险管理而言，无论是风险的度量还是风险限额管理，二者没有什么不同。从整体角度来说，保险公司基金投资的风险管理一般可通过以下措施解决：（1）基金投资总额限制。即根据有关的法规规定、保险公司的收益风险目标以及当前的市场状况确定适宜的基金投资总额;(2)在基金一、二级市场合理配置资金;(3)选择适宜的基金投资品种;(4)基金品种的仓位控制等。显然,在基金评价基础上对基金投资品种的优选是控制基金投资风险的关键。

(二) 证券投资基金绩效评价与品种选择

总体而言,基金投资品种的选择要依据一定的原则。这些原则有:(1)根据风险承受能力选择基金投资品种的原则。在进行基金投资时,保险公司应当根据自己的风险偏好选择基金投资品种。如保险公司希望通过基金投资获取稳定收益,并承担较小风险,则可以选择货币市场基金;如果希望投资资本有较大增值,则可以选择成长型基金或积极成长型基金,但同时必须承受相对较高的风险。通过对基金类型的选择,保险公司就可以把风险控制在一定的范围之内。(2)依据基金表现在同类型基金中选优的原则。从投资者的角度看,随着基金数量的不断增多,投资者要在众多基金品种中选择适宜的基金品种进行投资,必须依靠客观独立的基金评价结果。(3)优先考虑费用低的基金。在投资收益差别不太大的情况下,与费用高的基金相比,费用低的基金显然具有成本优势。

保险公司在选择基金品种进行投资时,首先应该对基金的表现进行评价,然后再根据基金的评价结果以及自己的收益/风险目标和负债要求来选择适宜的基金品种进行投资。一般情况下,基金评价分为广义的基金评价和狭义的基金评价两类。狭义的基金评价是对基金资产的投资效果的评价,主要从基金的收益和风险两个方面进行,所以,狭义上的基金评价又称基金的业绩评价。而广义的基金评价则是对基金资产的投资过程、投资效果以及基金管理公司(包括内部治理和管理人能力等)的综合评价,它既包括基金业绩评价又包括对基金管理公司的评价。评价的体系结构如图 2-5 所示[1]。以下对二者不作特别区分。

基金评价主要是对过去一段时间内基金的实际运作状况进行评价,目

---

[1] 赵强:《我国基金管理理论、应用与创新研究》,博士学位论文,天津大学,2003年,第39页。

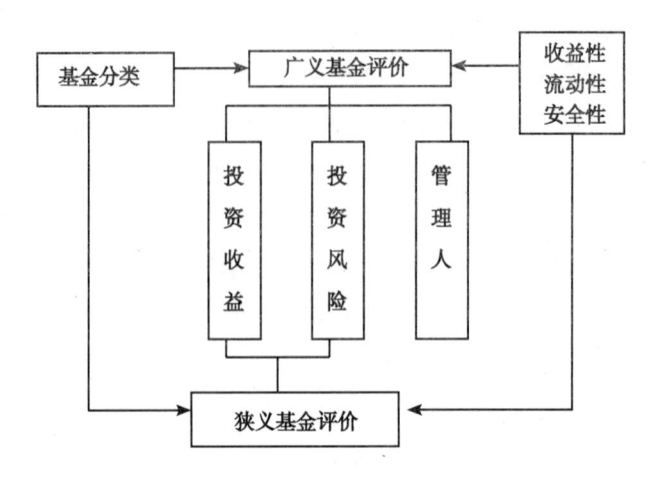

图 2-5　证券投资基金评价结构

的是为投资者选择基金品种提供决策依据,并据此对基金管理人的管理水平进行评估,进而形成对基金经理的外部激励与约束机制。总体而言,从 20 世纪 60 年代以来,早期国外的基金评价主要是基于 CAPM 理论框架下进行的,之后,尤其是到了 20 世纪 90 年代,一些新的理论方法,如人工神经网络方法、多因素模型以及若干风险调整的绩效测量方法开始应用到基金评价中。总起来看,国外对基金评价的研究与应用非常之多,并积累了大量的研究成果,应用方面较为著名的是美国 Morning Star (晨星)公司的基金评价体系,美国共同基金 80% 以上的投资会受到晨星公司基金评级结果的影响,没有一家基金管理公司敢于忽视基金评级公司的评级。近几年来,基金评价也是国内的一个研究热点,国内的研究大多集中在如何将国外的基金评价方法应用到我国的基金评价问题当中,现在,有关的研究成果也已经付诸实施,如中信公司在 2003 年 3 月 17 日推出了"中信基金评价准则",并定期对现有基金进行业绩评价。

一般而言,基金评价无非涉及四个方面的问题,即事前的风险状况、事后的收益水平、未来的持续性问题以及基金经理的证券选择能力和择时能力。每一个基金评级机构,虽然各自的评级体系不同,但基本上都是围绕以上几个方面对基金进行评价。其中,收益方面的指标包括以基金资产净值的涨跌幅度衡量的净值增长率以及累计净值增长率等;风险类的衡量指标包括:贝塔系数、收益率的波动系数(如标准差)、VaR、可决系数以及晨星风险等;风险调整后的收益指标包括:夏普指数、特雷纳指数、詹森指数等；证券选择能力一般是根据基金的资产配置情况进行业绩贡献分析，并据此判断基金收益有多大比例是由于基金经理的证券选择能力带来的。对择时能力的判断，主要还是基于 CAPM 理论。针对投资基金管理人择时选股能力的评价，发展了 T-M 模型和 H-M 模型等。其中，业绩持续性研究解决的是基金盈利/损失的可预测性问题，若一只基金的业绩具有持续性，则说明它过去的业绩能够预示其未来到的业绩。M. Carhart（1997）认为大部分基金的业绩持续性可由成本因素和股票的 Momentum 效应来解释；而 R. Blake、Christopher 则使用经风险调整后的业绩回报，验证了基金业绩持续性的存在，并可以此为依据构造基金组合，取得超额回报。

总体而言，上述指标或模型都是对基金的一种绝对评价，对基金业绩的绝对评价，关键要确定一个合适的市场基准，而现实中，合适的市场基准是很难获得的，退而求其次，人们只有选择具有代表性的市场指数作为市场基准的"替代物"，这与实际情况显然是有相当大的差距的。另外，由于基金的投资风格有很大差异，对基金的绝对评价还需要详细区分基金的投资风格，不同投资风格的投资基金要区别对待。在这种情况下，有人尝试对基金的相对评价，如陈刚（2003）[1]、丁文恒等（2002）[2] 应用数据包络（DEA）分析方法从相对角度对基金进行了评价，有一定的合理性。但他们的共同缺陷是完全从定量角度出发，而且把输入/出指标同等看待，没有考虑到指标的差异性，没有在评价中加入决策者的主观判断，这特别不适合一些机构投资者的需要，如对于保险公司来说，某些类型的保险资金要求的流动性比较强，因此，对流动性指标要赋予较大权重。鉴于此，本书在第四章给出了使用带有 AHP 约束锥的 DEA 模型（DEAHP）评价基金绩效的基本思路。显然，在大部分基金难以持续跑赢大盘的情况下，采用相对绩效评价更能反映基金的表现，更便于投资者了解被评级基金在业内所处位置。较之以前的方法，这一方法有以下几个明显的特点：（1）可以在基金评价中加入决策者的主观判断，根据指标重要程度的不同，从定量与定性相结合的角

---

[1] 陈刚：《证券投资基金业绩评价的非参数方法》，《统计与信息论坛》2003 年第 18 期。
[2] 丁文恒等：《基于 DEA 的投资基金业绩评估》，《数量经济与技术经济研究》2002 年第 3 期。

度对基金进行评价；（2）不需要选择评价基金的市场基准；（3）可以进行灵敏度分析，并从输入/出角度给出基金运作未达到有效的原因，为基金经理提供进一步改进工作的方向；（4）评价时不需要根据基金的投资风格对基金作更为详细的分类。

总之，在对基金进行评价的基础上，优选基金品种进行投资确实可以规避基金的投资风险，此外，像基金投资的风险限额控制，封闭式基金的流动性风险控制以及委托代理风险控制等都是保险公司基金投资风险管理的重要内容。

本 章 小 结

固定收益投资是保险资金运用的主要方式，利率风险和信用风险是保险公司在固定收益投资中所面临的最大风险。在对我国保险资金运用的主要方式及其存在问题进行阐释的基础上，着重探讨了固定收益投资的风险管理。首先阐释了利率风险度量的灵敏度方法，即久期和凸性方法，介绍了几个典型的利率风险模型。然后，又研究了固定收益投资的信用风险度量，并分别从一般意义上分析了债券投资和银行存款的风险管理方法，对固定收益投资的流动性风险管理和再投资风险管理作了简要分析。最后，在对权益投资可能面临的各类风险因素进行分析的基础上，从一般意义上探讨了证券投资基金的风险管理方法，以为保险公司优选基金和控制基金投资风险提供参考。

第三章

保险资金运用的管理组织模式及其内部风险控制

保险资金运用的内部风险主要是指保险公司或保险资产管理公司在保险资金运用过程中,因自身原因而导致保险资金运用出现问题,并影响到保险资金的安全性、收益性以及流动性,从而造成偿付能力困难的可能性。保险资金运用的内部风险是一种客观存在,保险公司或保险资产管理公司在资金运用过程中不可能完全消除内部风险的影响,保险公司或保险资产管理公司进行内部风险管理的目的就是要建立健全保险资金运用的内部风险控制体系,并将内部风险控制在最低的或者可以承受的范围之内,从而保证保险资金运用能够正常有效地进行。按不同标准,内部风险可以分为:委托代理风险(主要指道德风险)、管理风险、操作风险、技术风险、决策风险,等等。由于这些风险因素主要来自于保险公司或保险资产管理公司内部,因此,对保险资金运用的内部风险管理通常从以下角度入手:保险资金运用的管理组织模式选择、风险管理系统的设计、投资决策管理、保险资金运用的内控制度以及操作风险的管理,等等。本章拟针对保险资产管理公司的资金运用组织模式探讨其运作模式,包括保险资产管理公司的组织形式、资产管理范围、治理结构体系、资产管理方式、激励约束机制与最优激励合同设计、委托代理风险控制,等等。然后研究探讨保险资金运用的风险管理系统设计,并深入分析保险资金运用的内部风险控制制度与管理体系。

第一节 保险资金运用的管理组织模式

保险资金的运用绩效与保险资金运用的管理组织模式有着密切的关

系，科学的管理架构不仅能够保证保险资金运用获得较好的收益，而且也有利于防范和化解保险资金运用风险。从广义上讲，保险资金运用的管理组织模式包括保险资金运用的组织模式设计和保险资金运用的内部组织架构设置两个方面。

保险资金运用的管理组织模式是控制保险资金运用风险的起点和基本的制度保证。在保险资金运用管理组织模式分类上，按照保险资金运用管理主体设置划分，国际上的保险资金运用管理体制分为外部委托管理模式和内部管理模式。

一 外部委托管理模式

外部委托管理模式是指保险公司委托专业化的投资管理机构运用保险资金的一种管理模式。在这种模式下，保险公司自身不进行资产管理，或只自行管理部分资产，而将主要资产委托给外部的专业投资机构进行管理，保险公司按委托的资金规模向受托机构缴纳管理费。20世纪四五十年代以前，由于国际上大部分保险公司的资本实力较弱，因此，这种资金运用模式是当时的一种主流模式。现今，外部委托管理模式已趋边缘化。这种管理模式的优点是：保险公司可以完全将精力集中于保险业务，而且也无需培养自己的资产管理人才。但因这种模式是一种委托投资方式，保险公司面临的委托代理风险较高，因信息的不对称性，保险公司要承担受托机构的道德风险和操作风险，包括交易作弊、失误以及非法挪用资产等，而且委托投资还需要缴纳一定比例的高额管理费用，这无疑会提高保险公司的成本。另外，由于在这种管理模式下，资产管理和负债管理在一定程度上互相分离，因此，外部委托管理模式不利于保险公司实行有效的资产负债管理。

二 内部管理模式

内部管理模式是指保险公司专门设立资金运用部门或者通过全资或控股的资产管理公司来负责保险资金运用。按内部组织机构设置的不同，内部管理模式又可以分为内设投资部的管理模式和专业化的保险资产管理模式，而专业化的保险资产管理模式又可以细分为专业化控股管理模式和集中统一的管理模式。

(一) 内设投资部的管理模式

内设投资部管理模式是指在保险公司内部设立专门的资金运用部门负责保险资金的运用事宜。日本保险公司较多的采用了这种组织模式,如日本第一生命保险公司、安田生命保险公司等。再如,美国大都会人寿保险公司,其业务遍及美国 50 个州,为了直接管理好公司资产,在总部专门设立了投资管理部门,管理公司 1500 亿美元的一般账户资产,同时对其海外公司的资金运用业务进行监管。现今,我国大多数保险公司的资金运用组织模式也采用内设投资部的管理模式,即一般在产险、寿险公司内部设立专门负责资金运用的机构,如资产管理部、投资管理中心、资产营运中心等,尽管其组织形式不同,但从组织架构的设置来看都属于内设投资部的管理模式。这种管理模式的优点是:保险公司便于从总体上控制保险资金的运用活动;但也暴露出明显的不足:业务、财务、人事等方面交叉,投资决策缺少独立性,容易受到其他部门的干扰,资金运用程序简单,投资管理不科学,显然,这种管理模式对保险公司资金运用的专业化水平以及市场竞争能力的提高也有较大限制。

(二) 专业化控股管理模式

专业化控股管理模式的特点是在一个金融集团或控股公司下设立产险子公司、寿险子公司和资产管理公司等。在集团或控股公司的协调下,产、寿险子公司的资金交由专业的资产管理公司进行运作,集团或控股公司不负责具体业务,只负责制定资金运用的总体策略、计划以及协调工作等,资产管理公司作为具有独立法人地位的受托人接受委托负责保险资金运用,资产管理公司与产险子公司、寿险子公司在业务上相互独立、各司其职;在财务上独立核算、自负盈亏;人事分开。在保险资金的实际运用过程中,资产管理公司将产险子公司、寿险子公司分立账户,进行分别投资。这种管理模式可用图 3-1 来表示[①]:

专业化控股管理模式的优点是:有利于防范风险,可以利用集团或控股公司总部和资产管理公司的双层风险管控体系,经营透明度高,对市场变化的反应快,资金进出速度快,子公司之间进行独立运作,可以

[①] 蓝东玫:《我国保险投资的风险管理研究》,硕士学位论文,中央财经大学,2001 年,第 34 页。

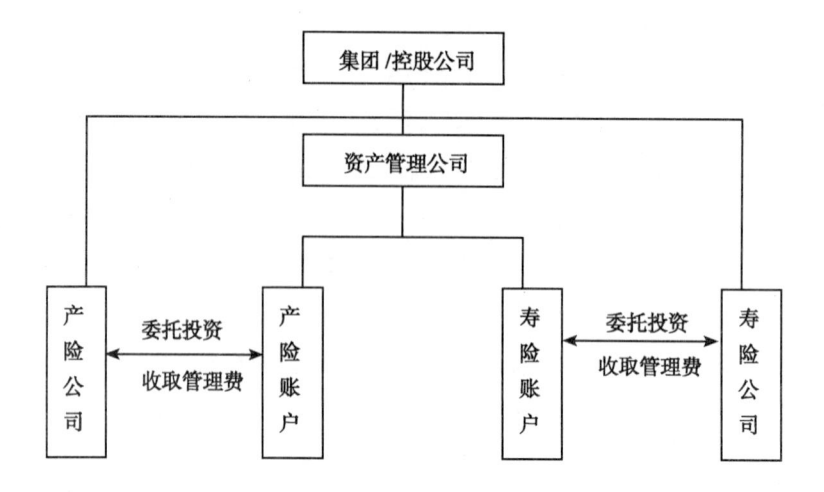

图 3-1 专业化控股管理模式

有效防止集团或控股公司操纵进行内部交易，不易产生关联交易，资金聚集形成较大规模效益，减少第三者的操作风险、道德风险，有利于防范风险。但缺点是对集团或控股公司的控制能力要求较高，且集团或控股公司与资产管理公司之间的关系较为松散，不利于集团或控股公司对整体业务活动的控制。国际上久负盛名的保险公司大都采取这种组织模式，如英国保诚公司、美国纽约人寿、德国安联集团、美国国际集团（AIG）、瑞士丰泰保险公司等。这些金融机构不仅仅是保险公司，更是金融资产管理公司，掌握着庞大的金融资产，拓宽了保险公司的盈利渠道。

（三）集中统一的管理模式

集中统一的管理模式与专业化控股管理模式较为类似，都属于投资公司管理模式，主要的区别是：在集中统一的管理模式下，产险公司和寿险公司的资金首先要上划到集团或控股公司，然后再由集团或控股公司将资金下划到资产管理公司。这种管理模式除了具有专业化控股管理模式的优点之外，还有利于集团或控股公司对资金运用业务的控制，实现资金的高度集中使用，也便于集团或控股公司从总体角度实行有效的资产负债管理。其缺点在于，这种管理模式对集团或控股公司的管理水平以及金融市场的要求较高。国际上许多有名望的保险公司都采取这种管理模式，如英国皇家太阳联合保险公司（Royal & Sun Alliance）、美国普天寿集团（The Prudential Group）等都采用集中统一的管理模式来管理资产。这种管理模式可用图3-2来表示①。

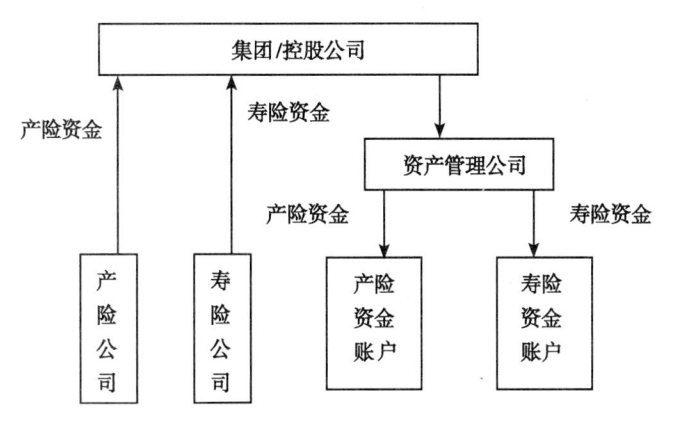

图 3-2 集中统一的管理模式

综观以上几种管理模式，内设投资部的管理模式因不能适应管理专业化和服务多样化的要求，已经逐渐被大多数保险公司所放弃。部分保险公司主要是一些资金量较小的财产险公司、再保险公司和小型寿险公司倾向于委托投资运作模式，以减少资产管理中的各项成本支出。多数大型保险集团或寿险公司大多采用专业化的保险资产管理模式，将保险资金运用业务与保险业务严格分开，这样，一方面可以更好地吸引人才，提高资金运用效益，另一方面又可以管理第三方资产，获取更多的利润。随着保险公司资产规模的不断扩大和竞争程度的提高，选择第三种模式已成为主要趋势。因为设立单独的资产管理公司，一是有利于吸收和培养优秀人才；二是有利于明确保险公司与投资管理机构的责任和权利，加强对投资管理的考核，促进专业化运作；三是有助于保险公司扩大资产管理范围，为第三方管理资产。有资料显示，目前跻身于当今世界500强的34家股份制保险公司中，有80%以上采取这种模式运用保险资金。就此，从2003年开始，中国保监会开始允许符合条件的保险公司设立专业资产管理公司。2012年6月，民生人寿、阳光保险和中英人寿3家中型保险公司获批筹建资产管理公司。截至目前，国内保

---

① 蓝东玫：《我国保险投资的风险管理研究》，硕士学位论文，中央财经大学，2001年，第39页。

险资产管理公司扩容至"15+1",另有数家保险公司正在准备申请材料。从已设立的保险资产管理公司的运行情况看,保险资产管理公司的设立使资金运用实现了专业化,极大地提高了保险资金的运用效益,但同时在治理结构体系、运作方式与机制设计等方面也存在一些突出问题。鉴于此,本书拟针对保险资产管理公司的组织模式,探讨其运作模式,包括组织形式、资产管理范围、治理结构体系、资产管理方式、内部组织架构设置、委托代理风险控制,等等。

第二节 保险资产管理公司的管理组织模式

如前所述,保险资产管理公司是一种专业化的保险资金运用模式,这种组织模式为何会成为全球保险业的主流?它是否适合中国的民族保险业?中国的保险资产管理公司应该采用什么样的运作模式才能较好地控制资金运用风险?保险资产管理公司应如何建立有效的风险管理组织系统等等?尽管《保险资产管理公司管理暂行规定》及后续的相关法规初步明确了保险资产管理公司的设立以及经营范围等事宜,但部分问题仍未涉及,有些问题即使涉及了也只是纲领性的,因此,无论是业界还是学界都有必要从风险控制的角度进一步深入研究上述问题。

一 保险资产管理公司的组织形式及其业务范围

(一)保险资产管理公司的组织形式

《保险资产管理公司管理暂行规定》(以下简称《规定》)第七条明确规定了保险资产管理公司应采取两种组织形式:其一是有限责任公司形式,其二是股份有限公司形式。第八条还规定设立保险资产管理公司应至少有一家股东或发起人为保险公司或保险控股(集团)公司,且该保险公司或者保险控股(集团)公司应具备一定条件;第九条同时规定境内保险公司合计持有保险资产管理公司的股份不得低于75%。第十条规定,保险资产管理公司的注册资本不得低于其受托管理的保险资金的千分之一,低于千分之一的,应当相应增加资本金。我们认为,就保险资产管理公司的组织形式而言,尽管《规定》明确了保险资产管理公司应采取有限责任公司和股份有限公司两种组织形式,但从国外的情况以及我国的现实情况看，保险资产管理公司更应该采取股份有限公司的组织形式。保险资产管理公司作为一个具有独立法人地位的组织机构，由保险公司为主的金融机构发起设立。保险资产管理公司采取股份有限公司的组织形式，内设董事会和监事会，资金运用和日常管理由董事会聘任的经理班子负责，在未来可以向社会公开发行股票，并在更大范围内募集资本金，增强自己的资本实力和抵御风险的能力，这是由保险资产管理公司受托的保险资金的安全性所决定的。《规定》第十条也明确规定保险资产管理公司的资本金不得低于其受托保险资金的一定比例，低于这个标准时，应立即增加资本金，而有限责任公司的股东数量有上限限制，募集较大额度的资本金可能会有一定难度。另外，保险资产管理公司采用股份有限公司的组织形式，还应实行公开的财务制度，定期向股东公布公司的财务报告，这样，作为委托方的保险公司可以有效监督保险资产管理公司的资产管理行为，也便于全社会对保险资产管理公司的监督，对此，《规定》第四十一条也做了相应规定。所以，保险资产管理公司公开信息披露是保险资金安全性的必然要求，保险资产管理公司管理的资产既有各股东方的资产，又有自有资产，存在严重的信息不对称现象，保险公司作为股东和资金的委托方必须对保险资产管理公司的日常运作实行有效监督。

(二) 保险资产管理公司的业务范围

保险资产管理公司经营所涉及的另外一个问题是其业务定位，即受托的资金范围，它包括委托对象、资金性质以及资金运用渠道三个方面。《规定》第三章对保险资产管理公司的经营范围和经营规则做了详细规定，明确了保险资产管理公司受托管理运用其股东的人民币、外币保险资金，受托管理运用其股东控制的保险公司的资金，管理运用自有人民币、外币资金，并未明确保险资产管理公司可以面向社会接受资产委托管理，应当说，《规定》明确的受托对象及资金性质是相当有限的。2012年10月12日颁布的《关于保险资产管理公司有关事项的通知》中，对保险资产管理公司的业务进行了重新界定。其第二条规定：保险资产管理公司除受托管理保险资金外，还可受托管理养老金、企业年金、住房公积金等机构的资金和能够识别并承担相应风险的合格投资者的资金。管理当局出于保险资金运用安全性的考虑，对保险资产管理公司的业务范围做了严格规定，主要原因是对中国目前的资本市场以及保险资产管理公司的管理水平没有把握，但可以预见，未来保险资产管理公司所从事的业务范围仍会逐步扩大，受托管理的保险资金应当拓展到广义的保险资金。

从国外的情况看，在金融混业经营体制下，保险集团的资产管理公司被视作投资性公司，业务范围十分广泛。从委托对象看，欧美著名保险集团的投资公司，像美国的AIG、德国的安联、法国的安盛等，它们不仅接受母公司的资产管理委托和自身的资金运营，而且还面向社会受托管理其他客户的资产；从管理的资金性质看，除保险资金外，还涉及养老金、共同基金、不动产、现金管理和股权管理等领域。从资金运用的范围来看，保险资产管理公司受托的资金几乎可以运用于所有领域，当然，对于风险较大的投资领域，监管当局对保险资金在各领域的运用限额做了规定。值得一提的是，近年来，像英美一些国家的保险资产管理公司开始受托养老保险金，主要原因有二：其一是在现收现付养老保险制度出现支付危机的情况下，养老保险基金开始转向实行市场化管理，目的是提高养老保险基金的整体管理效率；其二是养老金计划和年金产品具有相同的精算基础，其负债特性以及资产负债管理的思路大致相同，保险资产管理公司的资产管理特点与模式更能满足养老保险基金的要求。对于保险资产管理公司来说，受托管理养老保险基金，不仅可以扩大资产规模，构造充分分散化的投资组合，而且还可以从养老保险基金管理中获得资产管理费收入。因此，从发达国家的做法看，我国保险资产管理公司未来的业务范围可能会在以下方面有所拓展：资产业务。除现在规定的业务范围之外，逐步开放其他投资业务，如实业投资；其他业务。如可依托保险资产管理公司自身的投资信息网络及人才优势，开展投资、财务及法律咨询、项目融资、资产评估及项目评估业务等等。

二　保险资产管理公司投资分账户下的资产管理方式

近几年来，国内外保险市场上已经出现多种性质复杂、特点各异的保险产品，不同类型的保险产品不仅有不同的现金流形式，而且还有着较为复杂的嵌入选择权。不仅如此，随着金融市场的日益复杂化，保险资金运用的复杂化和专业化程度也在不断提高，在这种情况下，为了实现保险资金运用的收益—风险目标，保险公司和保险资产管理公司应当采用更为先进的资产管理方式。其中，国际上许多大规模的保险公司所采用的分账户资产管理方式是近年来保险资产管理方式的一个发展趋势，现今，国内若干家保险公司也开始采用或已经采用投资分账户的资产管理方式，这也是未来我国保险资产管理公司资产管理方式的一个必然选择。

在投资分账户的资产管理方式下，保险资产管理公司按照保险产品的负债特性分设投资账户，并根据各投资资产配置的特点，在分账户中实施有针对性的保险资产管理和风险管理，从而提高了保险资产管理以及风险管理的有效性和针对性。一般而言，在分账户的资产管理方式下，可设有三类大的投资账户：（1）一般账户资产。一般账户资产对应于利率敏感性产品，如定期寿险和终生寿险、万能寿险和固定年金等，这部分资产对保险公司的偿付能力有很大影响，绝大部分为固定收益证券，即使在利率变化的环境中，一般账户的投资收益也比较稳定。（2）独立账户资产。这部分资产对应的保险产品类型包括：投资连结产品、变额万能寿险产品以及保险连接的储蓄存款业务等等，由于这类产品要求风险和收益均由保单持有人承担，因此，独立账户通常采用相对进取的投资策略。（3）管理第三方资产。这是国外保险公司一项非常重要的资产管理业务，属于表外投资业务。在这类业务中，客户拥有资产所有权，保险资产管理公司作为资产管理人或投资顾问获得管理费和收益分成，主要产品包括养老金计划、共同基金和合成GICs等。

在投资分账户管理方式下，保险资产管理公司在构建投资组合时为了将资产管理和负债管理统一起来，通常还会进一步细分账户，如传统寿险组合、产险组合、分红产品组合、进取型投资组合、平衡性投资组合以及稳健型投资组合等，以使未来的资金流入和未来的资金流出相匹配，即实行所谓的资产负债管理，这样也会有效控制资产负债不匹配的风险，对此，本书在第五章有详细论述。除此之外，在投资分账户管理方式下，由于分账户资产的风险因素相对明晰，保险资产管理公司不仅能够更有效地进行风险测量与评估，而且还容易采取更有针对性的风险控制策略，因此，保险资产管理公司采用投资分账户下的资产管理方式能更有效地实现保险资金运用的风险收益目标。

三 保险资产管理公司的治理结构体系

为了实现保险资金运用的安全性、效益性以及流动性的目标，保险资产管理公司无论采取哪种具体的公司制组织形式，都应当建立完善的法人治理结构，即建立股东会、董事会、监事会和经理层相互制衡的机制。《规定》第45条明确规定，保险资产管理公司应当建立完善的公司法人治理结构和有效的内控制度，建立相互监督的制约机制。《关于保险资产管理公司有关事项的通知》第7条也明确规定，保险资产管理公司应当完善公司治理，按照审慎经营原则，健全风险管理与内部控制机制，有效防范和控制风险，恪尽职守，规范管理，公平公正对待所有受托资产。

（一）公司治理的概念

公司治理是现代公司制企业一项不可或缺的制度性基础，具体表现为某种组织结构和制度安排，是用以实现权力制衡的一种制度性结构。"公司治理"是从英文单词"corporate governance"翻译过来的，是指对公司的统治与支配，通常表现为公司管理层、董事会、股东以及其他利益关系人之间的关系，实质上是公司的出资者借助公司权力机构来统治和支配公司，以实现自身目标的过程。

对公司治理概念的理解至少包含以下两层含义：（1）公司治理是一种合同关系。公司被看作是一组合同的联合体，这些合同治理着公司发生的交易，使得交易成本低于由市场组织这些交易时所发生的交易成本。由于经济行为人的行为具有有限理性和机会主义特征，所以这些合同不可能是完全合同，即能够事前预期各种可能发生的情况，并对各种情况下缔约方的利益、损失都做出明确规定的合同。为了节约成本，不完全合同常常采取关系合同的形式，即合同各方不要求对行为的详细内容达成协议，而是对总的原则、遇到情况时的决策规则，以及解决可能出现的争议的机制等达成协议。公司治理的安排，以公司法和公司章程为依据，在本质上就是这种关系合同，它以简约的方式，规范公司有关各方的关系，约束它们之间的交易，以实现公司交易成本的比较优势；（2）公司治理的功能是配置权、责、利。一般来说，谁拥有资产所有权，谁就有剩余控制权，即有对法律或合同未作规定的资产使用方式做出决策的权利。公司治理的首要功能就是配置这种控制权。具体而言，一是公司治理整顿是在既定资产所有权前提下安排的。所有权形式不同，公司治理的形式也会不同。二是所有权中的各种权力就是通过公司治理整顿结构进行配置的。这两方面的含义体现了控制权配置和公司治理结构的密切关系：控制权是公司治理的基础，公司治理整顿是控制权的实现。

作为一种复杂的体系，公司治理存在一定的结构。一套好的公司治理结构将为公司的股东以及其他利益关系人提供公平的所有权收益机会和平等的控制董事会和管理层的待遇。在公司治理结构中，所有者、董事会和高级经理三者之间形成一定的制衡关系。通过这一结构，所有者将自己的资产交由公司董事会托管；公司董事会是公司的决策机构，拥有对高级经理人员的聘用、奖惩和解雇权；高级经理人员受雇于董事会，组成在董事会领导下的执行机构，在董事会的授权范围内经营企业。公司治理的体系结构如图3-3所示[1]。

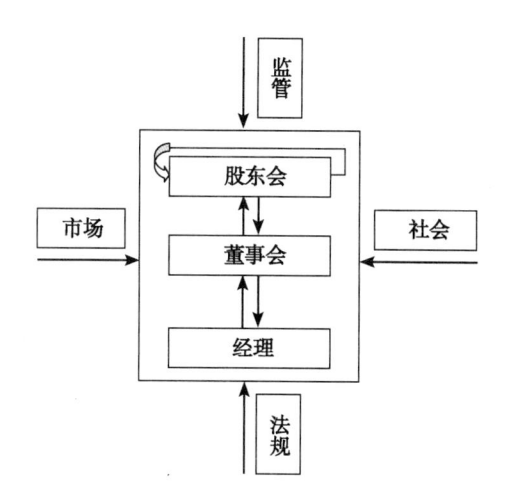

图3-3 公司治理的体系结构

综上所述，公司治理结构就是在公司各权力机关之间的权力制衡关系，它在实践中体现为某种组织结构和制度安排。公司治理结构具

---

[1] 赵强：《我国基金管理理论、应用与创新研究》，博士学位论文，天津大学，2003年，第69页。

体由一系列的契约所规定,这些规定可分成两类,一类是正式契约(formal contracts);另一类是非正式契约(informal contracts)。非正式契约是指由文化、社会习惯等形成的行为规范,由于非正式契约没有在正式的合同中列明,因而一般认为它不具有法律上的可执行性。正式的契约又可分为适用于所有企业的"通用契约"和只适用于单个企业的"特殊契约",前者包括由政府颁布的一系列法律条例,后者包括公司章程、条例以及一系列具体的合同。

保险资产管理公司作为受托管理保险资金的股份制公司存在代理链条,有关各方的利益存在明显的不一致性,因信息不对称而导致的道德风险问题非常突出。因而,保险资产管理公司首先应建立完善的法人治理结构以从机制上解决委托代理风险问题。

(二)保险资产管理公司的当事人及其公司治理特点

在组织体系上,保险资产管理公司的资金运用模式主要由保险公司、保险资产管理公司、托管人等关系人通过代理关系构成的系统。根据《规定》的要求,保险资产管理公司主要由保险公司为主要股东的股东发起设立,且目前其主要受托其股东的资金特别是受托管理其股东控制的保险公司的资金,因此,在这种资金运用模式下,保险公司将全部或部分保险资金交由保险资产管理公司运作,其他股东也委托管理部分资产,保险公司和其委托的保险资产管理公司约定独立的托管人,托管人应是符合中国保监会规定条件的商业银行或者其他的专业金融机构。保险资产管理公司受托管理运用保险资金、托管人托管保险资金均应订立书面合同,保险资产管理公司和托管人依照合同约定取得资产管理费和托管费。在日常运作中,保险资产管理公司按照规定的投资范围选择符合条件的证券品种构建投资组合,并进行投资组合管理和信息披露以及资产估值等职责。托管人根据合同规定保管资产,接受保险资产管理公司的投资指令划拨资金,进行清算核算,实施对保险资产管理公司的监督以及保管重大合同和凭证等。保险公司作为资产的委托方和保险资产管理公司的股东,对保险资产管理公司的资金运用活动实施监督,《规定》中明确的监督方式是委托人可以向受托管理保险资金的保险资产管理公司派驻监督人员,但监督人员不能干预保险资产管理公司的正常业务活动。资金运用过程中的审计、法律服务由符合条件的律师事务所或会计师事务所提供。因此，在保险资产管理公司的日常运作中，涉及的当事人主要有作为资产管理委托方的保险公司及其他组织、保险资产管理公司、托管人、律师事务所以及会计师事务所等中介机构。其中，主要当事人有三个，即保险公司及其他组织、保险资产管理公司、资产托管人。保险资产管理公司的运作关系如图3-4所示。

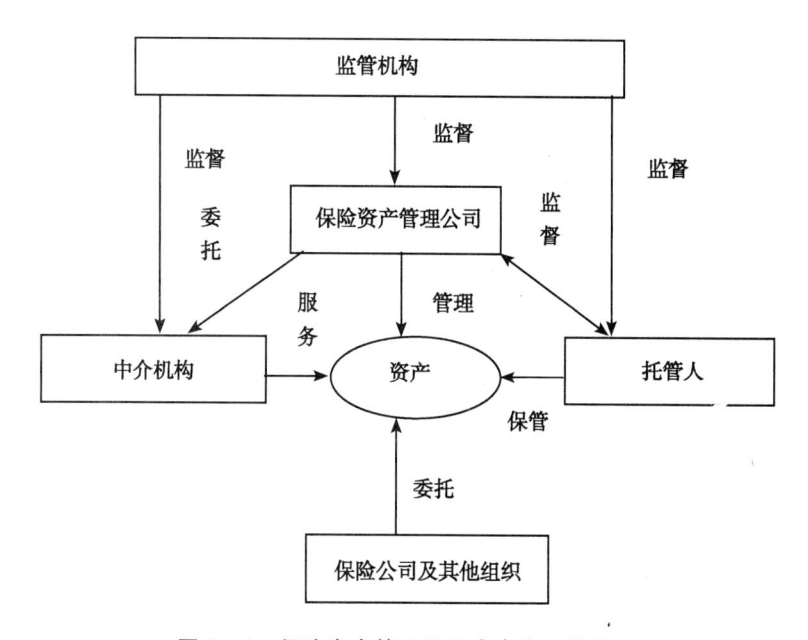

图3-4 保险资产管理公司当事人运作关系

资料来源：郑蕾、刘喜华、杨攀勇：《保险资产管理公司的多变量最优激励合同》，《东岳论丛》2010年第7期，第60页。

显然，保险资产管理公司治理的一个最大特点是信息的不对称性。作为一项代人理财的金融制度，保险资产管理公司的资金运用模式富有效率的运作必须构筑在保险资产管理公司和托管人对受托资产的自由运作与审慎保管之上，构筑在保险资产管理公司和托管人的积极性、主动性和创造性的充分挖掘与发挥之上。然而，在委托合同签订之前，存在逆向选择问题（Adverse Selection）。这一问题集中体现为：管理人和托管人知道自己工作的努力程度和能力水平，作为资金委托方的大部分股东不知道，特别是那些不具备设立保险资产管理公司的中、小规模的保险公司，如果它们选择这种方式运用保险资金，那么，这些保险公司就会面临比较严重的逆向选择。当然，在这种资金运用管理模式下，保险公司及其他组织所面临的风险主要还是来自于保险资产管理方的道德风险（Moral Hazard）。保险公司及其他组织进行资金运用委托，享有受益权，同时承担了全部风险，但却不享有对资产的管理权，而作为受托人的保险资产管理公司通过管理受托资产而按合同规定收取资产管理费用，但却不承担由于经营不善带来的风险，这样就形成受托资产经营权和所有权相分离，导致了保险公司及其他组织和保险资产管理公司之间存在信息不对称现象。进一步讲，保险公司和保险资产管理公司的目标函数是不相同的，作为资产委托方，它的目标是追求委托资产收益的最大化以及资产负债的尽可能匹配；而作为资产受托方的保险资产管理公司，其目标是追求自身收益的最大化。因而，保险公司及其他组织有必要对保险资产管理公司的行为进行监督，以使保险资产管理公司的行为不至于偏离保险公司的目标和利益。然而，由于保险资产管理公司具有相对信息优势并实际管理委托资产，造成保险公司及其他组织很难对保险资产管理公司实施绝对有效的监督和控制。倘若保险资产管理公司和托管人有违诚信原则，就会给保险公司造成损失，从而形成委托代理风险。所以，有必要在保险资产管理公司、托管人与保险公司等之间建立分权制衡的秩序，即建立有效的治理结构，通过对有关当事人的行为进行监督并进行必要的激励和约束。

（三）保险资产管理公司治理结构体系

从本质上看，公司治理结构是一种解决因所有权和经营权相分离所产生的代理问题的体系，是一种处理不同利益关系的有效制衡机制，是公司行为规范的集中概括。在明确了保险资产管理公司治理的依据和特点之后，可以确定保险资产管理公司治理结构的基本体系。根据一般的公司治理结构体系，保险资产管理公司治理结构的基本体系至少包括三部分内容，即内部监控机制、外部监控机制与激励机制。所谓内部监控机制就是通过一定的制度设计和制衡机制来约束有关各方的行为，并使之实现有效的相互监督；所谓外部监控机制就是通过外部市场如资本市场、经理市场以及监管部门对有关各方的行为进行监督和约束；所谓激励约束机制就是通过业绩评价等在经济和非经济方面激励保险资产管理者努力工作。其基本框架体系如图3-5所示①。

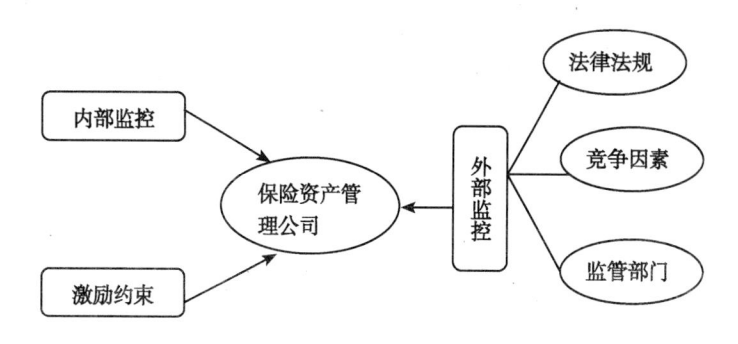

图3-5 保险资产管理公司治理结构基本框架体系

有效的保险资产管理公司治理结构包括几个方面的内容：一是制度安排与制衡机制。保险资产管理公司有关当事人关系的制度安排包括法律上的规定以及在法律基础上订立的合约等正式契约安排，这是规范当事人尤其是保险资产管理公司行为的原则性文件，其中，三个重要的原则性文件是《保险资产管理公司管理暂行规定》、关于调整《保险资产管理公司管理暂行规定》有关规定的通知和《保险资金运用管理暂行办法》。二是市场的竞争压力。这一方面体现在保险资产委托管理市场的充分竞争，一个充分竞争的市场环境为保险公司特别是不具备设立保险资产管理公司条件的中小规模的保险公司提供了多种选择机会，竞争的压力使保险资产管理公司不得不尽力提高自己的资产管理水平，以便在竞争中占据有利地位。然而，由于我国的保险资产管理公司还是一个新生事物，目前正处于初级阶段，保险资产委托管理市场的充分竞争格局还远未形成，因此，保险资产管理公司目前还没有太大的竞争压力。三是报酬与补偿机制。由于保险资产管理公司和受托人的努力程度等是无法通过直接观察确认的，因而，建立一套合理有效的报酬机制和相应的补偿制度是非常有必要的。这套制度应包括以下一些要素：其一是激励机制，即通过市场化的办法建立一套激励机制，让保险资产管理者在追求自身利益的过程中实现保险公司的利益，降低利益冲突。但是任何激励机制都不可能是完全的，即使是最好的激励机制，也会存在保险资

---

① 赵强：《我国基金管理理论、应用与创新研究》，博士学位论文，天津大学，2003年，第31页。

产管理者更多地考虑自己的利益而牺牲保险公司利益的情况，利益冲突仍然存在，因此，需要第二种要素即加强监督，除法规明确规定的保险公司向保险资产管理公司派驻监督员之外，还应当引入独立的监管人，法律法规和有关合约的执行都需要有独立的监管人来监督。独立的监管人可以是公共监管机构，如政府监管部门和行业协会，也可以是托管人董事，还可以是独立的审计师或其他中介结构。另外，从严格意义上讲，保险公司的治理结构中应该有对监管人激励约束与监管的内容，特别是应当有对保险资产管理公司的母公司或控股公司等的激励约束与监管的内容，以防止监管人偷懒和与保险资产管理公司或控股公司与保险资产管理公司合谋损害中小股东利益的行为发生。

当然，保险资产管理公司治理结构的最基本问题还是结构设计以及制衡机制问题，与所有权、经营权和监督权相对应的组织机制是股东会（董事会）、经理层和监事会。具体分为以下几个层次：

（1）股东。保险资产管理公司的股东拥有选举权，股东大会为其最高权力机构，股东享有的选举权由法律法规及公司章程等共同规定。保险资产管理公司运作的重大事项必须得到股东大会的同意。

（2）董事会。保险资产管理公司设有董事会，董事会是保险资产管理公司的常设权力机构，它由股东大会选出的董事组成，并对股东大会负责。保险资产管理公司应当具有合理的董事会结构，以保证充分行使董事会的职能，提高决策的正确性以及监控的有效性。由于保险资金运用具有不同于一般投资问题的特点，因此，从专业结构上看，董事会成员要包括一定数量的精算专家、财务审计专家、产品专家和投资管理专家，除此之外，还应选聘高素质的外部独立董事和非执行董事。公司重要决策由董事会集体做出，董事会的基本职责是从资产负债尽可能匹配的角度决定保险资产管理公司的经营目标以及制定资金运用的政策和策略，控制管理目标的实施、监督资金的运作，等等。董事会下面应该设立数个独立的功能委员会，如审计委员会、资产负债管理委员会、薪酬和人事提名委员会、战略规划委员会，等等。关联董事一般是基金投资管理人的雇员。

（3）监事会

保险资产管理公司还应设立监事会，监事会与董事会并立，处于相对独立的地位，主要职责是对董事、经理履行公司职务时违反法律、法规或公司章程的行为进行监督，监事会成员由股东大会选举产生。

（4）经营班子

保险资产管理公司的投资运作和日常管理由董事会聘任的经理班子负责。保险资产管理公司的内部机构设置没有固定模式。但从国外的做法来看，一般都按业务类型（股票、债券）设置机构。资产管理机构的设置分前台、中台、后台三大部分，前台由投资、研究、市场部门组成，中台由清算、交割、评估等部门组成，后台则由财务、监察、技术、人事等部门组成。因此，我国保险资产管理公司的部门设置大体包括：（1）管理委员会。保险资产管理公司投资管理的核心是首席执行官或有关的管理委员会，负责执行董事会的各项重大决策。保险资金运用的管理委员会主要包括投资决策委员会和风险控制委员会。其中，投资决策委员会是保险资产管理公司的最高决策机构，主要职责是从战略层面上确定资产的分配策略和重大的投资计划，制定中长期投资决策。风险控制委员会的主要职责是制定重大的风险管理战略，并从宏观层次上控制资金运用风险。（2）资产运作部门。包括具体的投资业务部门，如债券投资部、权益投资部、实业投资部、境外投资部以及资金业务部等。投资业务部门的主要职责是根据投资决策委员会制定的投资计划以及组合管理部门制定的分账户资产配置方案进行具体的投资交易。其中，债券部主要负责交易所和银行间债券交易，负责债券投标和承销工作、负责债券转托管的安排，制定和执行债券的回购交易指令以及跨市场套利的操作等，保险资产管理公司可以根据相应职责设置若干个业务岗位或小组；权益投资部目前主要负责股票、基金的投资运作，包括制定买卖交易计划、拟定分盘方案和落实分盘计划、执行基金交易指令等。权益投资部同样可以根据相应职责设置若干个业务岗位或小组；资金业务部主要负责银行协议存款业务以及短期资金融通业务；境外投资部主要负责境外投资，如负责外汇存款业务和外汇交易业务等；实业投资部主要负责与实业有关的投资业务。（3）后援与协作部门。包括投资组合管理部、风险管理部、综合研究部、投资作业部、信息系统部以及稽核人事等其他职能部门。其中，组合管理部的主要职责是从资产负债尽可能匹配的角度制定具体的资产分配方案并进行日常的投资组合管理。根据负债的不同特征，不同来源的保险资金通常进行分账户管理，这样一来，根据不同性质的投资组合，组合管理部又可以设置不同的岗位（组合经理），如投资连结组合经理、传统寿险组合经理、传统产险组合经理、分红寿险组合经理等；风险管理部是保险资金运用风险的具体管理部门，负责保险资金运用的市场风险、信用风险、操作风险等的管理工作。风险管理部一般根据风险类别下设不同岗位或小组，如市场风险组、信用风险组、投资组合风险组以及风险基础结构组等；研究开发部门主要负责宏观经济与政策研究、金融市场分析及预测、投资策略与工具研究、产品与业务创新等；投资作业部门的主要职责是负责绩效评估与预算管理、投资业务的交割与跟进管理等，投资作业部可以根据职责要求设立不同的岗位或小组，如交割作业组、绩效评估组、预算编制组以及跟进管理组等；信息系统部主要负责交易数据及资本市场数据和资料的录入、备份和维护、投资信息平台的建设和维护、交易系统和结算系统的维护、风险管理信息系统的管理与维护以及投资信息的档案管理工作。

总体来看，保险资产管理公司的治理结构如图3-6所示，可供参考的具体的职能部门设置如图3-7所示。

综上所述，保险资产管理公司的公司治理结构涉及自律性行为、保险资产管理公司与有关各方的关系、保险资产管理公司的约束与激励机制等一系列关系与机制。根据有关规定和行业特点，保险资产管理公司的公司治理结构应当符合以下要求：（1）保险资产管理公司的股权结构安排必须坚持以股东利益最大化为基本准则，即无论是各保险公司均等股权、相对控股或绝对控股，都必须保护全体股东的利益；（2）公司的治理结构能够使股东会、董事会、监事会和经理层之间职责明确，既相互协助，又相互制衡；（3）建立完善的内部监督与控制机制。总之，保险资产管理公司完善的公司治理结构必须体现"利益公平、信息透明、信誉可靠、责任到位"的基本原则。

四 保险资产管理公司的资产委托方式

如前所述，保险资产管理公司有特定的运作关系和当事人主体，这一特定的运作关系可以使当事人之间形成多种不同的委托代理关系和不

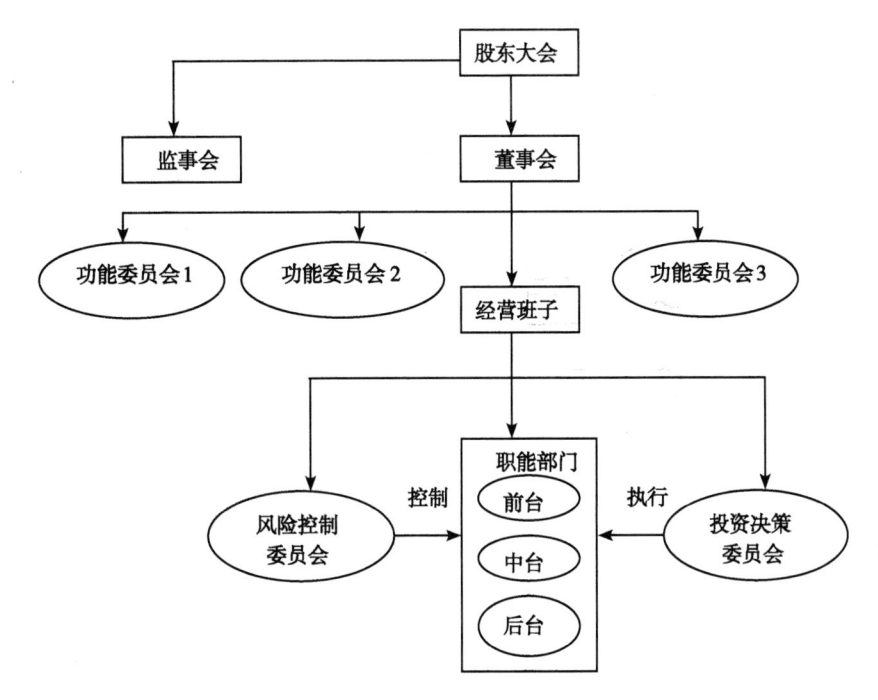

图 3-6　保险资产管理公司的治理结构

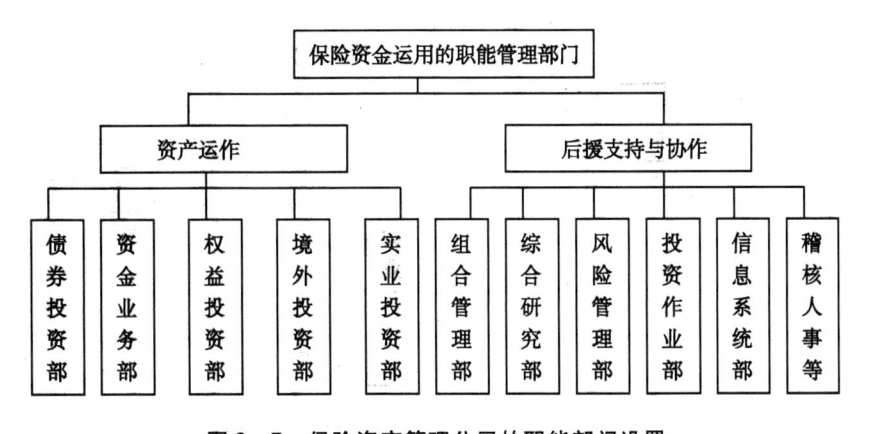

图 3-7　保险资产管理公司的职能部门设置

同的资产委托方式，从而也就不可避免地会存在委托代理风险。为了有效地控制委托代理风险，首先应明确在《规定》现行的制度安排下，保险公司资产可以采用哪几种委托方式，以及在这种资金运用模式下会形成什么样的委托代理关系，等等。

在保险资产管理公司的管理模式下，无论是保险资产管理公司还是资产托管人,均是保险公司的受托方,对保险公司负有直接或间接责任。但《规定》并没有明确三方当事人究竟应采取哪一种委托代理关系。实际中,三方所形成的委托代理关系无非有三种形式:如果保险资产管理公司与资产托管人同为第一受托人或共同受托人,那么,在这种委托方式下,保险公司对保险资产管理公司以及资产托管人均是直接委托,保险资产管理公司因投资失误造成的资产损失由保险公司直接承担,与资产托管人无关;资产托管人没有为保险公司尽责的动机与约束,资产托管人的存在不具有实质意义,资产托管人对保险资产管理公司实际上没有行使有效的监督,致使监督缺位,因此,尽管这种资产委托方式为我国证券投资基金广泛采用,但其缺陷也是显而易见的;如果资产托管人具有双重身份,即为第一受托人及第二委托人;保险资产管理公司为第二受托人。保险公司为资产的最终所有者,资产托管人为资产名义所有者,保险资产管理公司为资产管理者。资产托管人对保险公司负有直接责任,保险资产管理公司对保险公司负有间接责任,显然,这种资产委托方式可以在一定程度上解决保险公司与保险资产管理公司不平等的问题。保险资产管理公司因投资失误造成的损失首先由资产托管人承担,使得资产托管人具有维护保险公司权益的内在动力,基本上消除了保险资产管理公司与资产托管人共谋并损害保险公司利益的可能性,应当说,这种方式是一种比较合理的委托方式。如果保险资产管理公司具有双重身份,同时为第一受托人和第二委托人,资产托管人为第二受托人。保险公司为资产最终所有者,保险资产管理公司为资产管理者,托管人为资产保管者。显然,在这种委托方式下,产权关系不清,发生资产损失时,托管人不承担责任,没有形成使托管人发挥作用的机制。

总之,无论采取哪种委托方式,这种资产管理模式存在两种重要的委托代理关系,即保险公司和保险资产管理公司的关系以及保险公司与资产托管人之间的关系。保险公司是委托人,保险资产管理公司和资产托管人都是代理人。本书拟重点探讨前一种委托代理关系下的道德风险防范。

五 对保险资产管理公司的激励约束机制

(一) 来自保险资产管理公司的道德风险

正如本书在前面所论述的那样,在保险资产管理公司的管理模式下，由于保险公司和保险资产管理公司的信息不对称，保险公司很难准确观测到保险资产管理公司的行为，只能观测到投资的业绩，而投资业绩又是由多种因素决定的，因此，保险资产管理公司可以把自身的投资失误或败德行为归咎于证券市场低迷等其他客观因素。况且，由于保险公司与保险资产管理公司的利益不完全一致，保险资产管理公司经营所带来的收益大部分归保险公司所有，保险资产管理公司没有足够的动力去为保险公司服务，这就是信息经济学上的隐藏行为的道德风险问题。因此，在这种管理模式下，保险公司通过委托投资的方式增加了管理人这一代理环节，它除了要承担金融市场上的风险之外，还必须承担因代理关系引致的风险。实际中，保险资产管理公司可能产生的败德行为是多种多样的。一般来说，主要有以下几种情况：（1）保险资产管理公司操纵市场的风险。保险资产管理公司操纵市场主要基于两方面的考虑。其一，由于我国的证券市场目前还不够规范，证券价格有被操纵的可能，保险资产管理公司在获取高投资回报的压力下，可能会在资产管理过程中采取一些不正当的违规行为，而保险公司则必须承受因这些违规行为所导致的市场风险和法律风险。其二是由保险资产管理公司获取资产管理费的方式所决定的。按照《保险资金运用管理暂行办法》第十六条规定：保险资产管理机构应当根据受托资产规模、资产类别、产品风险特征、投资业绩等因素，按照市场化原则，以合同方式与委托方或者投资机构，约定管理费收入计提标准和支付方式。按照规定，在保险资产管理公司的管理模式下，保险资产管理公司受托管理保险公司的资金和托管人托管保险公司资产都应依照合同约定分别收取管理费和托管费，资产管理费和托管费应当依照公平、合理的原则确定，但法规并未进一步明确资产管理费和托管费的收取标准，至于是按照委托的资金规模收取还是按照委托保险资产的净值收取，还是按照其他标准收取，并没有做出明确规定。很显然，按照受托管理的保险资金的规模收取资产管理费和托管费有欠公平。类似于证券投资基金的运作模式，按照受托管理的保险资产的净值收取管理费和托管费有一定的合理性和可行性，这也很可能是未来保险资产管理公司和保险资产托管人收取管理费和托管费的一种方式。当然，这种方式的弊端也是显而易见的。由于在这种模式下，保险资产管理公司所能获取的报酬即管理费用是按照净资产值的一定比例计提,而与实际收益水平关系不大,保险资产管理公司为了多提取管理费用,可能会人为操纵净资产值。如通过与他人联手,大量买卖某只证券将其价格维持在很高的价格水平上,来提高账面净资产值,这种做法不仅会增加保险公司管理费支出,同时还会增加交易费用,而且还要承担资金积压的损失和资金过度集中的风险。(2) 资产管理的不公正行为。如果保险资产管理公司是一家保险公司控股而其他保险公司或金融机构参股设立,那么,在这种情况下,保险资产管理公司在多个委托人之间会存在厚此薄彼的利润转移动力,特别考虑到保险公司作为保险资产管理公司母体公司的向心利益的影响,会产生所谓的"揩油"选择。因此,不能排除保险资产管理公司与其控股股东在人事、关联交易等方面存在种种利益关系,当然也不排除保险资产管理公司与其控股公司共谋并损害中小股东利益的行为发生。(3) 为了规避国家关于保险资金运用方面的政策限制以获取额外收益。保险资产管理公司有可能将受托管理的保险资金转委托给作为其股东方的证券公司等其他金融机构,或者与部分股东、委托保险资金管理运用的保险公司之间操纵不同来源的受托资金进行资金运用交易。总之,在保险资产管理公司的管理模式下,由于存在保险公司和保险资产管理公司之间的委托代理关系,就不可避免地会产生多种形式的道德风险。

(二) 对保险资产管理公司的激励约束机制

为了有效规避来自保险资产管理公司的道德风险,首先应建立一套比较完善的法规和严密的监管体系。其次,还应在保险资产管理公司内部形成分权制衡体系,完善保险资产管理公司的法人治理结构,使其董事会、经营班子、监事会权力按现代企业制度的要求划分清楚,确保"所有权、经营权和保管监督权"三者的有效分离。最后,还应当建立对保险资产管理公司的有效的激励约束机制。在国外,保险资产管理公司的运作机制与共同基金等信托机构的运作模式相同,即一方面借助于资本市场上较为完善的信用体系,如违规者的市场与行业禁入制、业绩评估制、足额的期权激励措施等,以尽可能减少委托人与代理人之间的信息不对称和双方目标函数的不同所带来的不利影响[①]。另一方面力图

---

① 张洪涛、郑飞虎:《保险资产管理公司发展模式与监管》,《保险研究》2003 年第 10 期。

通过一定的机制监管资产管理人或受托人的行为,提高代理关系的透明度,将代理关系的风险减至最低程度,保护资产委托人的利益。对于保险公司而言,关键在于如何设计一个激励相容的共担风险的合同,即把经营成果在保险公司和保险资产管理公司之间进行最优分配,由双方共同承担风险,使得保险资产管理公司效用最大化的目标与保险公司的效用最大化的目标相一致,实现二者的激励相容。迄今为止,人们还没有得出一种十分完备的激励约束机制的具体形式,但是,人们对于非对称信息条件下激励约束机制的建立却有一个大体上来说是十分相同的思路。一般认为,存在信息不对称的委托人和代理人之间要达成对双方有约束力且有效的合同,必须满足以下三个基本条件:其一是代理人以行动效用最大化原则选择具体的操作行动,即所谓的激励相容条件;其二,在具有"自然"干涉的情况下,代理人履行合同责任后所获收益不能低于某预定收益,即所谓的参与条件;其三,在代理人执行这一合同后,委托人所获收益最大化,采用其他合同都不能使委托人的收益超过或等于执行该合同所取得的效用,即所谓的收益最大化条件。

应当指出的是,在对称信息条件下,设计出符合上述条件的激励合同并不复杂。然而,在非对称信息约束下,即保险资产管理公司的努力水平对于保险公司来说是不可观测的,保险公司至多只能观测到反映保险资产管理公司努力水平的某些信号,如受托管理的保险资金的收益率。这样激励机制的设计出现了相当大的复杂性。保险资产管理公司可以选择某个努力水平,但保险公司不能观测到保险资产管理公司选择的这个努力水平,只能据此做出推测。委托代理理论认为,在这种情况下,一个有效的激励约束机制应当是保险资产管理公司与保险公司共担风险的机制,这样,既可以对保险资产管理公司产生激励,又能使保险公司不必承担所有风险。

以下在文献[107]、文献[120]的基础上,从定量分析的角度研究对保险资产管理公司的最优激励合同。

六 保险资产管理公司的最优激励合同

(一) 单变量的最优激励合同

假设保险资产管理公司的经营业绩用受托管理的保险资金的净值的

增量 ΔNV 表示①。令 $\pi(a,\theta)$ 表示总的收益，a 为保险资产管理公司的决策变量，可代表它的努力程度；θ 为不受委托人、代理人控制的外生随机变量，这意味着保险资产管理公司经营的好坏，即受托管理的保险资金的净值的增量（可能为负增量）由其努力程度和外界不确定性因素共同影响（如证券市场行情）。进一步，设 θ 服从 $N(0,\sigma^2)$，则有 $\pi(a,\theta) = f(a) + \theta$，其中，$f(a)$ 为 a 的单调增函数（线性或非线性），即保险资产管理公司越努力，受托管理的资产净值就越大，为简便起见，假设 $f(a) = ta, t > 0$。这里，$f(a)$ 和 θ 不是分别被观测到的，而是作为一个整体被观测到的，也就是说，$f(a)$ 和 θ 的组合可以产生相同的 $\pi(a,\theta)$。由于信息不对称，保险公司通常将主要根据双方都可以观测的资产净值来推测保险资产管理公司的努力程度并给予相应的管理费，若双方的合同为 $s(\pi(a,\theta))$，即保险公司按委托资产的净值支付资产管理费，则保险公司的效用为：$v(\pi(a,\theta) - s(\pi(a,\theta)))$，保险资产管理公司的效用为：$u(s(\pi(a,\theta)))$，那么，保险公司的问题是如何确定 $s(\pi(a,\theta))$，以使自己的效用达到最大化。其模型可以表示为：

$$\max_{a,s(\pi(a,\theta))} \int v(\pi(a,\theta) - s(\pi(a,\theta)))f(\theta)d\theta$$

$$(IR) \int u(s(\pi(a,\theta)))f(\theta)d\theta - c(a) \geq u'$$

$$(IC) \max_{a \in \Sigma} \int u(s(\pi(a,\theta)))f(\theta)d\theta - c(a)$$

其中，保险资产管理公司的努力成本为 $c(a)$，$f(\theta)$ 为 θ 的概率密度函数，u' 为保险资产管理公司不接受合同的保留效用。(IR) 为参与约束，即保险资产管理公司接受合同必须满足其期望效用不小于保留效用，(IC) 为激励相容约束，即保险资产管理公司选择努力水平 a 的期望效用必须大于或等于选择其他努力水平的期望效用。Σ 为保险资产管理公司的努力集。

假设受托保险资产的净值为唯一的可观测变量，而且保险公司和保险资产管理公司均为绝对不变风险规避者。考虑线性合同 $s(\pi) = \alpha + \beta\pi$，$\alpha$ 为保险资产管理公司的固定收入，即按一定比例计提的与基期保

---

① 张汉江、马超群等：《证券投资基金管理人的最优激励合同》，《系统工程》2000 年第 1 期。

险资产净值相应的管理费收入，β 为保险资产管理公司从计算期资产净值增量中分享的份额，即保险资产净值增量每增加一个单位，保险资产管理公司的报酬增加 β 个单位。其实，类似于国外某些种类的证券投资基金的做法，α 和 β 的含义还可以作这样的理解，即 α 为按某一固定比例计提的管理费收入，β 为保险资产管理公司的业绩报酬，在这里表现为保险资产净值增量（可能为负增量）的一定比例。

考虑努力水平 a 不可观测时的最优激励合同。给定线性合同 $s(\pi) = \alpha + \beta\pi$，$E(\pi) = E(ta + \theta) = ta$，$Var(\pi) = \sigma^2$。如果用指数效用函数 $v = -e^{-\rho_p w_p}$，$u = -e^{-\rho_a w_a}$，分别拟合保险公司和保险资产管理公司的效用曲线 [也可用其他函数拟合，如 $u = \dfrac{1}{\rho(1-e^{-\rho w})}$]，其中，$\rho_p$、$\rho_a$ 分别是保险公司和保险资产管理公司的绝对风险规避度量，w_p、w_a 分别是保险公司和保险资产管理公司的实际货币收入。那么，保险公司的实际收入为：

$$w_p = \pi - s(\pi) = -\alpha + (1-\beta)(ta + \theta)$$

其确定性等价收入为：

$$Ew_p - \frac{1}{2}\rho_p(1-\beta)^2\sigma^2 = -\alpha + (1-\beta)ta - \frac{1}{2}\rho_p(1-\beta)^2\sigma^2$$

其中，$\dfrac{\rho_p(1-\beta)^2\sigma^2}{2}$ 为保险公司的客观风险成本。

假定代理人努力的成本 $c(a)$ 可以等价于货币成本，并假定 $c(a) = \dfrac{ba^2}{2}$，这里，$b > 0$ 代表成本系数，b 越大，同样的努力 a 所带来的负效用也就越大。那么，保险资产管理公司的实际收入为：

$$w_a = s(\pi) - c(a) = \alpha + \beta(ta + \theta) - \frac{ba^2}{2}$$

其确定性等价收入为：

$$Ew_a - \frac{1}{2}\rho_a\beta^2\sigma^2 = \alpha + \beta ta - \frac{1}{2}\rho_a\beta^2\sigma^2 - \frac{ba^2}{2}$$

其中，Ew_a 为保险资产管理公司的期望收入，$\dfrac{\rho_a\beta^2\sigma^2}{2}$ 为其风险成本；当 $\beta = 0$ 时，风险成本为零。保险资产管理公司的最大化期望效用函数 $Eu = -Ee^{-\rho_a w_a}$ 等价于最大化上述确定性等价收入。假设保险资产管理公司不接受合同的保留收入为 w'_a，则保险资产管理公司的参与约束为：

$$\alpha + \beta ta - \frac{1}{2}\rho_a \beta^2 \sigma^2 - \frac{ba^2}{2} \geq w'_a$$

由于保险公司没有必要支付给保险资产管理公司更多，因此，等式成立。

考察保险资产管理公司的激励相容约束：

$$\max_{a \in \Sigma} \alpha + \beta ta - \frac{1}{2}\rho_a \beta^2 \sigma^2 - \frac{ba^2}{2}$$

可得一阶条件：$a = \frac{t\beta}{b}$。

则保险公司的问题是选择 (α, β) 解下列最优化问题：

$$\max_{a,\alpha,\beta}[-\alpha + (1-\beta)ta - \rho_p(1-\beta)^2 \sigma^2/2]$$
$$(IR)\ \alpha + \beta ta - \rho_a \beta^2 \sigma^2/2 - ba^2/2 = w'_a$$
$$(IC)\ a = t\beta/b$$

将（IR）、（IC）条件代入目标函数，解得：

$$\beta^* = \frac{t^2 + \rho_p b \sigma^2}{t^2 + (\rho_a + \rho_p) b \sigma^2}$$

$$a^* = \frac{t(t^2 + \rho_p b \sigma^2)}{b[t^2 + (\rho_a + \rho_p) b \sigma^2]}$$

将 β^* 和 a^* 代入（IR），可解得 α^*（略）。

β^* 意味着，保险资产管理公司必须承担一部分风险。特别地，由 β^* 可得，$\partial \beta^*/\partial b$，$\partial \beta^*/\partial \rho_a$，$\partial \beta^*/\partial \sigma^2$ 均小于零，即 β^* 是 b、ρ_a、σ^2 的减函数。也就是说，保险资产管理公司越是规避风险，收益 π 的方差越大，保险资产管理公司越是不努力工作，它承担的风险也就越小。而 $\partial \beta^*/\partial \rho_p$、$\partial \beta^*/\partial t^2$ 均大于零，说明 β^* 是 t^2 和 ρ_p 的增函数，这意味着，保险公司越是规避风险，保险资产管理公司的努力边际收益越大，那么，保险资产管理公司承担的风险也就越大。考虑一种极端的情况：$\rho_a = 0$；此时，$\beta^* = 1$，保险资产管理公司承担全部风险。显然，在这两种情形下，保险公司只得到固定收入。假如保险资产管理公司极端风险规避，即 $\rho_a \to \infty$，此时，$\beta^* = 0$，这说明保险资产管理公司不承担任何风险，保险公司承担全部风险，保险资产管理公司获得固定管

理费收入 α。

根据委托代理理论，当委托人不能观测到代理人的努力水平时，存在两类在对称信息情形下不存在的代理成本。一类是风险成本，另一类是由较低的努力水平导致的期望产出的净损失减去努力成本的节约，简称激励成本。其中，风险成本为：

$$rc = \frac{\rho_p(1-\beta^*)^2\sigma^2}{2} + \frac{\rho_p\beta^{*2}\sigma^2}{2}$$

为了计算激励成本，首先注意到，当努力水平可观测时，最优努力水平是下列规划问题的解：

$$\max_{a,\alpha,\beta}[-\alpha + (1-\beta)ta - \rho_p(1-\beta)^2\sigma^2/2]$$
$$(IR)\ \alpha + \beta ta - \rho_a\beta^2\sigma^2/2 - ba^2/2 = w'_a$$

解之得：

$$\beta^0 = \frac{\rho_p}{\rho_p + \rho_a}$$

$$a^0 = \frac{t}{b}$$

显然有：

$$a^*/a^0 = \frac{(t^2 + \rho_p b\sigma^2)}{t^2 + (\rho_a + \rho_p)b\sigma^2} < 1$$

上式说明，非对称信息下的最优努力水平严格小于对称信息下的努力水平。所以，保险公司期望产出的净损失为：

$$\Delta E\pi = ta^0 - ta^* = \frac{t^2}{b} - \frac{t^2(t^2 + \rho_p b\sigma^2)}{b[t^2 + (\rho_a + \rho_p)b\sigma^2]} = \frac{t^2\rho_a\sigma^2}{t^2 + (\rho_a + \rho_p)b\sigma^2}$$

努力成本的节约为：

$$\Delta c = c(a^0) - c(a^*) = (ba^{0^2}/2) - (ba^{*2}/2)$$
$$= \frac{2t^4\rho_a\sigma^2 + 2\rho_a\rho_p b\sigma^4 t^2 + \rho_a^2 b\sigma^4 t^2}{2[t^2 + (\rho_a + \rho_p)b\sigma^2]^2}$$

所以，激励成本为：

$$\Delta E\pi - \Delta c = \frac{bt^2\rho_a^2\sigma^4}{2[t^2 + (\rho_a + \rho_p)b\sigma^2]^2}$$

总的代理成本为：

$$ac = rc + (\Delta E\pi - \Delta c) = \frac{bt^2\rho_a^2\sigma^4}{2[t^2 + (\rho_a + \rho_p)b\sigma^2]^2}$$
$$+ \frac{1}{2}\rho_p\sigma^2(1 - \beta^{*2}) + \frac{1}{2}\rho_a\sigma^2\beta^{*2}$$

结合 β^*，如令 $b = 1, \sigma^2 = 1, \rho_a = 6, \rho_p = 4, t = 3, w'_a = 5$，则不难计算出：

$\beta^* = 0.68, a^* = 2.05, \alpha^* = 5.3$。所以，线性合同的基本形式是：$5.3 + 0.68\pi$，即保险资产管理公司的固定收入为 5.3，从业绩中分享 68% 的比例。进一步，可求得：风险成本 $rc = 1.6$，激励成本 $\Delta E\pi - \Delta c = 0.45$，总的代理成本为 2.05。

（二）考虑其他可观测变量的最优激励合同

以下借鉴有关文献，分析其他可观测变量影响最优代理合同的情形。令 y 为另一个可观测变量，假定 y 与保险资产管理公司的努力水平无关，但可能与外生的随机变量 θ 有关从而可能与总收益有关，如标志证券市场总体行情的证券指数。不妨假设，$y \sim N(0, \sigma_0^2)$，若 $y \sim N(\bar{y}, \sigma_0^2)$，且 $\bar{y} \neq 0$，则考虑变量 $Y = y - \bar{y}$。考虑线性激励合同：$s(\pi, y) = \alpha + \beta(\pi + \lambda y)$，其中，$\beta$ 代表激励强度，它反映保险资产管理公司的收入如何随观测到的 y 和 π 而变化。λ 表示保险资产管理公司的收入与指标 y 的关系：如果 $\lambda = 0$，保险资产管理公司的收入与 y 无关。为研究方便，假定保险公司是风险中性的。保险公司的问题是选择最优的 α、β 和 λ。

在这一合同下，保险资产管理公司的确定性等价收入为期望报酬减去风险成本，即有：

$$\alpha + \beta ta - \frac{1}{2}\rho_a\beta^2\mathrm{var}(\theta + \lambda y)) - \frac{1}{2}ba^2 = \alpha + \beta ta$$
$$- \frac{1}{2}\rho_a\beta^2[\sigma^2 + \lambda^2\sigma_0^2 + 2\lambda\mathrm{cov}(\theta, y)] - \frac{b}{2}a^2$$

保险资产管理公司的参与约束为：

$$\alpha + \beta ta - \frac{1}{2}\rho_a\beta^2[\sigma^2 + \lambda^2\sigma_0^2 + 2\lambda\mathrm{cov}(\theta, y)] - \frac{b}{2}a^2 \geq w'_a$$

其中，$\frac{1}{2}\rho_a\beta^2\mathrm{var}(\theta + \lambda y)$ 是保险资产管理公司的风险成本，同以上的分

析，上式等式成立。对于任何给定的支付合同 $s(\pi,y)$，保险资产管理公司选择 a 最大化上述确定性等价收入。最优化的一阶条件为：

$$a = \frac{\beta t}{b}$$

这一点是自然的，因为 y 与 a 无关，λ 不影响保险资产管理公司的努力水平的选择。而且由于保险公司是风险中性的，所以其期望收入为：

$$E(\pi - \alpha - \beta(\pi + \lambda y)) = -\alpha + (1-\beta)ta$$

将参与约束和激励相容约束代入上式，得保险公司的最优化问题为：

$$\max_{\beta,\lambda} \frac{\beta t^2}{b} - \frac{1}{2}\rho_a\beta^2[\sigma^2 + \lambda^2\sigma_0^2 + 2\lambda\operatorname{cov}(\theta,y)] - \frac{\beta^2 t^2}{2b} - w'_a$$

最优化的两个一阶条件为：

$$\frac{t^2}{b} - \rho_a\beta[\sigma^2 + \lambda^2\sigma_0^2 + 2\lambda\operatorname{cov}(\theta,y)] - \frac{\beta t^2}{b} = 0$$

$$\lambda\sigma_0^2 + \operatorname{cov}(\theta,y) = 0$$

解之得：

$$\beta^* = t^2/[\rho_a b(\sigma^2 + \lambda^2\sigma_0^2 + 2\lambda\operatorname{cov}(\theta,y)) + t^2]$$

$$\lambda^* = -\operatorname{cov}(\theta,y)/\sigma_0^2$$

与上面的计算方法相同，不难计算出风险成本、激励成本以及总的代理成本（略）以下讨论两个一阶条件的含义。

（1）若 π 与 y 不相关，$\operatorname{cov}(\theta,y) = \operatorname{cov}(\pi,y) = 0$，$\pi$ 是充分统计量，y 不提供有关 a 的任何信息，因此，$\lambda = 0$，即合同中不应包括 y。此时，β^* 与前面的情况相同（保险公司为风险中性时）。

（2）当 $\operatorname{cov}(\theta,y) > 0$ 时，$\lambda^* < 0$，这表明收益与观测变量 y 呈正相关。当 $y > 0$ 时，可能意味着较好的外部条件，如牛市。这时，任何给定的 π 可能更多地反映了保险资产管理公司碰到了好运气而不是做出了高水平的努力，那么，在这种情况下，保险公司应当考虑在合同中减少保险资产管理公司的报酬；类似地，当 $y < 0$ 时，可能意味着较差的外部条件，如熊市。这时，任何给定的 π 可能更多地反映了保险资产管理公司做出了高水平的努力，那么，在这种情况下，保险公司应当考虑在合同中增加保险资产管理公司的报酬。

（3）当 $\operatorname{cov}(\theta,y) < 0$ 时，$\lambda^* > 0$，这表明收益与观测变量 y 呈负相

关。当 $y > 0$ 时，可能意味着较不利的外部条件，如熊市。这时，任何给定的 π 可能更多地反映了保险资产管理公司做出了高水平的努力，那么，在这种情况下，保险公司应当考虑在合同中增加保险资产管理公司的报酬；类似的，当 $y < 0$ 时，可能意味着较好的外部条件，如牛市。这时，任何给定的 π 可能更多地反映了保险资产管理公司碰到了好运气而不是做出了高水平的努力，那么，在这种情况下，保险公司应当考虑在合同中减少保险资产管理公司的报酬。

因此，当总收益 π 与观测变量 y 具有相关关系时，将 y 写入合同可以剔除更多的外部环境的影响，使委托代理合同更加切合实际。有关研究表明：在这种情况下，将 y 写入合同不仅可以提高合同的激励强度，而且当对 y 无观测成本或观测成本小于由此带来的代理成本降低时，若 y 包含比 π 更多的有关 a 或 θ 的信息，那么，此时将 y 写入合同还可以降低代理成本[1]，对此，不再作详细的验证。

第三节 保险资金运用的风险管理系统

保险资金运用的风险管理过程既体现在横向的保险资金运用过程当中，也体现在纵向的与其他因素或市场的联系之上。保险资金运用风险主要由金融市场的不确定性导致的，同时也受到保险经营对象的影响。因此，从系统观点出发，作为保险公司全面风险管理系统的重要组成部分，保险资金运用的风险管理系统是指在科学预测风险的基础上，对保险资金运用的各类风险的综合控制和处理机制。具体而言，保险资金运用的风险管理系统是由一系列相互影响、相互制约的要素构成的，为实现保险资金运用的安全性、效益性以及流动性的风险管理目标而构成的有机整体。其任务是确定合理的保险资金运用风险管理战略，并为风险管理战略的有效实施建立高效的风险管理体制。它包括保险资金运用的风险管理政策与目标、风险管理的组织系统、风险管理的功能系统，即含有风险的辨识、风险的测量与风险控制等功能的系统，此外还包括风

---

[1] 张汉江、马超群等：《证券投资基金管理人的最优激励合同》，《系统工程》2000 年第 1 期。

险管理的信息系统、风险管理文化等一系列内容。

一 风险管理的组织系统

风险管理的组织系统是风险管理战略顺利实施的保证。实践证明，一个有效的风险管理系统除了由董事会对风险管理负最终责任外，还应保证风险管理的独立性，即具有直接向高级管理层报告的独立的风险管理组织系统。《规定》第45条也明确规定："保险公司或保险资产管理公司应当建立完善的公司法人治理结构和有效的内控制度，设立投资决策部门和风险控制部门，建立相互监督的制约机制。"对此，以下拟根据风险管理的一般原则构建风险管理组织系统的一般框架结构。

从国外机构投资者的风险管理经验看，一个完整的风险管理组织系统一般由三至四个层次的组织及其相关的支持部门构成，每一个部门和组织都有明确的风险管理责任。

（一）董事会

董事会处于风险管理组织系统的最高层，并对保险资金运用风险的管理负有最终责任。董事会应首先明确公司对承担保险资金运用风险的态度、对风险的偏好，以及承担和控制风险的责任分配。另外，董事会要批准公司风险政策和风险限额系统，并在此基础上检查这些工作。董事会具体的工作职责包括：

（1）全面认识在保险资金运用过程中所面临的风险暴露状况，包括风险来源、风险结构及其风险性质等，以便确定风险管理的重点；

（2）确定能够承受的保险资金运用风险水平及其相应的风险资本限额，确保有承担相应规模风险的资本金；

（3）确定保险资金运用风险管理的总体目标及其风险管理战略，确定各部门的风险管理目标；

（4）批准风险管理战略的具体实施，根据市场环境的变化检验风险管理战略实施的有效性，并作相应的调整，定期检讨风险管理战略和风险管理目标的可行性；

（5）构建风险管理框架及其风险管理的激励与约束机制，定期审查风险管理报告。

（二）风险管理委员会

从国外金融机构的风险管理经验来看，绝大多数金融机构一般都设有相对独立且有相当权限的"风险管理委员会",以集中管理和控制保险资金运用过程中的各类风险。风险管理委员会直接隶属于董事会或总裁,也有同时向董事会和总裁负责的,成员由董事会成员、高层管理者、相关部门的管理人员以及专业人士组成。保险资金运用的风险管理组织系统也应沿用这种模式,具体是:董事会的风险管理责任由下设的专门委员会即风险管理委员会负责组织实施。通常情况下,董事会将风险管理的日常决策权或风险管理职权授予该风险管理委员会,风险管理委员会定期向董事会报告,董事会对公司保险资金运用的风险暴露、风险管理战略的制定与实施等的了解主要依赖于风险管理委员会所提供的报告和建议,而风险管理委员会确定的风险管理战略及其风险管理目标必须经过董事会的批准。风险管理委员会实行例会制度,集中研究保险资金运用的风险暴露状况以及具体的风险控制策略。其主要的职能有三方面,即风险报告职能、风险管理的建议职能以及监督风险管理战略实施的职能。具体是:

(1)根据外部监管的政策拟定初步的风险管理战略,并指导实施董事会批准的风险管理战略。风险管理战略是保险资金运用风险管理的基本指导思想,它包括:风险管理的指导思想和目标、风险控制原则、保险资金运用的风险限额结构,即各层次的风险额度及其风险限额的分配与调整,此外,还包括风险报告的结构标准以及风险管理制度,等等。

(2)批准各业务部门的 VaR 风险限额以及信用风险额度,评价假设极端市场环境下的业务风险分析报告,定期评价风险管理战略实施的有效性,确保董事会风险管理战略的有效实施。

(3)对基于风险调整的投资绩效进行指导性评估,在此基础上给出改进意见。

(4)改善内部的风险管理环境,确保风险管理的流程、方法等的准确性和完整性等。

风险管理委员会会议是风险管理委员会组成成员履行职责,发挥委员会民主议事作用的重要制度。风险管理委员会章程必须明确例行会议召开的时间及议事程序。此外,还应规定特别会议的议事规则。在国外,有些金融机构为了保证风险管理委员会有效行使其职能,通常还下设专门负责风险管理的高层管理机构，如风险管理组，其主要职责是负责拟定金融机构的风险管理政策，并确保风险管理战略的有效实施。一般来说，风险管理组中包含一定数量的风险管理委员会成员，它独立于日常业务和交易管理，以确保其不受具体业务部门业务的短期压力。国外有些大型保险公司还根据业务的不同，分别下设市场风险管理委员会、信用风险管理委员会以及其他的专业风险管理委员会。

（三）风险管理部

经理班子负责保险资产管理，当然也包括风险管理，而风险管理必须从具体的投资业务中独立出来，作为控制和监督职能来实行。因此，具体的风险管理任务应由相应的机构和人员去完成，这一机构就是具体的风险管理职能部门，通常称为风险管理部。风险管理部是风险管理委员会的直接支持者，在业务上独立并具有明确的职责，直接向风险管理委员会或其下设的风险管理组报告。风险管理部的主要职责是贯彻实施董事会批准的风险管理战略，并根据市场信息制定各种风险管理的战术性策略。风险管理部既可以根据风险类别下设不同岗位或小组，如市场风险组、信用风险组、投资组合风险组以及风险基础结构组等，又可以根据风险管理内容的不同，下设风险研究和风险监控两类岗位，具体负责市场风险、信用风险以及操作风险等的管理工作，设计风险管控体系，拟定风险管理计划，制定风险管理的目标和政策，完善风险管理的制度和流程。其中，风险研究岗位的职责是对各个投资组合、各投资品种以及各项作业流程的风险点进行调研，并做出初步评估和提出相关建议，在此基础上，建立各种风险计量模型，即时管控各投资组合、各投资品种以及交易员的风险值。风险管理的另外一个主要职能是监控风险额度，因此，风险监控岗位的主要职责是对市场风险、信用风险、流动性风险限额等进行日常分析和管理，并出具风险评估报告，设定投资权限并实施风险的监控，特别是对日常合规性的监控以及内部风险的监控，此外，还应负责风险信息库的建设，等等。风险管理职能必须具备向高级管理层独立报告的程序。

（四）其他部门

保险资金运用的风险管理并不仅仅是风险管理职能部门的责任，而是一个全员活动的过程，它贯穿于保险资金运用活动的每一个环节，体现为每一位员工的共同的责任,因此,在风险管理的每一阶段,风险管理职能部门的工作都需要相关业务部门的协作和帮助,而风险管理战略的实施也必须得到上下的一致认同。换言之,虽然风险管理部需要保持独立,但也需要和其他部门进行沟通和合作。这些部门主要包括投资前台和后台部门。如对于投资前台,主要是指导他们对自己的头寸、市场和损益的看法,以及如何为他们的交易或投资的产品设计模型以准确把握风险。如为了准确估量风险,风险管理部门一方面要了解交易员对市场头寸和交易策略的看法,另一方面还要向交易员提供经过风险调整后的收益数据,以便让交易员衡量估价它们的交易。

综上所述,如果不考虑风险管理委员会下设高层管理机构——风险管理组,那么,保险资金运用的风险管理组织系统就分为三个层次,图3-8表示保险资金运用风险管理的简要的组织结构[①]。

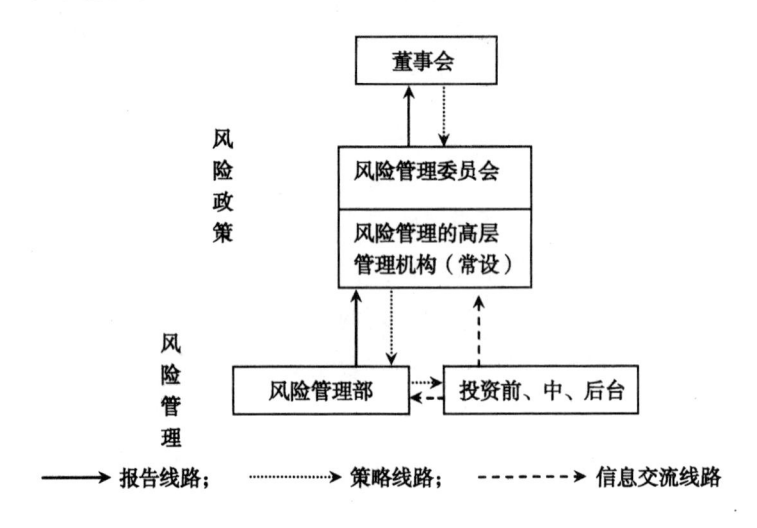

图3-8 保险资金运用风险管理组织结构

二 风险管理的功能系统

风险管理的功能系统由风险管理战略、风险管理技术和风险控制等三个主要的子系统构成,它同风险管理的组织系统相结合,并通过各种组织职能及组织间的合作来实现风险管理的目标。其中,风险管理战略

---

① 王春峰:《金融市场风险管理》,天津大学出版社2001年版,第56页。

是风险管理的基本指导思想，它包括：风险管理的指导思想和目标、风险管理的政策、保险资金运用的风险限额的确定、分配与调整，等等；而风险管理技术主要包括风险测量、风险评估、风险监控以及在风险测量基础上的投资绩效评估等，因此，概括起来讲，风险管理的功能系统主要包括风险管理战略和政策的制定、风险限额管理、风险度量、风险控制以及基于风险调整的投资绩效评估等几方面的内容。

（一）保险资金运用的风险管理战略和政策

风险管理战略的主要内容包括风险管理政策的确定和保险资金运用的风险限额管理两个方面。如前所述，虽然董事会具有风险管理战略和风险管理政策的最终决定权，但董事会通常会将风险管理战略和风险管理政策制定方面的权利与责任交由风险管理委员会或其常设的高层风险管理机构去行使，而董事会只对提交的风险管理战略与政策进行讨论与审批。作为董事会下设的风险管理机构，风险管理委员会或其常设的高层风险管理机构必须在全面辨识风险、明确可接受的风险种类的基础上，拟定保险资金运用的风险管理战略，确定风险管理战略实施的政策、程序以及内部控制制度。

风险管理政策的确定由风险管理委员会或其常设的高层风险管理机构负责，风险管理委员会或其常设的高层风险管理机构在获得必要的风险管理信息的基础上，制定风险管理政策及改进建议并报风险管理委员会或董事会批准施行，同时还要监督风险管理战略及政策在业务部门的具体实施。

风险管理战略的另外一项内容是保险资金运用的风险限额管理。保险资金运用的风险限额管理是监控保险资金运用风险的主要手段。起初，保险公司应当为资金运用确定一个合适的风险额度结构，特别是确定保险公司的风险偏好和额度管理结构。此外，风险额度还要分配到各个层次，以此作为风险监控的依据。一般而言，保险资金运用的风险限额管理主要包括三方面的内容，一是根据保险公司的资本实力、股东目标及其风险偏好、监管规定以及风险管理职能部门建议的各级部门的风险资本限额水平等确定保险资金运用的总体风险水平以及相应的抵御风险损失的风险资本限额；二是根据对各业务部门或交易员的风险调整的绩效测量结果以及风险管理职能部门建议的各级部门的风险限额水平在各层次间进行风险资本限额的分配;三是根据分配的风险资本限额对各业务部门乃至每一笔交易的风险进行监控,并根据风险调整后的绩效评估结果以及其他因素对风险资本限额进行动态的分配调整。保险资金运用的风险限额通常有三种形式,即头寸限额、灵敏度限额和风险资本限额。其中,根据在险价值分配风险额度有很多优越性,可以使交易员之间以及部门之间进行相互比较,且可以用货币计量,但风险管理职能部门在选择前、中、后台的风险限额形式时,还应注意前、中、后台风险限额限定的一致性。除此之外,风险管理部门在风险限额的确定、推行和监控之前,还必须考虑以下问题:(1)保险公司能够接受什么样的风险水平;(2)交易员和业务部门以前的业绩;(3)风险额度监控的频率;(4)如何处理风险限额超越的情况,等等。

风险管理委员会或其常设的高层风险管理机构在拟定保险资金运用的风险管理战略并报董事会批准以后,还应进一步确定风险管理战略实施的具体政策、程序、模式以及内部控制制度等,以确保风险管理战略的有效实施。其中,保险资金运用的内部控制制度以及风险管理政策是有效实施保险资金运用风险管理战略的重要保证。

(二)保险资金运用风险的测量

风险管理功能系统的中心目标是对市场风险、信用风险以及流动性风险等保险资金运用的主要风险种类进行测量和评估,并具有汇总风险敞口的能力,这是保险资金运用风险管理的基础和核心。要达到这一目标,风险管理职能部门就必须开发保险资金运用风险的测量与评估系统,并将考虑到的风险因素都综合到测量系统以及资产分配决策当中。

当然,在保险资金运用风险的测量与评估过程中,同其他类型的金融机构一样,保险公司所面临的最大问题不是模型和工具,而是缺乏可靠的数据来源以及由此导致的模型的可操作性不强的问题,而且对许多风险因素如法律风险和政策性风险来说,还缺少相关信息。因此,风险管理职能部门在选择风险测量方法时应考虑到方法的可行性和可操作性,除此之外,还应根据投资前台、中台和后台不同的业务特点以及所产生的不同风险来源和性质,选择适宜的多样化的风险测量方法。如投资前台是直接与交易对手接触的部门,主要负责金融工具的交易,处于风险管理的最前沿。交易员在交易时最关心的问题是市场因子的波动会给其头寸带来什么影响,如何对冲风险,而对冲的基础是需要掌握金融工具对其市场因子的敏感性。因此,投资前台所需要的风险测量方法应以灵敏度方法为主[①]。而中台必须对前台各种类型和特征的独立交易风险进行综合测量,因此,对于投资中台来讲,主要的风险测量方法就是VaR方法,此外,为了考虑极端非正常条件下或意外事件发生时保险资金运用可能遭受的损失,投资中台的风险测量还经常使用压力测试方法。而投资后台主要根据中台所提供的风险信息对公司的风险管理政策作适当调整,因此,投资后台风险测量的方法还是以VaR方法为主。从投资渠道来看,银行存款的风险测量主要是对信用风险以及利率风险的测量,债券投资的风险测量主要是对市场风险(利率风险)和信用风险的测量与评估,基金投资的风险测量主要是针对市场风险的测量,如表3-1所示。金融机构市场风险测量的方法很多,主要方法有灵敏度分析(如针对债券的久期和凸性方法、针对股票的、针对衍生金融工具的Delta、Gamma、Theta、Vega等)、随机利率风险测量模型、波动性方法(如方差、半方差类方法)、VaR、压力测试和极值理论等。信用风险测量与评估的方法也有很多种,如信用分数模型、信用级别模型、结构模型、简约模型、财务比率综合分析法、多变量信用风险判别分析方法,以及以资本市场理论和信息科学为支撑的一系列新方法,如神经网络方法、期权定价型的破产模型、债券违约率模型和期限方法等等。但有关操作风险度量的研究则很少,主要是因为有关操作风险度量的研究起步较晚,至今未形成统一的理论框架,其中,代表性的方法有:风险排序法、检查表法、操作VaR、Kaplan和Norton提出的通过四个方面的指标来分析操作风险的平衡打分法,评价指标涉及投资的前、中、后台。此外,鉴于保险业经营的独特特点,保险公司还要从总体角度来评估一些特殊种类的风险,如资产负债不匹配的风险、流动性风险、偿付能力风险等,基于保险监管部门的相关规定指标,有人提出了一些针对这类风险的测量与评估方法,但某些方法的可行性和科学性有很大争议。

[①] 王春峰:《金融市场风险管理》,天津大学出版社2001年版,第82页。

表 3-1　　　　　　　保险资金运用风险度量框架（1）

业务类型	前台	中台	后台
风险测量方法	灵敏度方法（风险定价）	VaR方法、压力测试（风险资本充足性）	VaR方法（绩效评估、风险资本配置）

表 3-2　　　　　　　保险资金运用风险度量框架（2）

投资渠道	银行存款	债券投资	证券投资基金
主要风险类型	信用风险与利率风险	信用风险、利率风险、市场价格风险、再投资风险	市场价格风险、委托代理风险
风险测量方法	灵敏度方法、银行信用评级、信用限额、利率风险模型等	久期、凸性、VaR方法、债券信用评级（神经网络方法、判别分析方法等）	VaR方法等

（三）保险资金运用的风险监控

保险资金运用的风险监控是保险公司的投资管理部门或保险资产管理公司确认自己是在规定的风险政策和程序下运行的操作过程。它包括对风险管理政策说明的建议、对超出风险限额与否的监督、对违反投资政策的调查以及确认这些政策是适当的和适时的，风险监控是风险管理部的日常职责，对超出风险限额的部分直接报给风险管理委员会或其常设的高层风险管理机构以便采取相应的措施。

（四）基于风险调整的绩效评估

绩效评估的目的不仅在于通过对各业务单位的绩效评估为资本分配提供依据，而且还可以通过评估为投资机会的选择提供指导。但仅以收益作为投资业绩的评价指标，必然会导致风险的过度承担，从而会损害实际投资价值或股东价值；而仅以风险作为投资业绩的评价指标，必然会导致资金运用的过度保守，以至于丧失有利的投资时机。因此，合理的投资业绩评价指标应该对收益和风险进行综合考虑，即采用风险调整的绩效测量方法（RAPM）。另外，由于投资业绩除了依赖于投资组合目前的风险水平以及管理者的投资技能之外，还依赖于某时期的市场状况（多头或空头），因此，更为合理的投资业绩评价方法应当是定性与定量相结合的评价方法。绩效的风险调整方式有很多种，根据风险测量方法的不同，可将风险调整的绩效评估分为Sharp方法和RAROC（风险调整的资本回报）等方法。当然，这些评价指标或评价方法皆有不足之处，并非尽善尽美，它们对投资绩效评价结果的不一致性，影响了投资绩效评价结果的可信度。因此，保险资金运用绩效评价需要一种相对风险水平和对市场好坏不敏感的绩效评价方法。

三 风险管理的信息系统

保险资金运用的风险管理高度依赖于风险管理信息系统（RMIS）的支持，依赖于在恰当的时间将恰当的信息报告给有关人员，也就是说，有效的保险资金运用风险管理系统的运行依赖于对有关市场信息进行准确、快速的收集、传输、储存、加工和分析。保险资金运用的风险管理系统可以让风险管理人员通过这个系统获得完整的风险信息和处理后的数据，风险管理信息系统有机地融合于保险资金运用的管理系统之中，是保险资金运用管理系统的重要组成部分。

（一）信息传递过程

风险管理信息系统不论大小繁简，都包含数据与信息传递的过程，从一般金融机构的风险管理信息传输看，风险管理的信息传递可以概括为两种类型，即从下到上的风险信息传输和从上向下的风险管理决策信息传递[①]。保险资金运用的风险管理信息传递与一般金融机构的风险管理信息传输一样，即包括风险信息传递和风险决策信息传递。

风险信息传输的起点是负责投资交易的业务部门，即所谓的投资前台。相关人员必须通过风险管理信息系统将有关投资交易业务的风险性质和大小，市场风险因子的实时波动情况，每一项特定交易的风险—收益特征，以及有关交易对手的风险信息等原始信息进行实时、准确、全面的汇总分析，并传递到风险管理的职能部门或中台，然后再由他们作进一步的汇总整理，包括使用 VaR 模型和压力测试对风险信息进行综合，同时结合保险资金运用方面的法规政策以及与公司的风险管理政策有关的风险信息进行评估，并报告至风险管理的战略决策部门，如风险管理委员会或董事会。然后，风险管理的战略决策部门再结合实际情况，对原有的风险管理战略、风险限额、风险资本的配置策略等做出相应调整，直至形成新的风险管理决策信息。

---

① 王春峰：《金融市场风险管理》，天津大学出版社 2001 年版，第 63 页。

高层风险管理决策部门在做出风险管理决策信息以后，以风险管理政策、风险限额、批准意见等多种形式向下传递给风险管理部门或中台，风险管理部门或中台根据风险管理决策信息以及从前台收集到的具体风险信息和交易信息，再将这些风险管理决策信息分解为针对各业务部门的详细的指令性风险管理的分类信息，以此作为投资前台的依据。除此之外，为了保证风险管理信息系统运行的有效性，风险管理职能部门还要通过信息系统与其他投资管理的支持部门实现信息共享，以实现全面的风险控制。

风险管理信息系统的信息传递，从下至上再从上至下，循环往复，每一次循环不仅有新的信息加入，而且在不同阶段都可能存在信息的反馈，每一次循环使风险管理战略和风险管理政策更加适用内外部环境，进而提高风险管理战略和风险管理政策的有效性。风险管理信息传递过程可用图3-9说明。

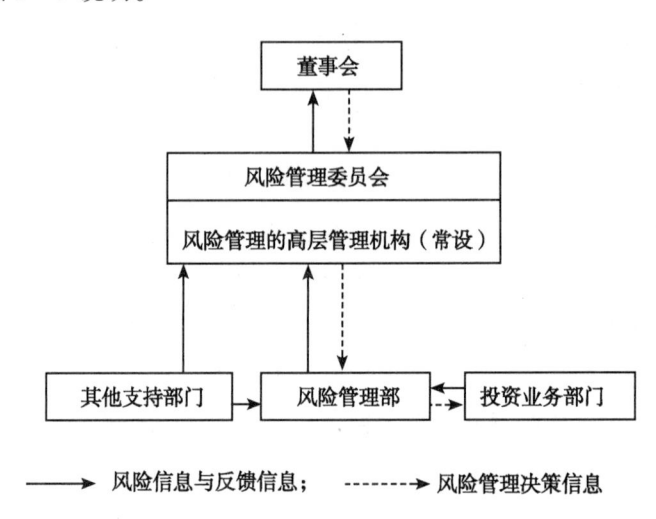

图3-9 保险资金运用风险管理的信息传递路线

（二）风险管理信息系统的技术支持

风险管理信息系统结构包括系统结构和技术结构两方面。作为实施信息传递路线的系统结构主要由三部分构成，即数据仓库、中间数据处理器和数据分析层。数据仓库存储有关各种交易的大量信息，如前台交易记录信息、各种风险头寸和金融工具的信息及交易对手方面的信息等。为了真实、客观地反映保险资金运用的风险状况，数据仓库中的信息必须满足两个基本要求,即数据的准确性和及时性;为了及时获取前台的每项风险信息,数据仓库经常包嵌于一个数据处理软件之中,即中间数据处理器,它的主要功能是对前台收集到的原始数据进行信息化处理;而数据分析层则包含各类风险管理模型和风险测量模型,如风险调整的绩效评估模型(RAROC)、VaR模型、情景测试、压力测试等,数据分析层可以根据需要从数据仓库中抽取相应的信息进行风险分析,并将风险分析的结果按照规定的格式自动生成风险分析报告。

除系统结构之外,风险管理信息系统还应具备相匹配的开放式技术结构,包括实时系统功能的硬件设备、操作系统、通信设备、数据仓库的管理系统、软件及用户选择界面,等等。

(三) 风险管理信息系统的功能

一个风险管理信息系统应当具备下述主要功能:一是决策管理功能。即系统能够从资产负债匹配的角度和保险公司各个层次的资产配置策略出发,设置资产分配比例限制,管理者可据此审核并审批组合经理指令,对于不符合保险公司资产负债匹配策略以及不在资产配置范围内的投资方案,系统会自动发出警告,并不予执行。二是交易控制功能。即根据交易授权制度,设置交易比例限制,主管经理据此审批、审查交易指令的执行情况。三是风险控制功能。即对各投资组合、业务单位乃至整个保险资金运用的风险状况定期或实时进行评估,对于超过风险限额的交易、组合和业务单位系统能够自动发出警告,并出具风险评估报告,以为管理者提供决策支持。四是查询功能。即通过权限设置,不同层次的管理人员可以通过系统及时查询各投资组合、业务单位乃至整个资产的风险状况。五是数据管理功能。保险资金运用过程要产生大量数据,这些数据又是风险度量所必需的,因此,系统应当具有按照风险度量方法的要求进行分类统计等的一系列数据管理功能。

保险资金运用的风险管理系统所涵盖的内容还有很多,例如,成熟的风险管理文化、清晰的风险管理流程以及激励机制等都是风险管理系统十分重要的组成部分,也是风险管理系统顺利实施的保证,对此不再一一赘述。

第四节 保险资金运用的内部控制及其投资决策管理

许多金融机构的实践表明,外部金融市场的波动并不是导致金融机构经营失败的最为主要的原因,对内部风险没有进行有效的控制和管理才是这些金融机构破产的主要原因。因此,为了有效控制保险资金运用的内部风险,保险公司或保险资产管理公司应当建立起一套防范内部风险的管理制度与方法。

如前所叙,保险资金运用的内部风险是指保险公司或保险资产管理公司在保险资金运用过程中,因自身原因而导致保险资金运用出现问题,并影响到保险资金的安全性、收益性以及流动性,进而造成偿付能力困难的可能性。保险公司或保险资产管理公司进行内部风险控制的目的,就是要建立健全内部风险控制体系,使内部风险控制在最低的或者说可以承受的范围之内,从而保证保险资金运用能够正常有效地进行。本书以下着重从保险资金运用的内部控制制度建设和投资决策管理两方面构建保险资金运用的内部风险控制体系。

一 保险资金运用的内部控制

(一) 内部控制的含义

内部控制的概念 (internal control) 起源于 1949 年美国会计师协会发表的一份专门报告,即《内部控制:协调系统的要素及对管理与独立公共会计的重要性》(*Internal Control: Elements of Coordinated System and Its Importance to Management and the Independence Public Accountant*)。该报告认为,内部控制是公司出于保护资产、核查会计数据的准确性和可靠性,提高经营效率,促使遵循既定的管理理念与方针而采取的方法和措施。1958 年,美国注册会计师协会 (AICPA) 在第 29 号审计程序公报中,将内部控制区分为内部会计控制和内部管理控制。1988 年,AICPA 又在第 55 号审计准则公报中引入了内部控制结构的概念,从而首次从风险控制的角度,将内部控制引申为一种结构和环境,提出内部控制的实质在于合理评价和控制风险,这一引申后的含义将内部控制和风险管理有机地结合起来,有关法律法规指引、内部会计控制、内部管理控制、违规行为的检查稽核等构成其主要内容。因此,根据上述解释,保险资金运用风险的内部控制是风险导向型的内部控制,其基本含义是指保险公司为了防范和化解保险资金运用风险,保证保险资金运用符合公司的业务需要以及经营发展战略的需要,在充分考虑内部环境和外部环境的基础上,通过建立保险资金运用的组织机制和决策机制,运用科学的风险管理方法、实施保险资金运用的操作程序与控制措施而形成的系统。保险资金运用的内部控制是保险资金运用风险管理制度的一个重要方面,它包括内部控制机制和内部控制制度两个方面。内部控制机制是指保险资产管理公司或保险公司的内部组织结构及其相互之间的制约关系;内部控制制度是指保险公司或保险资产管理公司为防范保险资金运用风险,保证保险资产的安全与收益而制定的各种操作程序、管理与控制措施的总称。

内部控制是保险资金运用风险管理系统的一个子系统,是保险资金运用风险管理措施实施的重要保证。从管理范围来看,内部控制一般是管理保险公司或保险资产管理公司内部投资运作过程中的风险,即广义的操作风险,目的是通过规范化的运作来保证保险资产的安全性和收益性。

(二) 保险资金运用内部控制的基本要点

保险资金运用的内部控制机制包括公司的内部组织结构及其相互之间的运作制约关系。保险公司资金运用的组织架构应体现权限等级和职责分离的原则,即部门有明确的授权分工,操作相互独立,做到投资决策和投资交易相分离、前台交易和后台结算相分离、业务操作和风险管理相分离,并建立相关部门、相关岗位之间的相互监督制衡。就制约关系的层级而言,一般包括四个层次:一是员工自律;二是业务部门负责人的检查监督;三是保险公司资金运用部门经理层或保险资产管理公司经理层及其所领导的监察稽核部门对各业务部门及各项业务的监督控制;四是董事会领导下的审计委员会等的检查、监督、控制和指导。

内部控制制度是保险公司或保险资产管理公司根据保险资金运用方面的法律法规而制定的行为规范,它由内部控制大纲、管理制度、部门业务规章、业务操作手册等部分组成。内部控制大纲是对保险公司或保险资产管理公司关于保险资金运用的内控原则的细化和展开,是各项管理制度的纲要和纵览,它明确了内控目标、内控原则、控制环境和内控措施等内容。管理制度是保险资金运用内部控制的核心部分,它包括的内容很多,如内部会计控制、组织结构控制、操作控制、报告制度、岗位分离制度、空间分离制度、作业流程制度、投资决策流程、集中交易制度、信息披露制度、投资业绩评估制度、信息技术管理制度、资料保全制度、保密制度和独立的监察稽核制度,等等。部门业务规章是在管理制度的基础上,对各部门的职责、岗位设置及责任、操作守则等的具体说明。业务操作手册是各项具体业务和管理工作的运行办法,是对业务各细节、流程进行的描述和约束。保险公司或保险资产管理公司内部控制的制度体系可用图 3 – 10 描述。

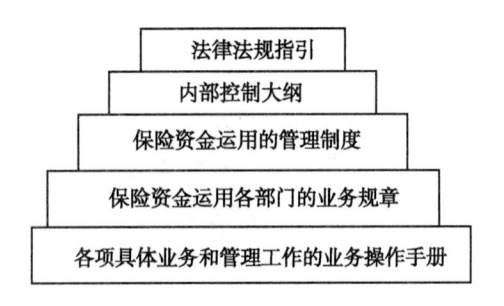

```
            法律法规指引
          内部控制大纲
       保险资金运用的管理制度
    保险资金运用各部门的业务规章
 各项具体业务和管理工作的业务操作手册
```

图 3 – 10　保险资金运用内控制度体系

资料来源:中国证券业协会编(证券业从业资格考试统编教材):《证券投资基金》,中国财政经济出版社 2003 年版,第 27 页。

内部控制是涉及保险资金运用的各项业务活动及各个层面的复杂系统,本书不可能全部涉猎,以下从内部管理控制制度层面,并结合具体的保险公司内部控制制度设置案例对其进行阐释,由于各个部分之间的相互联系,因而难免会有交叉。

(1)法律、法规及行业自律手段

保险资金运用的内部控制是以相关的法律、法规为基础的。这些法律法规包括以《保险法》为核心的关于保险资金运用方面的法律规范,这些法律法规既规定了保险资金运用的范围以及在各个投资渠道的运用限额,又明确了控制保险资金运用风险的指导性思路。其次,我国有关的证券法律法规也是保险公司在保险资金运用过程中应当遵守的法律行为规范。上述法律法规为保险资金运用风险的内部控制奠定了法律基础。再次，由于保险业是一个自律性非常强的金融服务行业，因此，保险业应当有自己的行业自律组织并制定严格的制度，以约束保险公司的资金运用行为。

（2）组织结构控制

组织结构控制是通过组织结构的合理设置来加强部门之间的合作和制衡，充分体现职责分工、相互制约的原则。组织结构设置合理，有利于实现内部的相互制约、相互协调，防止和纠正错误的发生。保险公司的资金运用部门或保险资产管理公司在部门设置的时候应当遵循组织结构控制的原则，组合管理部门、交易执行部门（集中交易室）、风险管理部门、投资作业部门、权益投资部门、固定收益投资部门、内部审计部门、监察稽核部门一方面应有明确的授权分工，操作相互独立，且有独立的报告系统，另一方面又要相互牵制。当然，由于各家保险公司的经营目标和经营环境有所差别，因此，在实际中并不存在一个普遍适用的最优的组织结构。

（3）岗位责任制度

保险公司或保险资产管理公司根据资金运用业务的需要设置不同的部门和岗位后，应明确不同部门或岗位的职责权限，并通过各种管理措施确保这些职责权限的严格遵守，建立清晰明了的岗位责任制度。如风险管理部的主要职责就是负责保险资金运用的市场风险、信用风险、操作风险等的管理，设计风险管控体系，完善保险资金运用的风险管理制度等，其相应的职权就是设定业务部门或交易员的投资权限并对其投资业务活动进行监控；组合管理部的主要工作职责就是从资产负债匹配的角度制订阶段性的资产配置计划，合理安排组合资金，并监控组合的投资运作，等等。投资作业部主要职责主要集中在中、后台，即资金业务的交割、数据的复核、投资业务的跟进管理、投资绩效评估，等等。此外，其他业务部门或岗位也都应该有自己明确的职责权限。其中，职责权限的管理对投资前台尤为重要，因为交易人员和投资经理掌握大量敏感信息，他们的失误会造成巨大损失。

（4）授权控制

严格授权贯穿于保险资金运用活动的始终，保险公司的资金运用部门或保险资产管理公司的各业务部门及员工都必须在规定的授权范围内行使相应的职责，如公司授权投资部门及有关人员办理债券及证券投资基金的投资业务，那么，每一笔投资都应当在上级授权范围内进行操作，超过授权范围的投资金额和投资品种须经上级审批同意后方能实施。再如投资交易额上限制度规定每一位交易人员和投资经理的风险限额，限额以上的投资交易活动必须经过上级的批准，重大业务的授权要采取书面形式，明确授权内容和时效，对已获授权的部门和人员建立有效的评价和反馈机制。投资决策应当由经授权的人员做出，交易人员不得擅自做出投资决策。接触证券的人员应有授权，没有经过授权的人员不能接触证券。

（5）操作控制

操作控制首先是指投资限额控制。对此，有关的法律法规做了明确的规定，如 2010 年 7 月颁布的《保险资金运用管理暂行办法》规定，保险集团（控股）公司、保险公司从事保险资金运用应当符合下列比例要求：投资于银行活期存款、政府债券、中央银行票据、政策性银行债券和货币市场基金等资产的账面余额，合计不低于本公司上季末总资产的 5%；投资于无担保企业（公司）债券和非金融企业债务融资工具的账面余额，合计不高于本公司上季末总资产的 20%；投资于股票和股票型基金的账面余额，合计不高于本公司上季末总资产的 20%；投资于未上市企业股权的账面余额，不高于本公司上季末总资产的 5%；投资于未上市企业股权相关金融产品的账面余额，不高于本公司上季末总资产的 4%，两项合计不高于本公司上季末总资产的 5% 等等。二是操作的标准化控制。主要手段有操作书面化、程序标准化、岗位职责明晰化等。操作的标准化控制要求投资交易部门及交易人员应遵循严格的授权、交易指令及时复核，交易结果及时反馈、交易操作及时存档记录等。三是业务隔离的控制，是指保险资产管理公司应将受托的不同性质的保险资金，如自有资金和受托管理的保险资金以及受托管理的同一保险公司的不同性质的保险资金进行独立隔离运作，即由不同的投资管理人员分别管理，分别记账。

（6）报告制度

报告制度是指在日常交易中，前、后台必须分别编制每日交易情况的明细报告，分别向风险控制部门和上级部门报告。风险控制部门对于日常操作中发现的或认为具有潜在可能的问题应编制风险报告向上级报告。

(7) 资金运用活动的监察稽核

严格来说，保险资金运用活动的监察稽核属于内部管理控制的内容，因为其重要性，一般单独进行讨论。该制度一是指保险资金运用的风险管理部门应当利用各种手段，实时监控资金运用部门的投资交易活动，防止操纵市场的行为和可能的违规行为的发生，防止员工涉及操纵市场、偷跑（Front—Running）获利、违规交易等的监控制度。二是指稽核监察部门对各岗位、各部门要实施全面的监督控制，通过定期或不定期的检查内部控制制度的执行情况确保保险资金运用活动的顺利进行。三是需要通过内部独立的中、后台审核与稽核来监督各项具体的资金运用活动，独立的中、后台审核主要包括：定价模型的审核、交易和资产风险的审核、交易信息记录等等。其中，中台一般由风险管理部门构成，其主要职责是对定价模型以及交易和资产风险进行审核。内部稽核则属于后台范畴，它的工作范围涉及上述各项审核，需要对保险资金运用活动的各个环节进行全面细致的内部稽核。风险管理与内部稽核的紧密结合是防范、化解操作风险和道德风险的有效手段。

(8) 信息技术系统的管理。保险公司和保险资产管理公司应按照《保险公司内部控制制度建设指导原则》有关信息系统控制的要求，严格制定保险资金运用信息技术系统的管理制度。即应有专人维护交易系统、服务器、网络，重要软件、文件都要做到"双重备份"；制定严格的电脑系统工作制度，规范电脑系统的操作权限、操作程序和人员责任；建立健全紧急状况处理办法，一旦系统发生故障，能迅速解决或替换；对新购置和开发的硬件、软件，必须做出适当的测试，并与旧系统同步运行一段时间，以保证系统的可行性和合理性。

二 保险资金运用的内部控制例解

显然，保险资金运用的内部控制体系建设的主要内容就是组织结构体系、岗位设置以及业务流程控制等，下面以实例说明保险资金运用内控体系建设的上述几个主要环节，以供参考。

(一) 保险资金运用的组织结构体系

就保险资产管理公司的管理组织模式来说，保险资金运用的组织结构体系可分为多个层次，图 3-11 是某保险公司资产管理的组织架构，该组织架构是内设投资部的管理组织模式，负责公司保险资金运用的部门为资产营运中心，最高层是由首席执行官、投资管理委员会、首席信息官等组成。资产营运中心按职能将内设部门划分为资产营运类部门和后援支持类部门，主要有固定收益部、股票基金部、风险控制部、资产组合部和行政作业部组成。三级部门主要涉及一些科室的岗位设置，如银行存款部的岗位设置，等等。该公司资产管理的组织架构既严密又科学，基本符合保险资产管理公司的组织架构设置，具有较强的借鉴作用。

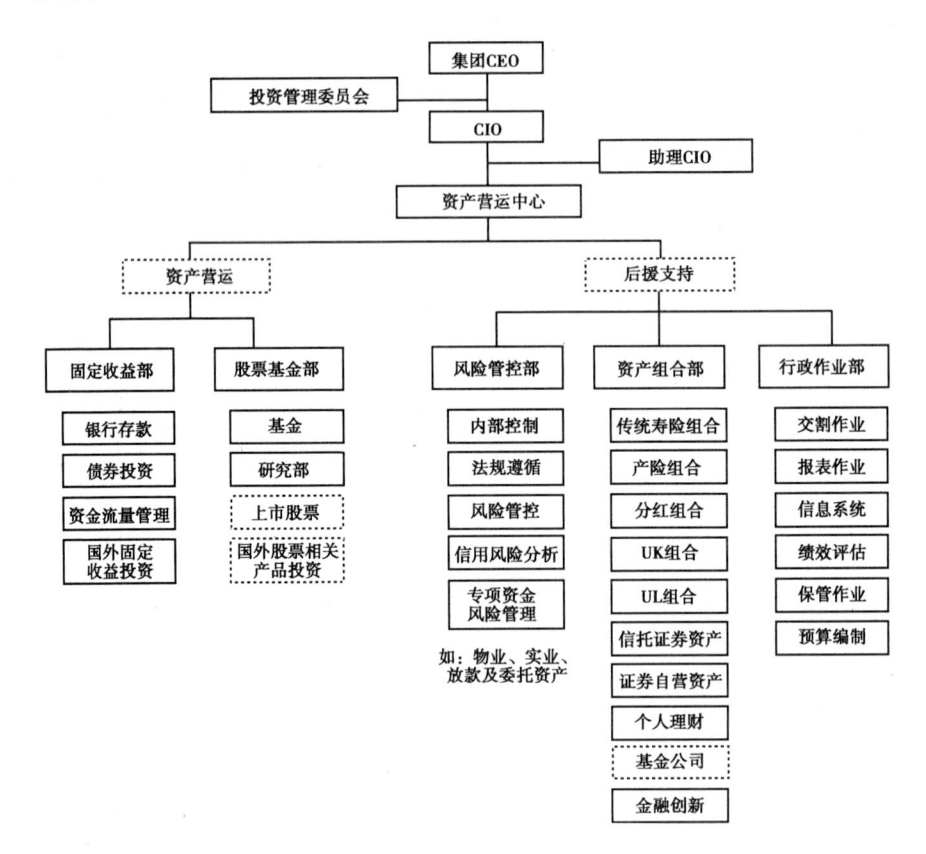

图 3-11 保险公司资产管理组织架构

(二) 岗位设置及业务流程控制

岗位设置与业务流程设置的科学性直接影响到保险资金运用的安全性,因此,根据该保险公司资产管理的组织结构图,该公司负责保险资金运用的部门主要是资产营运部门和后援支持部门,以下分别针对这两个部门的岗位设置及业务流程进行分析。

1. 资产营运

(1) 固定收益部

固定收益部又具体分为债券部、现金管理部和银行存款部。每个部门分别有不同的岗位设置和业务流程。

1) 债券部

债券部的岗位设置:债券部的岗位设置主要包括部门经理、交易室、研究室以及海外固定收益交易与研究室。具体的岗位设置及岗位职责如表3-3所示。

表3-3　　　　　　　　　债券部岗位设置一览

室别	岗位	工作说明
	部门经理	岗位职责:协调债券部内部的分工与合作;组织制定并贯彻落实债券部各项工作制度;向固定收益部总经理汇报工作,并接受其指令;主持保险资金债券投资的研究工作,确定良好的投资组合;负责重要的对外公关和其他部门协调工作;监管债券交易和相应的资金转入和转出;负责部门内部成员绩效考评。职权范围:处理职务范围内各项事宜;重大事务或超权限规定操作经请示直接主管、中心领导和总公司领导后处理。
交易室	主任	交易室内各项工作的整体安排和协调;负责交易过程中与其他部门的协调;制定交易指令并检查其执行情况,及时处理交易中出现的问题;负责债券的承销工作安排,建立分销网络,安排分销工作;债券业务资格的申请和年审;负责债券转托管的整体安排;定期组织交易员回顾和分析市场;负责各项交易工作中与其他交易对手的协调;保持与外汇交易中心、各登记公司、各交易所以及其他机构相关部门工作人员的日常联系;向部门经理及时反馈市场情况和交易中出现的问题。
交易室	交易所交易员	及时执行交易所债券交易指令;力争好的市场价格;交易所债券投标和分销;及时向室主任反映市场情况。
交易室	银行间交易员	及时执行银行间债券交易指令;力争好的市场价格;银行间国债和金融债券的投标和分销;及时向室主任反映市场情况。
交易室	企业债交易员	企业债券一级市场的投标和认购;负责企业债的上市登记工作;执行企业债一级半市场的交易指令;力争好的市场价格;及时向室主任反映市场情况。

续表

室别	岗位	工作说明
研究室	主任	研究室总体工作安排；宏观经济、利率走势、债券品种等方面的有关专题和日常研究工作安排，并提交研究报告；提出建议，参与制定债券投资组合、投资策略等；协助制订部门债券投资计划，及时提交总结报告；分析债券投资的绩效因素和投资风险，提出相应的建议和意见；加强与财政部、交易所、人民银行以及商业银行、保险公司、证券公司等市场主体的联系，收集市场信息，并积极参与债券市场建设和业务创新；及时向部门经理反映市场情况。
研究室	研究员	参与宏观经济、利率走势、债券品种等研究工作；企业债券评级研究；企业债券发行主体经营状况跟踪和分析；加强与市场主体的联系，收集市场信息，积极参与债券市场建设和业务创新；及时向室主任反映市场情况。
海外固定收益交易与研究室	室主任	负责交易过程中与其他部门的协调；制定交易指令并检查其执行情况；保持与国内外汇交易中心、各登记公司、各交易所以及其他机构相关部门工作人员的日常联系，保持与国外相关监管机构、中介机构等的联系；保持与交易对手间的交流与联系；美国和日本的宏观经济、利率走势、债券市场收益率、品种等方面的有关专题研究工作，并提交研究报告；提出建议，参与制定海外债券投资组合、投资策略等；协助制订部门海外债券投资计划，及时提交总结报告；向部门经理及时反馈市场情况和交易中的问题。

债券部的业务流程：债券部的业务流程可以细分为交易流程、交易合同签订流程、招投标流程、转托管流程四种。具体每个流程的控制情况如图 3-12 至图 3-15 所示：

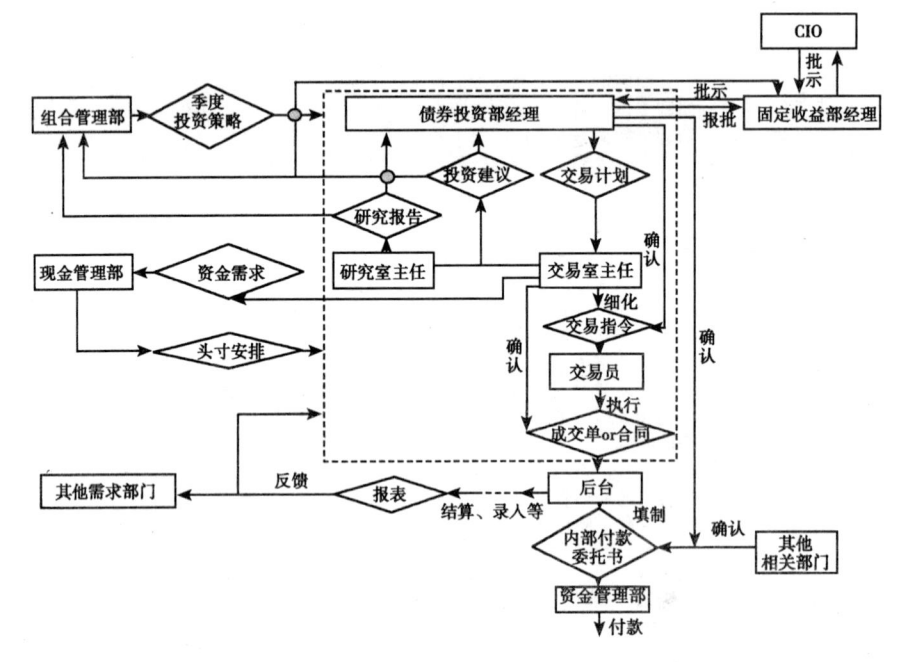

图 3-12 债券部交易流程

第三章 保险资金运用的管理组织模式及其内部风险控制 123

图 3-13 交易合同签订流程

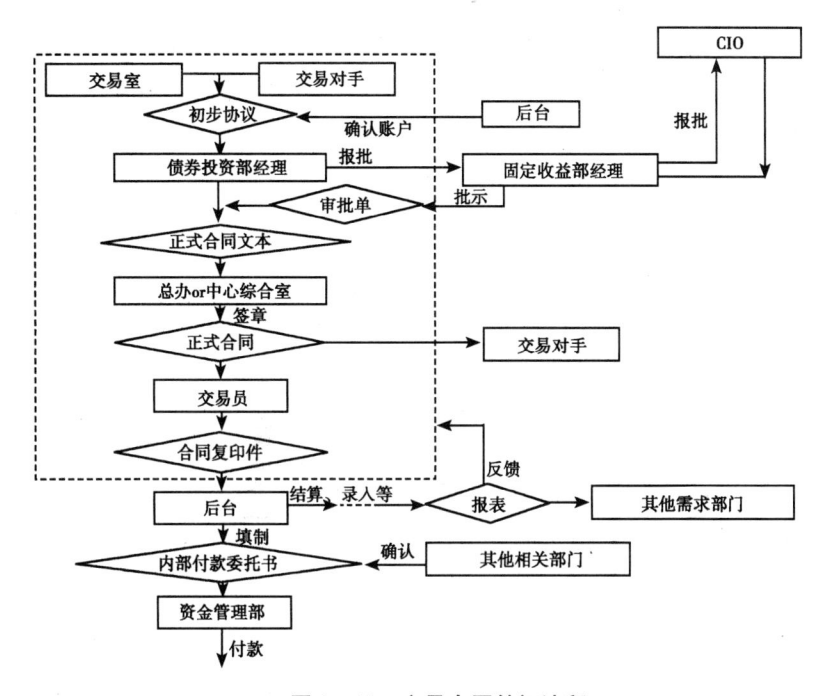

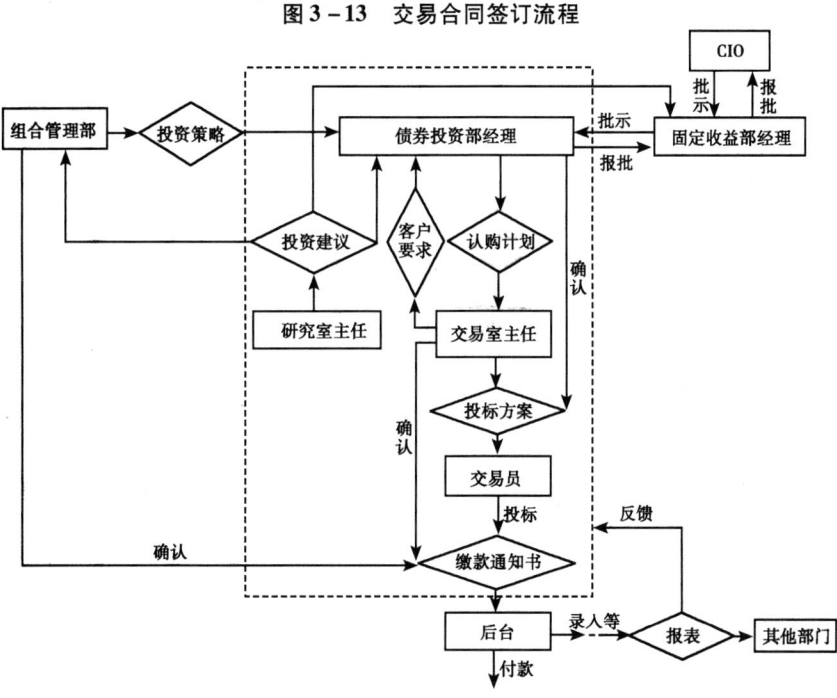

图 3-14 招投标流程

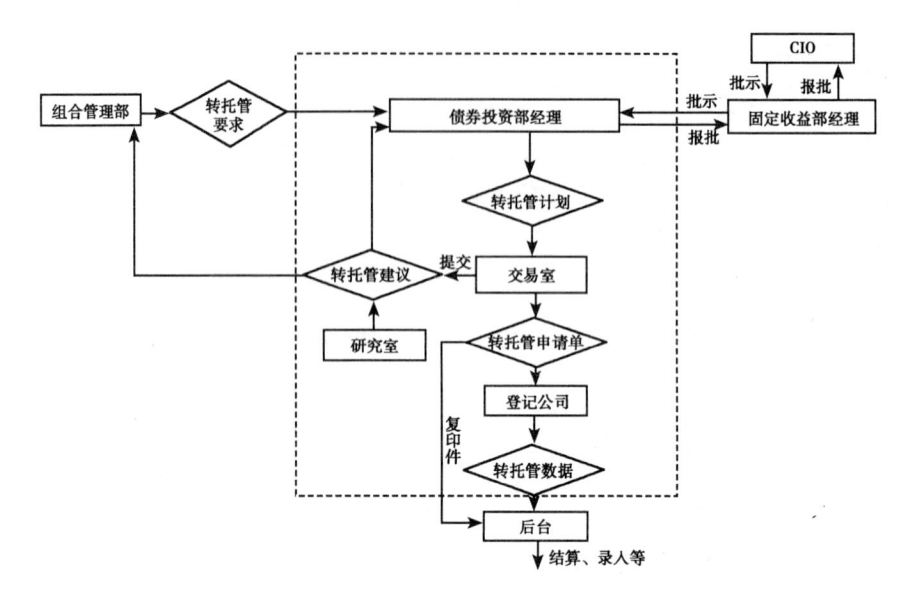

图 3-15　转托管流程

2）现金管理部

现金管理部的岗位设置：现金管理部的业务比较简单，可以设置较少的岗位以减少成本。该公司的现金管理部仅设置了两个岗位，即部门经理和交易员。具体的岗位设置及岗位职责情况如表 3-4 所示。

表 3-4　现金管理部岗位设置一览

岗位	工作说明
部门经理	岗位职责：组织制定并贯彻落实现金管理部各项工作制度；与资金管理部、组合管理部、债券投资部保持良好沟通；根据资金管理部反映的头寸情况，结合组合管理部的头寸要求，制定回购交易指令，并检查执行情况；及时了解可用于回购的债券存量；跨市场套利的方案设计和操作安排；监督资金转入和转出情况；根据权限的范围和规定，在工作上向固定收益部请示汇报；负责部门内部成员绩效考评。 职权范围：中心资金头寸管理，跨市场套利操作安排；处理职务范围内各项事宜；重大事务或超权限规定操作经请示直接主管、中心领导和总公司领导后处理。
交易员	严格执行回购指令；力争好的市场价格；向部门经理反映市场信息。

现金管理部的业务流程：现金管理部的业务流程可以分为两大类，一类是现金交易流程，另一类是跨市场套利流程，具体情况如图 3-16、图 3-17 和图 3-18 所示。

a. 现金交易流程

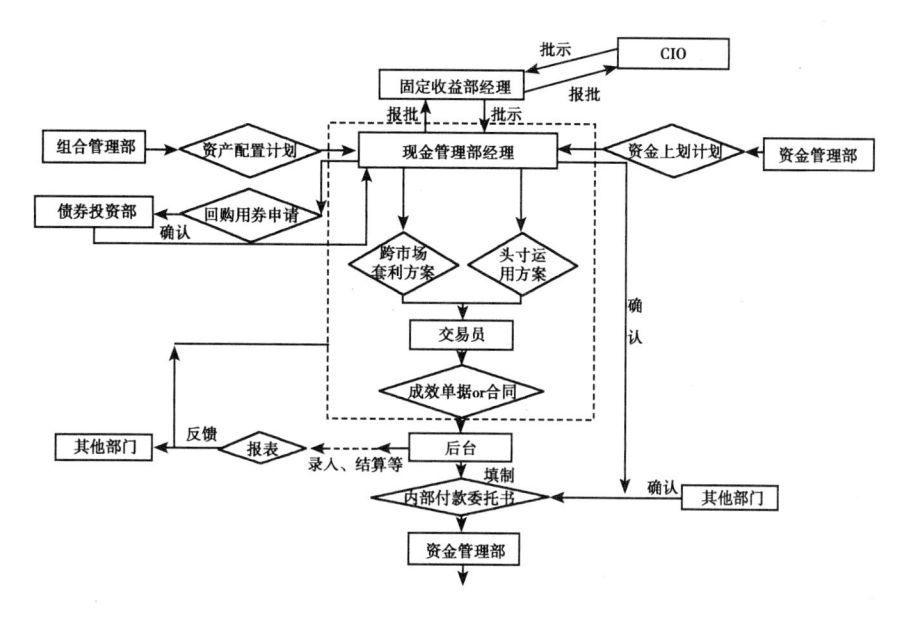

图 3-16 现金交易流程

b. 跨市场套利流程

跨市场套利流程可以分为两种：一是先从交易所融出，再从银行间融入；二是先从银行间融入，再从交易所融出。具体流程如图 3-17 和图 3-18 所示。

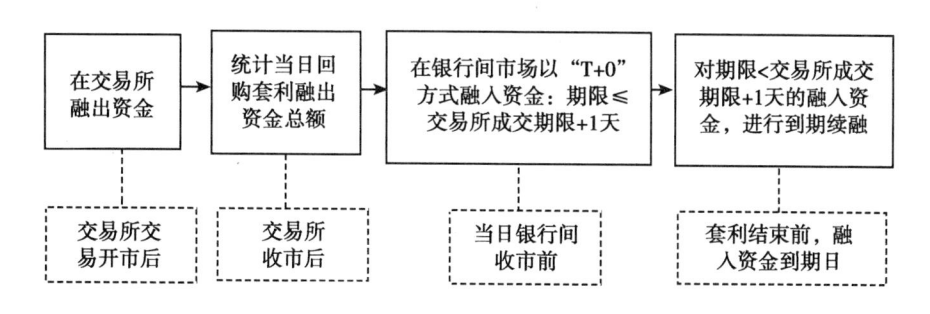

图 3-17 先在交易所融出再从银行间融入

3）银行存款部

银行存款部的岗位设置：在岗位设置方面，银行存款部可设立三个岗位：部门经理、业务操作室和市场研究室。具体的岗位设置和岗位职责如表 3-5 所示。

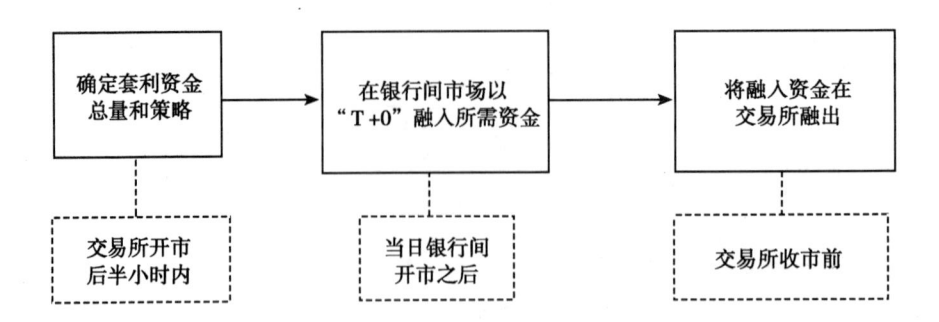

```
┌──────────────┐      ┌──────────────┐      ┌──────────────┐
│ 确定套利资金 │─────▶│ 在银行间市场以│─────▶│ 将融入资金在 │
│  总量和策略  │      │ "T+0"融入所需资金│   │  交易所融出  │
└──────┬───────┘      └──────┬───────┘      └──────┬───────┘
       ┊                     ┊                     ┊
┌──────┴───────┐      ┌──────┴───────┐      ┌──────┴───────┐
┊ 交易所开市   ┊      ┊ 当日银行间   ┊      ┊ 交易所收市前 ┊
┊ 后半小时内   ┊      ┊  开市之后    ┊      ┊              ┊
└──────────────┘      └──────────────┘      └──────────────┘
```

图 3-18　先在银行间融入再从交易所融出

表 3-5　　　　　　　银行存款部岗位设置一览

室名	岗位	工作说明
	部门经理	岗位职责：部门业务的拓展和管理；部门业务研究；部门团队建设；银行关系管理；向投资主管报告本部门业务的计划和进展。 职权范围：部门业务拓展和管理决策；部门行政事务处理；与其他部门合作的协调和相关决策；重大事务或超权限规定操作经请示直接主管、中心领导和总公司领导后处理。
业务操作室	投资分析与管理1	宏观经济研究及利率走势分析；银行经营状况跟踪研究及资信状况评估；对银行协议存款需求的信息的收集、分析，确定重点谈判对象；根据市场情况及银行特点，制定相应谈判策略；协议存款谈判；办理合同签订有关事宜。
业务操作室	投资分析与管理2	关注和分析国内和国际宏观经济运行状况；研究和分析银行领域的经营和发展状况；研究和分析我国协议存款市场的市场状况和未来发展趋势；与股份制商业银行进行有效的沟通和交流，了解和把握各家银行对于协议存款业务的需求；与各家股份制商业银行进行协议存款业务的谈判；与各银行办理签订协议存款合同的各项手续。
市场研究室	投资分析与外汇管理	国际经济形势分析和国际资本市场行情跟踪；人民币和外币利率走势分析；外汇投资方案的制定和评估，与中行和外资银行的关系维护与拓展；外汇资产的流动性管理，保证公司正常的用汇需要；公司外汇资本金的投资管理。

银行存款部的业务流程：银行存款部的业务控制流程主要分两种：一是银行存款合同签订流程；二是交易流程。如图3-19、图3-20所示。

a. 银行存款合同签订流程

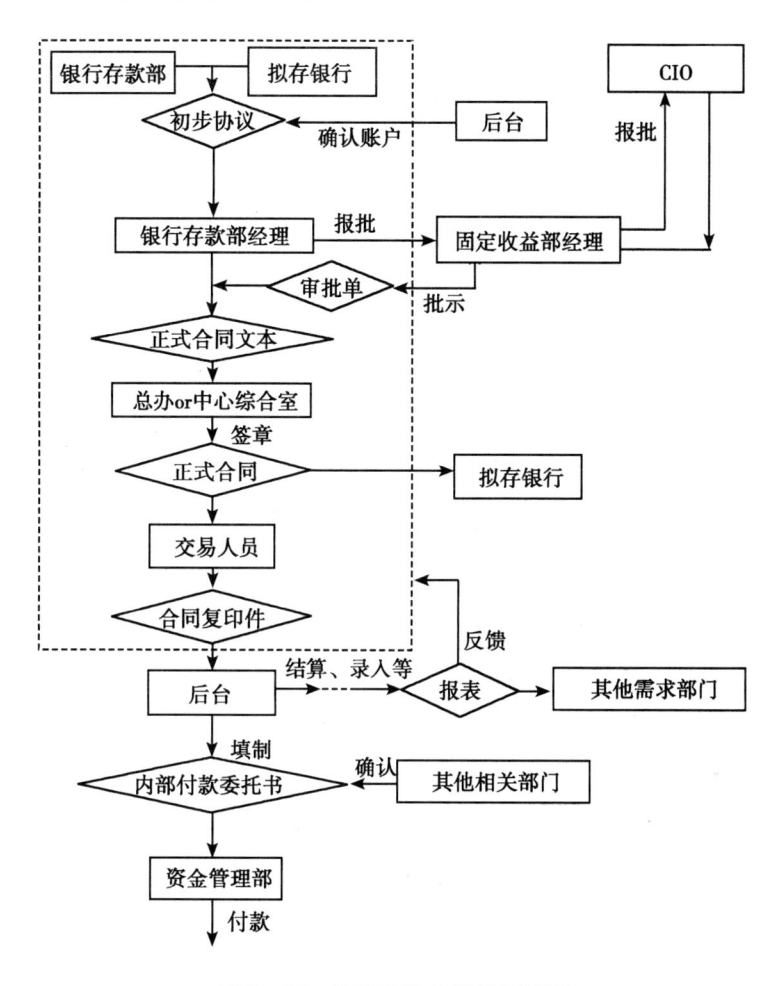

图 3-19 银行存款合同签订流程

b. 交易流程的业务控制（见图 3-20）

（2）股票基金部

股票基金部的岗位设置：股票基金部在保险公司资金运用中占据非常重要的地位。保险公司在股票基金部往往会集中更多的人力与物力。在岗位设置方面，保险公司通常会设置部门经理、研究室及交易室等。每个科室的岗位设置及岗位职责如表 3-6 所示。

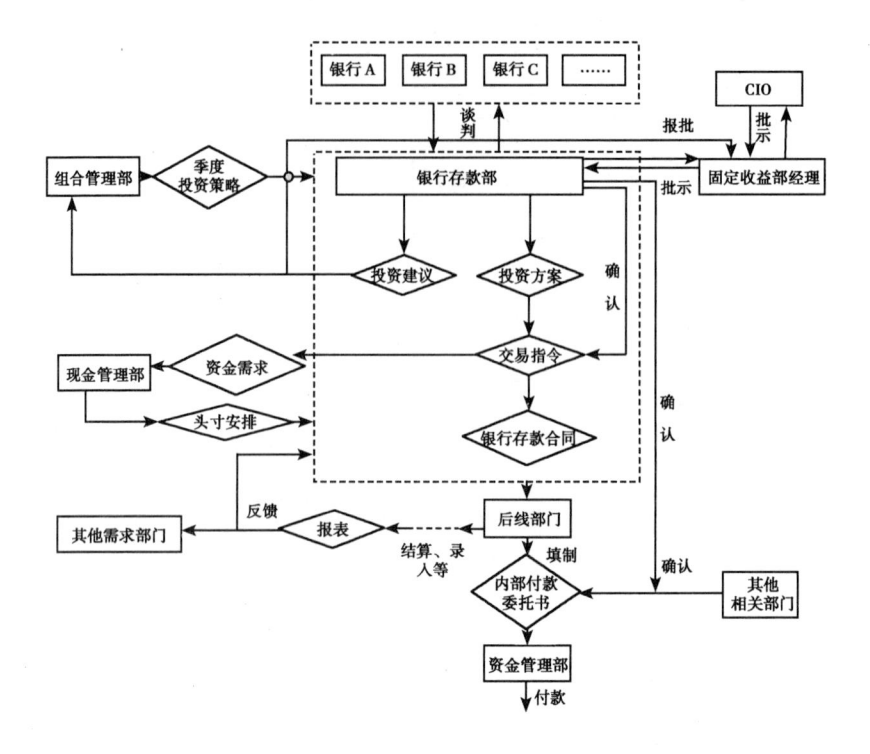

图 3-20 交易流程

表 3-6　　　　　　　　　　股票基金部岗位设置一览

室别	岗位	工作说明
	部门经理	岗位职责：主持落实股票及基金投资业务的各项工作，完成公司下达的年度KPI指标；制订股票基金部业务发展计划，设计安排工作岗位，搭建部门组织架构；负责与组合经理的日常沟通；负责股票基金部的内部管理工作，制定和完善股票基金部各项业务规章制度。 职权范围：根据规定权限，主管股票基金部投资业务及日常工作，完成公司下达的KPI指标；超权限事务按规定程序与组合管理部沟通，并向上级领导请示，经领导批示后处理。
研究室	主任	协调、指导和监督股票基金组的研究工作，主持研究评价体系的建立与完善，组织投资策略研究，安排相关课题的研究；指导、监督信息数据库及投资分析平台的建设，建立和完善常规信息渠道等；召集研究专题会议；提供研究方法指引；组织和提供业务培训。
	研究员	开展股票基金研究，提供投资建议，撰写相关研究报告；跟踪研究重点行业及重点股票，调研重点上市公司，撰写相关研究报告等；股票基金研究评价体系的建立与完善；开展相关的股票基金专题研究、数量分析研究及业务创新研究。

续表

室别	岗位	工作说明
交易室	交易员	负责具体执行证交所上市股票、基金的交易指令；密切关注市场盘面变化，及时汇报市场异动情况，并在交易过程中根据实际状况提出关于调整交易指令的建议；发现交易差错及时通报上级；通报股票及基金交易结果等；负责交易资金划拨及股票、基金一级市场申购业务的具体操作；撰写周评、月评、价格与净值变化分析报告等。
	数据信息员	整理加工股票基金研究基础数据，收集信息，建立并完善信息数据库，并负责信息数据库的日常维护和管理；负责投资分析平台的日常维护和管理；负责股票基金部文件资料及交易单证的整理归档及文件资料库的建立和日常管理；编制股票基金交易数据统计等相关报表。

股票基金部的业务流程：股票基金部的业务风险较高，因此会设置较多的流程以控制风险。该公司在股票基金投资方面主要设置了七个流程：一级市场发行认购流程、二级市场投资流程、基金研究流程、股票研究流程、一级市场交易流程、二级市场交易流程、研究信息库维护流程如图3-21至图3-27所示：

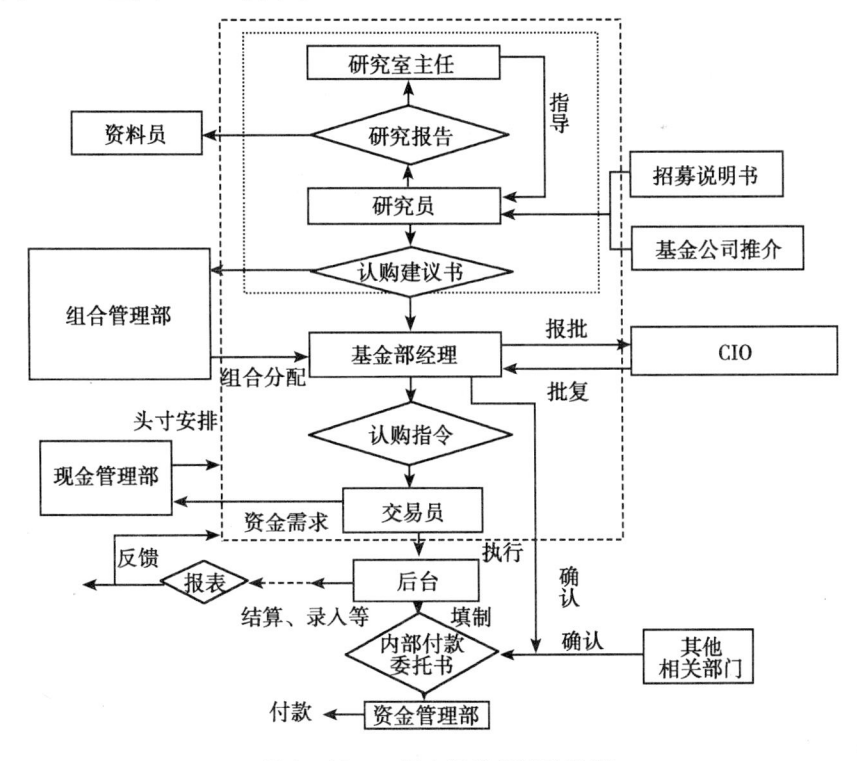

图3-21 一级市场发行认购流程

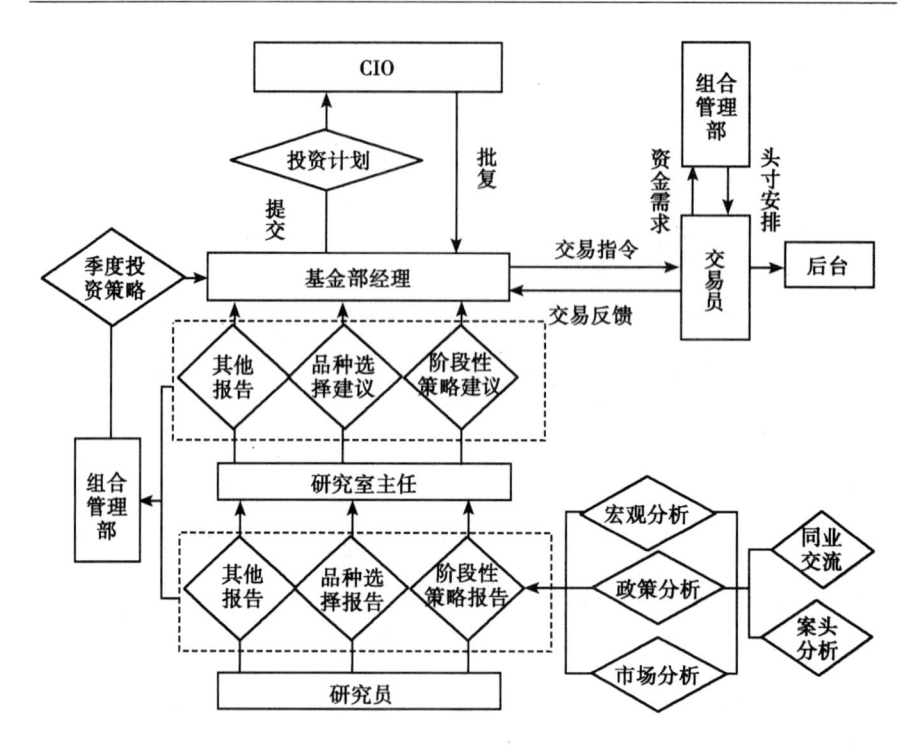

图 3-22 二级市场投资流程

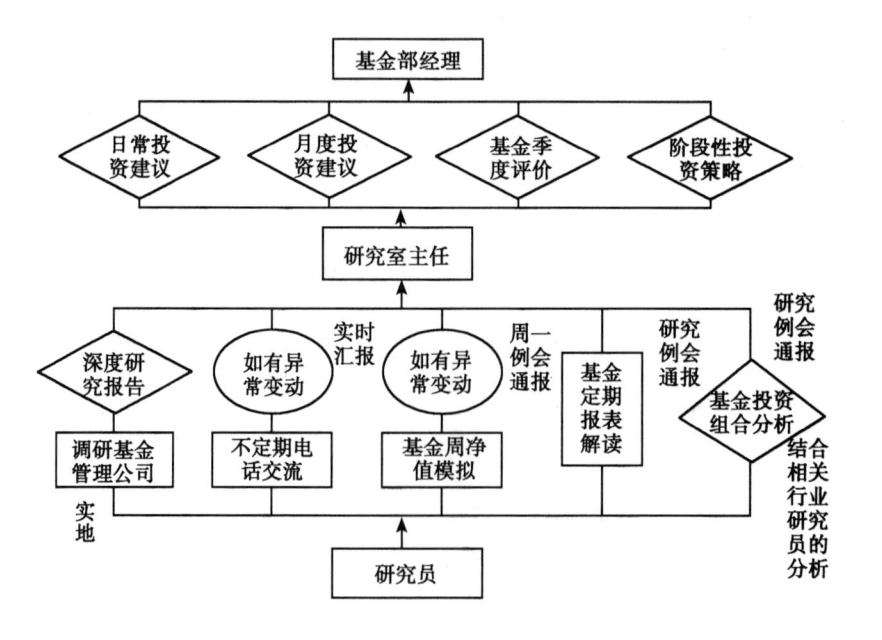

图 3-23 基金研究流程

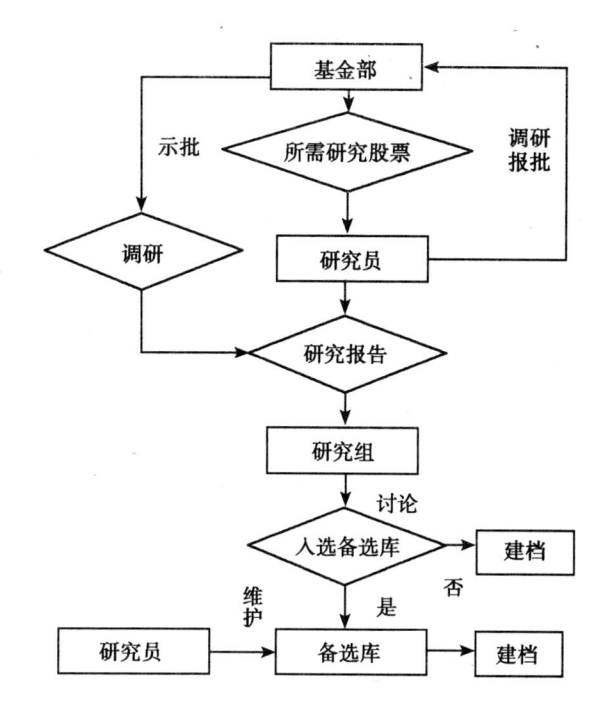

第三章　保险资金运用的管理组织模式及其内部风险控制

图 3-24　股票研究流程

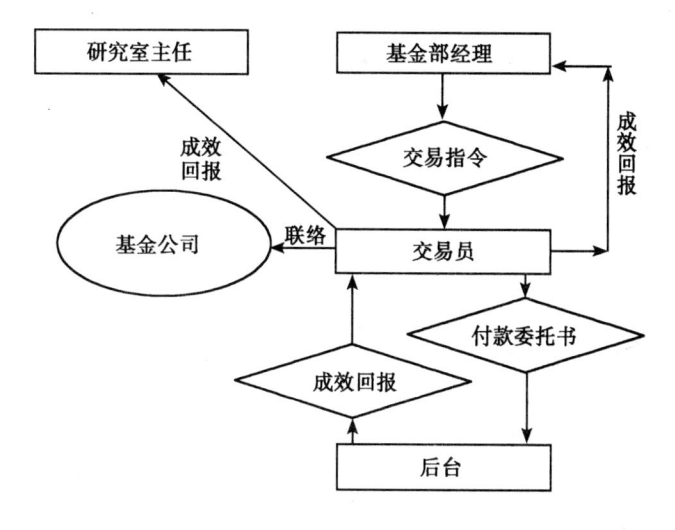

图 3-25　一级市场交易流程

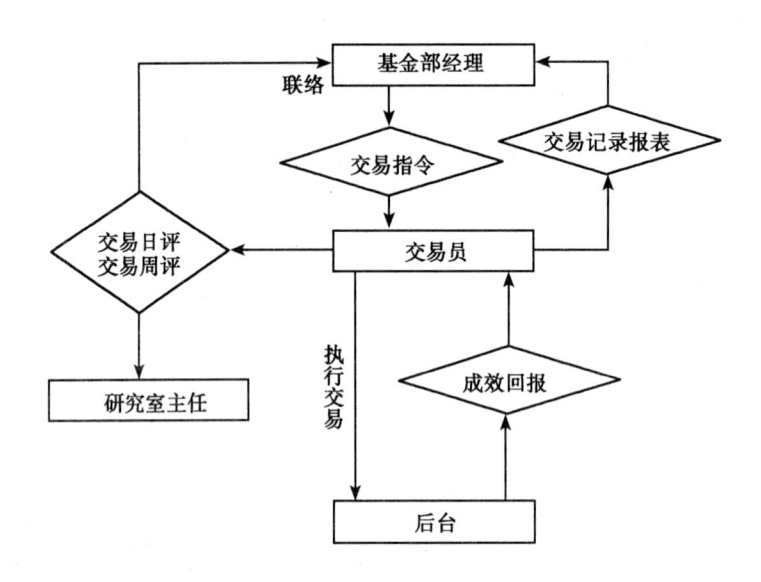

图 3-26　二级市场交易流程

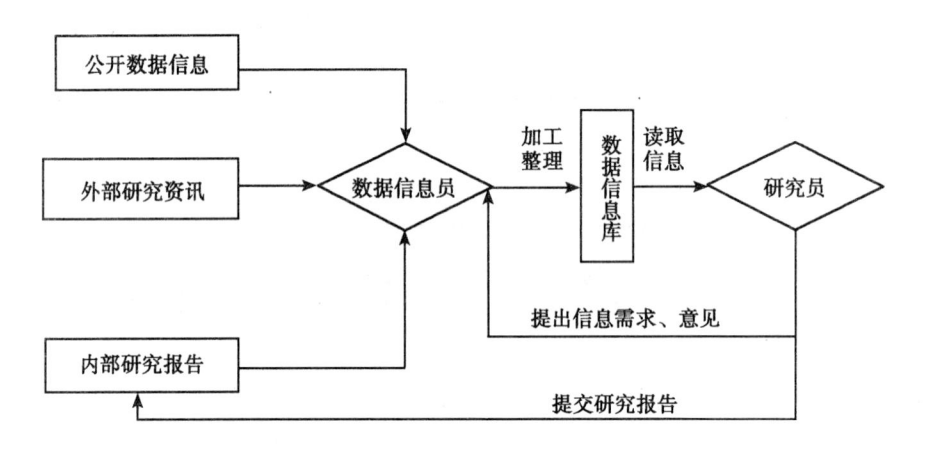

图 3-27　研究信息库维护流程

2. 后援支持

后援支持部门主要包括风险管理部、组合管理部和行政作业部等。

（1）风险管理部

风险管理部的岗位设置：该公司在风险管理部主要设置了三个岗位：部门经理、信用风险分析员和市场风险分析员，具体的岗位设置和岗位职责如表 3-7 所示。

表 3-7　　　　　　　　　风险管理部岗位设置一览

室别	岗位	工作说明
	部门经理	岗位职责：负责对各种风险的全面监控与跟踪；组织、监督部门内员工，培训员工并负责对其的考核；组织、指导部门人员的各种定性及定量工作；对各个附属公司风险管理提供必要的支持及稽核；负责对外相关机构及公司内部各部门协调工作。 职权范围：在领导指示及授权范围内执行岗位职责；在重大事务或超权限情况下，向直接领导和总公司请示后处理。
信用风险	分析员	银行信用评级；企业信用评级；汽车信贷信用稽核；住房信贷信用稽核；对外相关部门信用风险稽核；其他相关消费信贷信用稽核。
市场风险	分析员	证券按揭市场风险稽核；自营投资组合市场风险计算稽核；资产负债差分析；对投资组合作出定量风险测算；消费信贷市场风险的稽核；所有日常风险政策执行及报告；及时做出违规报告；反映操作程序中的漏洞，建议更好的操作程序；核对往来文件；存档及保管文件。

风险管理部的业务流程：风险管理部主要有三个方面的业务流程控制：控制发行认购风险流程、控制一般交易风险流程、信用风险管理流程如图 3-28 至图 3-30 所示：

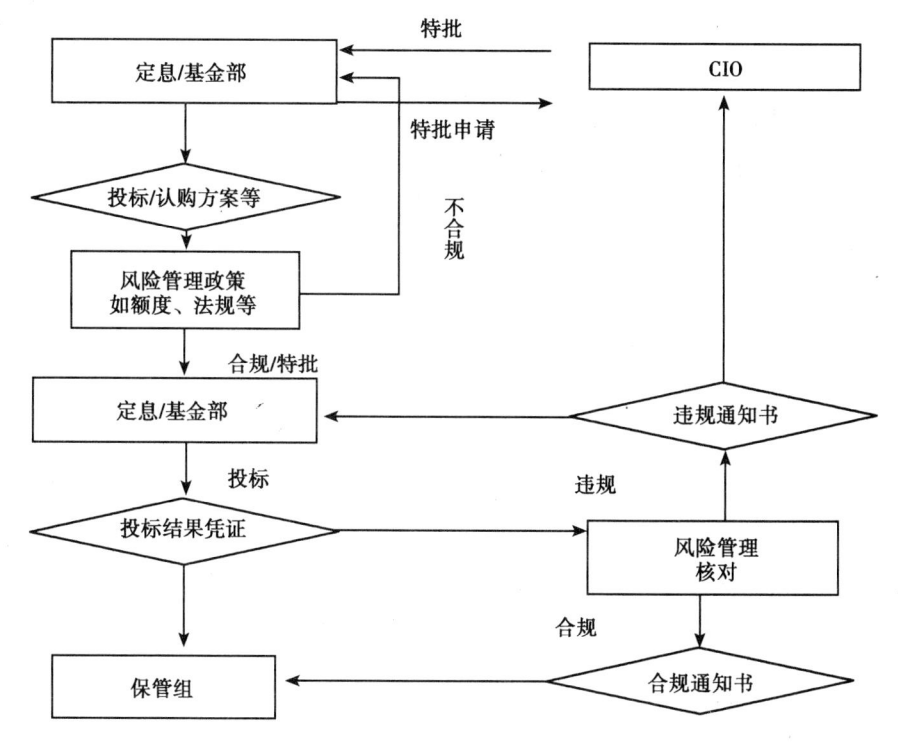

图 3-28　控制发行认购风险流程

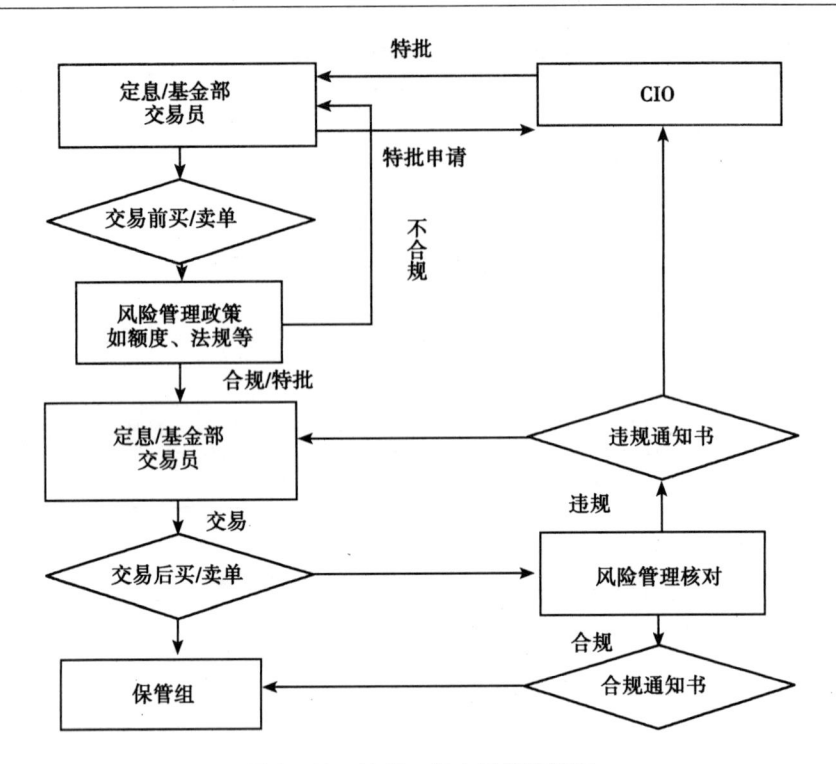

图 3－29　控制一般交易风险流程

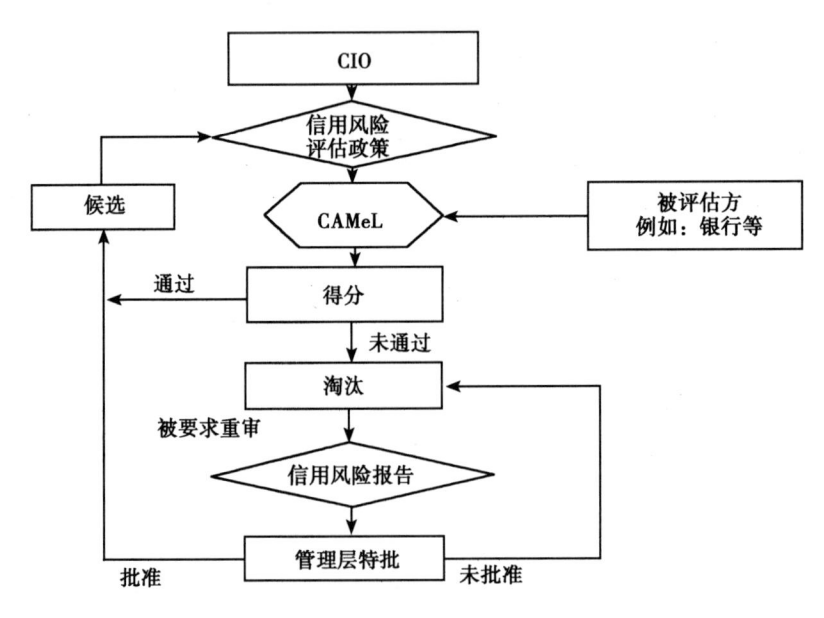

图 3－30　信用风险管理流程

（2）组合管理部

组合管理部的岗位设置：组合管理部是保险公司较为重要的部门。在该部门中一般设置四个业务室，分别是投资联合室，传统产险、寿险与分红组合室，研究分析室和客户服务室。具体的岗位设置及职责如表3-8所示。

表3-8　　　　　　　　　　组合管理部岗位设置一览

室别	岗位	工作说明
投资联合	部门经理	岗位责任：研究分析组合资产状况及市场趋势，制定组合年度、季度资产配置策略，提交中心决策小组审议；评估品种部门提交的投资项目和投资方案并跟踪研究；合理安排日常的资金需求，提升组合资产的整体收益率。 职权范围：处理职务范围内各项事宜；重大事务或超权限规定操作经请示中心领导和总公司领导后处理。
投资联合	助理组合经理	岗位责任：了解组合资产负债状况并进行分析研究，协助制定组合年度、季度投资与资产配置；协助安排日常的资金需求；分析投资绩效因素及风险，提出改善建议。
传统产险、寿险与分红组合	组合经理	岗位责任：根据资产负债匹配原则制定组合年度、季度资产配置策略，提交中心决策小组审议；评估品种部门提交的投资项目和投资方案并跟踪研究；合理安排日常的资金需求，提升组合资产的整体收益率。 职权范围：处理职务范围内各项事宜；重大事务或超权限规定操作经请示中心领导和总公司领导后处理。
传统产险、寿险与分红组合	助理组合经理	岗位责任：了解组合资产负债状况并进行分析研究，协助制定组合年度、季度投资与资产配置；协助安排日常的资金需求；分析投资绩效因素及风险，提出改善建议。
研究分析室	权益类指数及定息收益率曲线研究员	岗位责任：对投资市场及投资品种的信息资料进行收集，整理分析，研究股票、基金等权益类市场的运行趋势，每季度应对权益类市场未来一年的投资机会做出报告，并按季滚动操作。对投资市场及投资品种的信息资料进行收集，整理分析，研究分析债券、定存等权益类市场的运行趋势，每季度应对定息市场的收益率曲线做出报告，并按季滚动操作。
研究分析室	组合数量分析员	岗位责任：向组合经理提供组合资产的数量统计、分析报告，并跟踪定息、权益类市场指数的数量分析研究。
客户服务室	业务宣传培训员	岗位责任：协助业务部门投资培训，重要机构的市场推广，编写投资宣传材料等。

组合管理部的业务流程：组合管理在业务流程控制上主要集中在以

下三个方面：投资决策的流程控制、资产组合配置的决策流程控制和组合资产运作月度检讨流程。具体的流程设置如图 3-31、图 3-32 和图 3-33 所示。

a. 投资决策基本流程

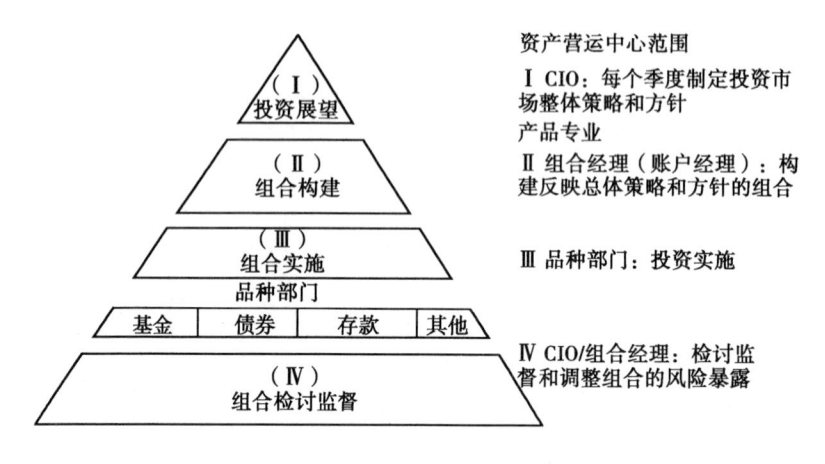

图 3-31 投资决策基本流程

b. 组合资产配置决策流程

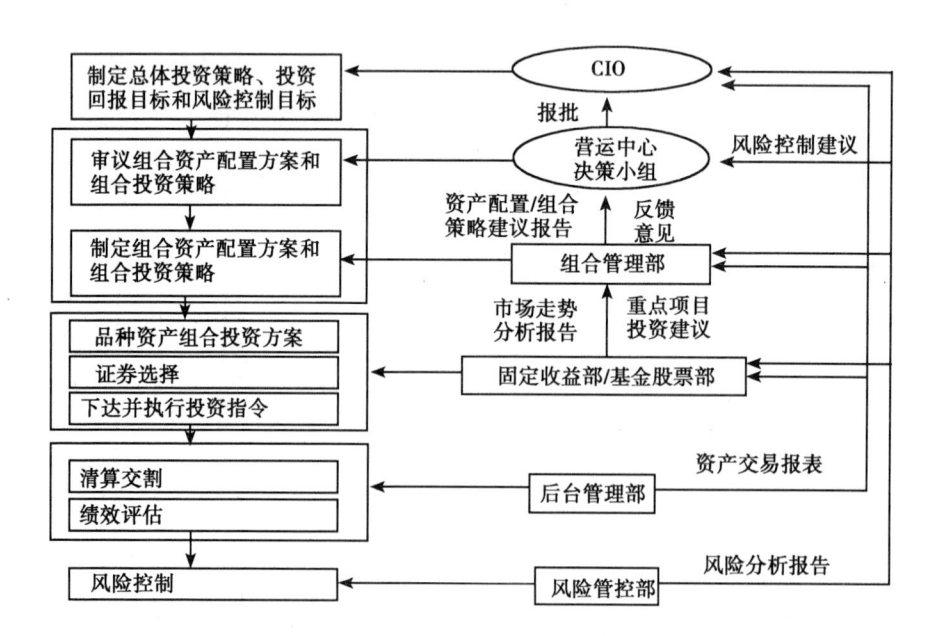

图 3-32 组合资产配置决策流程

c. 组合资产运作月度检讨流程

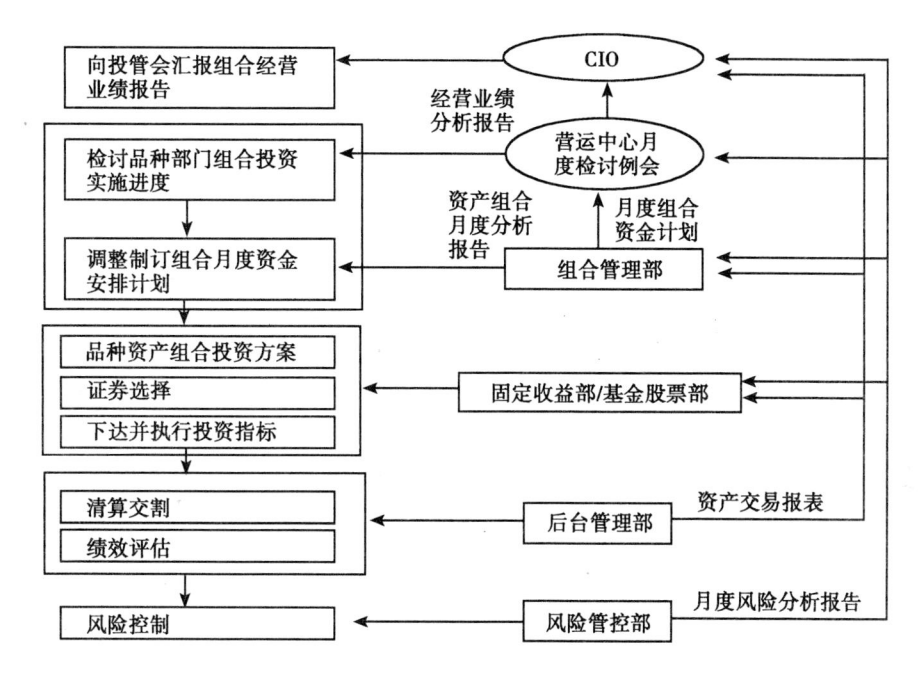

图 3-33 组合资产运作月度检讨流程

（3）行政作业部

行政作业部的岗位设置：行政作业部作为后勤保障部门，主要岗位有：交割作业室、跟进管理室、绩效评估与预算管理室。其岗位设置及岗位职责如表 3-9 所示。

表 3-9　　　　　　　　　行政管理部岗位设置一览

岗位	工作说明
交割作业室	岗位职责：投资业务的交割工作，包括银行存款的款项划转、跟踪，债券、基金的交易清算等；每日交易数据的录入、维护，保证所有业务数据的完整性、及时性、准确性；资本市场基本数据、资料的录入、维护工作；资金划拨管理。
跟进管理室	岗位职责：所有投资业务数据、资料的复核工作；所有投资业务的统计报表出具；对投资业务交割后的所有凭证进行追踪管理，保证其内容的准确无误；投资业务的跟进管理，包括银行协议存款、债券、基金的利息、本金、分红的追踪、确认，保证其按时入账；投资业务所有凭证的保管工作，包括追索、管理所有有价证券、协议、合同、确认书、对账单等；负责集团公司未来的保管银行工作；投资资产对内、对外的核对盘点工作。

续表

岗位	工作说明
绩效评估与预算管理室	岗位职责：集团公司投资性资金运用的绩效评估与分析，提出资金运用的改善建议；各个资金操作单位的 KPI 业绩考核；收益的滚动式预测；投资预算及其相关费用的编制、统计、分析、管理，出具预算报表；投资管理委员会的日常事务性工作，包括保证集团公司投资管理委员会的正常召开、会议内容的记录、投管会文件的拟定、发送、整理、分类、归档；部门内事务性工作。
系统讯息室	岗位职责：集团投资信息平台的建设、维护工作；交易通道系统的计算机系统维护；交易系统的维护和结算系统的正常运行；投资业务数据的备份、保管工作；投资信息的档案管理工作。

三　保险资金运用的投资决策管理

许多风险案例说明，由于投资决策失误而导致的风险远比一般的经营风险更为重大，严格、规范的投资决策流程可以在一定程度上规避市场风险、信用风险以及操作风险。在保险资金运用过程中，保险公司或保险资产管理公司要经常做出决策，有些决策问题十分重大，决策一旦失误，会严重影响到保险公司的偿付能力，甚至导致其破产。因此，为从制度上有效控制投资决策风险，保险公司或保险资产管理公司应当建立科学有效的投资决策体系。保险资金运用的投资决策管理是一项非常重要的内部风险控制机制。

（一）保险资金运用的投资决策流程

在投资机构的各个管理层面上，均有不同的管理决策权限和范围。根据资产负债管理层级的不同，保险资金运用存在三个层次的投资决策问题，即战略性资产决策（SAA）、战术性资产决策（TAA）以及证券选择（SS），如图 3-34 所示。

在保险资金的运用活动中，一般先由保险公司或保险资产管理公司的最高管理决策层及相关部门负责人和专家组成投资决策委员会，投资决策委员会是保险公司或保险资产管理公司资金运用的最高决策机构，委员会主任由公司总经理或投资主管担任，投资决策委员会有明确的决策方式、表决方式和制定审议投资议题的程序和方式，等等。一般而言，投资决策委员会的决策内容包括：（1）根据公司负债特点及投资

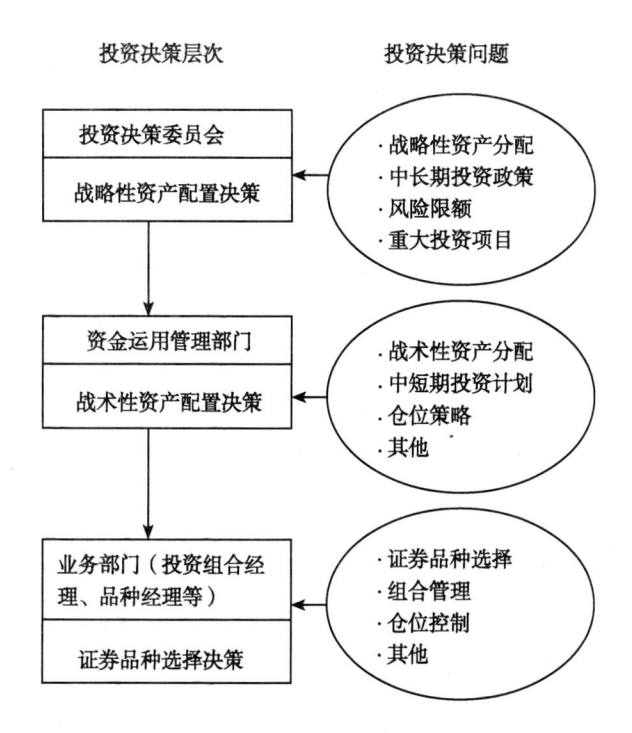

```
投资决策层次          投资决策问题

┌─────────────────┐      ╭───────────────╮
│  投资决策委员会  │      │ ·战略性资产分配│
├─────────────────┤◄─────│ ·中长期投资政策│
│ 战略性资产配置决策│     │ ·风险限额      │
└─────────────────┘      │ ·重大投资项目  │
         │                ╰───────────────╯
         ▼
┌─────────────────┐      ╭───────────────╮
│ 资金运用管理部门 │      │ ·战术性资产分配│
├─────────────────┤◄─────│ ·中短期投资计划│
│ 战术性资产配置决策│     │ ·仓位策略      │
└─────────────────┘      │ ·其他          │
         │                ╰───────────────╯
         ▼
┌─────────────────┐      ╭───────────────╮
│业务部门（投资组合经│    │ ·证券品种选择  │
│理、品种经理等）  │◄─────│ ·组合管理      │
├─────────────────┤      │ ·仓位控制      │
│ 证券品种选择决策 │      │ ·其他          │
└─────────────────┘      ╰───────────────╯
```

图 3-34　保险资金运用的投资决策流程

品种的风险收益特征，对保险公司可投资性资产在各投资品种上做战略性资产分配，并制定中长期投资政策；（2）根据保险公司或保险资产管理公司的风险偏好，设定最高投资风险限额；（3）对资金运用部门提出的业务计划和重大投资项目进行分析、论证、审核，并最终做出决策；（4）根据监管政策以及市场的实际情况，明确保险资金运用的限制、资产负债匹配目标以及资产流动性需求，评估整体投资绩效和重大项目效果，等等。为提高决策的有效性，投资决策委员会可以下设为投资决策提供支持的相关部门，并对若干重大决策问题进行投资决策前的分析论证，支持部门有权向投资部门质询或要求投资部门提出新的可行性研究报告或投资方案，为投资决策委员会最终做出决策做各项准备工作。

保险资金运用第二层次的决策是保险公司的资金运用部门所做出的决策。在投资决策委员会所做出的一系列决策的基础上，保险资金运用职能部门的决策者依据保险公司的中长期投资政策，在授权范围内，依靠专业的分析研究和对宏观经济形势做出的判断，对金融市场进行理性把握，从而拟定中短期投资计划，战术性资产分配比例以及各投资品种的仓位策略等。

之后，保险资金运用进入到第三个层次的决策。具体的业务部门（包括投资组合经理和品种经理）根据战术性资产分配政策，进行市场研究，并选择具体证券实施投资，负责分账户的各个投资组合的管理。这样一来，通过战略性资产决策和战术性资产决策，可以使市场风险中大部分的系统风险及时得以化解，而对证券品种的深入研究和选择则化解了其中大部分非系统风险。图3-35是投资组合资产配置决策流程的实例。

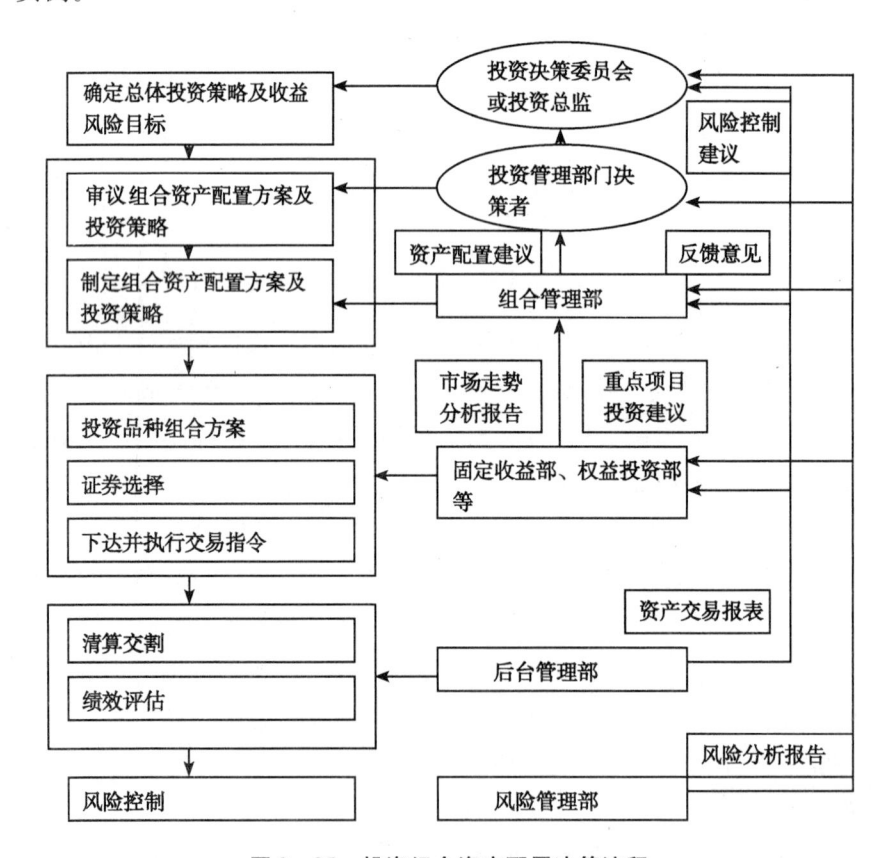

图3-35 投资组合资产配置决策流程

在第三层次的决策中，保险公司或保险资产管理公司还应注意设置合理的决策审批程序和决策审批权限，通过设置审批权限调整集权与分权的关系，明确各级投资人员的决策范围。而且由于不同投资品种的性质不同，风险各异，因此其审批程序和审批权限也应当有所区别。如对投资风险较大的投资项目，其投资审批程序理应复杂些，对这类投资应严格其权限设置，并有明确的授权。如对证券市场的债券投资等一般的投资种类，其投资审批程序简捷，且要求迅速做出决策，所以，对这类投资的决策过程不宜太复杂。另外，为使投资决策尽可能准确无误，保险公司或保险资产管理公司还必须在管理机构上设定对投资决策本身的监控。

总之，实施严格的投资决策流程管理，并不意味着实行投资决策的层层审批制度，因为这将导致更大的风险，僵化的决策机制将会贻误投资时机，并最终影响投资绩效。一般情况下，在公司投资政策指导下，投资组合经理、品种经理都拥有一定的自主权，自主权范围内可自行决策，而且在战术性资产决策和证券选择决策层次，当遇到对资金运用业务正常运行有着重大影响的突发事件时，可启动例外管理条款，提议召开特别决策会议加以处理，如果由于特别原因无法召开特别会议时，则责任经理可自动获得相应授权并进行决策，操作后当天及时向主管领导报告。所以，构建投资决策、业务运作和风险控制三位一体的资金运用管理体系，通过严密、科学的投资决策流程管理可以在一定程度上规避大部分投资风险。

（二）保险资金运用的投资决策方式

投资决策委员会选择的决策方式和表决方式无疑会影响投资决策的正确性，不合理的决策方式和表决方式会使某些决策者碍于情面而盲从某些有地位的决策者的观点，并最终出现"一言堂"的局面，使集体决策流于形式。因此，投资决策委员会必须采用科学的决策方式和表决方式，而只有按照科学的决策方式和表决方式所做出的决策才有可能是正确的决策。

在决策理论中，有许多种科学有效的群体决策方法，如头脑风暴法、德尔菲法、层次分析法（简称 AHP 方法），等等。保险投资决策特别是投资决策委员会层级的决策应当采用这些科学的决策方法和表决方法。

第五节　保险资金运用的操作风险管理

　　近几年来，随着全球金融系统的一体化进程和金融工具的不断创新，金融风险管理的理论与实践都获得了前所未有的发展，然而这种发展却是不均衡的，一方面，市场风险管理的理论已经取得了若干丰硕的研究成果，有关信用风险的研究起步较早，研究成果也不在少数，但唯有操作风险的研究至今还没有形成一个统一的理论框架。操作风险是保险资金运用的主要风险类型之一，是一种狭义的内部风险，它包括了公司内部很大范围的一部分风险，对保险资金运用有着不可估量的影响，特别是日益复杂的金融工具和信息系统增加了发生操作风险的可能性，对金融工具的不熟悉可能导致滥用，数据输入错误可能导致对风险的错误评估，对内部控制失误而带来的损失规模通常会很大[1]。金融领域中的许多风险案例都可以归因于对操作风险管理的失败，如著名的巴林银行清盘倒闭事件、纽约大和银行的国债交易员井和俊英在十年时间里给银行造成巨大损失的事件、伦敦摩根建富资产管理部的基金经理彼特·杨因不遵守投资原则而给德意志银行造成巨额损失的事例，等等。由于许多金融机构因未能有效管理操作风险而遭受了损失，这种风险正受到比以前更多的关注。全球一些著名的保险公司也已经开始对这种传统上归后台管理的工作放到与市场风险和信用风险管理同等重要的地位。概括起来讲，操作风险管理的主要内容有：辨识保险资金运用过程中的操作风险、对操作风险进行评估、对操作风险进行有效的控制和管理，等等。本书拟首先阐释操作风险的含义，在此基础上辨识保险资金运用过程中可能存在的操作风险种类，进而从一般意义上阐释操作风险的度量方法及其控制策略。

一　操作风险的含义

　　迄今为止，学术界对操作风险还没有一个明确的定义，但对此却有

---

[1] ［英］马克·洛尔、列夫·博罗多夫斯基：《金融风险管理手册》，陈斌等译，机械工业出版社 2001 年版，第 181 页。

许多种不同的观点:第一种观点是将市场风险和信用风险以外的所有风险均视为操作风险,这种定义使得对操作风险的管理和计量变得更加困难,优点是涵盖了除市场风险和信用风险以外的所有剩余风险;第二种观点认为,只有与金融机构中运营部门相关的风险才是操作风险;第三种观点则首先把可控事件和因监管机构、竞争对手等外部因素影响而难以控制的事件进行区分,在此基础上,再将可控事件的风险定义为操作风险;第四种观点倾向于从顺应行政设置的角度定义操作风险,它以金融机构的机构设置为基础对操作风险做进一步细分。此外,Hoffman(1998)[1] 等也给操作风险下了一个模糊定义,其大意是:操作风险是指公司在操作过程中一系列可能的损失,这些损失与公司产品和服务的需求函数的不确定性无关,损失可能来自于一个计算机系统崩溃,一个重要计算机软件中的"臭虫"(bug),或在某种特定情况下决策者的一个失误等等。1998年5月,IBM(英国)公司发起设立的操作风险论坛给出的操作风险的定义是:操作风险是遭受潜在经济损失的可能,损失可能来自于内部或外部事件、宏观趋势以及不能为公司决策机构和内部控制体系、信息系统、行政机构组织、道德准则或其他主要控制手段和标准所洞悉并组织的变动,它不包括已经存在的其他的风险种类如市场风险、信用风险及决策风险。通过这次会议,上述结论性的定义已经为大多数银行所接受。而保险资金运用的操作风险定义与一般金融机构的操作风险定义有所区别,根据上述几种观点,结合保险资金运用特点,本书认为,保险资金运用的操作风险定义是:操作风险是与保险资金运用业务相联系的风险,是指因外部因素影响、技术系统或内部控制方面的缺陷所导致的意想不到的一系列可能的损失,这些损失与金融市场的波动性以及交易对手的信用状况等无关。因此,保险资金运用的操作风险主要包括:(1)操作结算风险,指由于定价、交易指令、结算和交易能力等方面的问题而导致损失的可能性;(2)技术风险,指由于技术局限或硬件方面的问题,使公司不能有效、准确地搜集、处理和传输信息所导致损失的可能性;(3)内部失控风险,指由于超风险限额而

---

[1] Hoffman, D. G. Ed., Operational risk and financial institutions [M](Risk Publication), 1998.

未被觉察、越权交易、交易或后台部门的欺诈（如账簿和交易记录不完整、缺乏基本的内部会计控制）等原因而造成损失的可能性。诚然，要给保险资金运用的操作风险下一个明晰的、普遍认可的定义同样是非常困难的。在对操作风险进行管理时，国外不少保险公司沿用了对市场风险和信用风险的认定方法和管理模式，即在对风险进一步细分的基础上，把握操作风险的含义，明确哪些种类的风险应当计入操作风险，哪种类型的操作风险应该是风险管理的主要对象，并逐一分析以确定是否需要在整个风险控制框架下对各项细分的操作风险建立相应的控制体系，应当说，这种方法确实是一种非常实际的方法。

二 操作风险的辨识与分类

既然操作风险是同保险资金运用活动相联系的风险，那么，在实际中，可以将保险资金运用的操作风险分为两类，其一是与投资操作失败有关的风险，简称操作失败风险，或称内部操作风险。这类操作风险源于投资操作业务过程中发生失败的可能，集中于能够被管理者控制的内部因素。在保险资金运用过程中，保险公司的投资管理部门或保险资产管理公司要使用人和相关技术来实施既定的资金运用计划，而这其中的每一项因素都有可能导致投资失败，因此，操作失败风险是指归因于人、过程或技术的操作失败所导致的内部依赖性风险。其中，操作风险的主要来源是人，而源于人的操作风险随处可见，如工作的不胜任、缺乏责任感，欺诈等都有可能产生操作风险。过程风险是指业务运作过程的低效率而导致不可预见损失的风险，如将内部控制本身视为一个过程，那么，过程风险与内部控制密切相关，过程风险主要存在于一个连续过程，而内部控制主要针对离散的环节过程，它把每一个管理环节视为一个控制点。技术风险可能来自于维持现有IT基础设施和应用软件合同直到完成计划的外部采购或全部IT设备，或因跟不上日新月异的技术革新步伐而面临技术风险。当然，人的风险、过程风险、技术风险有时是交织在一起的，人们很难进行严格区分。其二是操作战略风险，又称外部操作风险。这类操作风险源于外部环境因素，是指保险公司或保险资产管理公司对某些环境因素做出反应时选择不合适战略的风险。如保险资金运用的监管政策发生变化或者新的投资渠道促使保险资金运用部门不得不对业务流程进行重组等,因此,保险资金运用除了要依赖于保险资金运用部门内的人、过程和技术之外,还要依赖于保险资金运用部门之外的人、过程以及技术等,而这也同样存在资金运用失败的可能性。当然,有时处理战略风险问题的失败会转化为操作失败风险,所以,这两种类型的操作风险又是相互联系的,并有所重叠,本书拟主要讨论操作失败风险。表3-10对两类操作风险作了简要说明,图3-36列示了主要的操作失败风险类型。

表 3-10　　　　　　　　保险资金运用的操作风险分类

项目＼操作风险分类	操作失败风险（内部操作风险）	操作战略风险（外部操作风险）
原因	因风险因素导致	对外部环境因素做出反应时选择不恰当战略
环境因素		政治、监管政策、竞争因素等
风险因素	人、过程、各类技术	

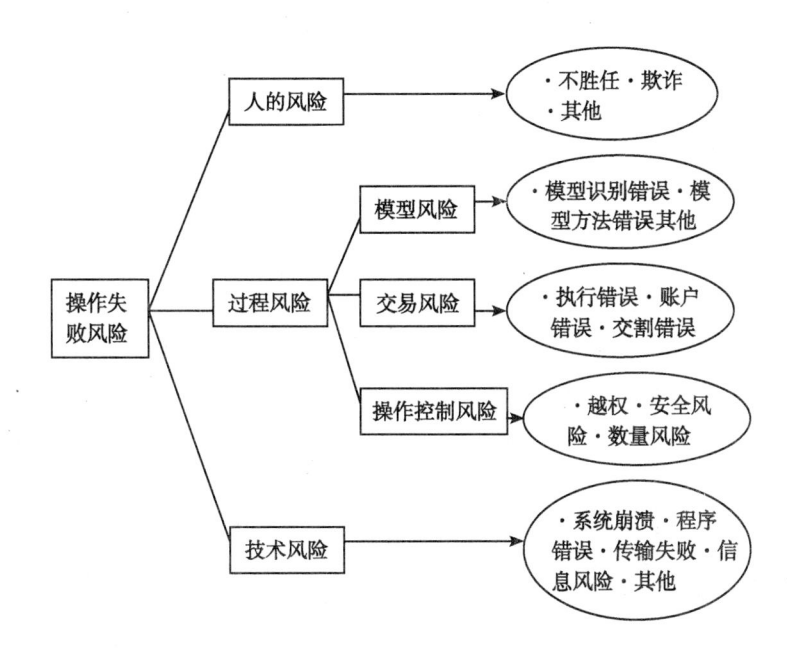

图 3-36　操作失败风险类型

资料来源:[英]马克·洛尔、列夫·博罗多夫斯基:《金融风险管理手册》,陈斌等译,机械工业出版社2001年版,第82页。

操作风险是多方面的，损失的类型可以有许多种不同的形式，这些不同的操作风险类型需要进行严格的定义和细分，即风险的进一步识别。对操作风险进行识别是操作风险管理的第一步，它为操作风险的测量和评估、操作风险分析、操作风险控制确定了方向与范围。同一般的金融投资活动一样，保险资金运用的操作风险是错综复杂的，在保险资金运用活动中，既有潜在的操作风险因素，又有实际存在的操作风险因素；既有静态的操作风险因素，又有动态的操作风险因素；既有内部相关的操作风险因素，又有外部相关的操作风险因素。通过对操作风险的识别，不仅要确定保险资金运用活动中存在哪些操作风险，而且还要找出产生这些风险的原因，因此，识别保险资金运用的操作风险同样是一项难度很大的工作。实际中，由于操作风险的类别及风险起源不同，风险识别方法也就有很大不同。常用的操作风险识别方法有：(1) 德尔菲专家意见法。即运用专家智力来识别操作风险；(2) 风险推导法。即通过保险资金运用业务的各个环节上掌握的要素信息以及可能存在的风险因子做出直接的逻辑推理，结合实际情况，分析鉴定风险发生的可能性及主要特性；(3) 情景分析法。通常由高级管理人员使用，被认为是一种非常主观的操作风险辨识与评估的方法。包括情景定义、情景要素分析、情景预测、情景合并以及情景展示和后续步骤。

显然，无论哪种风险辨识方法都需要对保险资金运用活动做从始至终的详细分析，操作风险既有可能来自于交易处理之前，又有可能出自交易处理之中和交易处理之后，而在交易前、交易中和交易后可能发生的错误都是可以判断和预料的。因此，对于保险公司的资金运用部门或保险资产管理公司来说，在对每一个业务环节可能发生错误进行判断预测的基础上，应根据业务流程给出一个可以参考的"操作风险目录"，以用来指导管理人员的操作实践，当然，在以后的操作实践中还应对操作风险目录做必要的补充和修改。"操作风险目录"是对每一业务单位的不同类型的操作风险进行分类和定义，这一目录是帮助保险公司的资金运用部门或保险资产管理公司进行风险识别和风险评估的辅助工具。

三　操作风险的度量

(一) 操作风险的度量方法

操作风险可能是最常见的和最重要的风险表现形式，从历史上看，大多数测量操作风险的企图受到阻碍的原因是缺少合适的方法和可用于量化分析的客观数据，因此，与信用风险和市场风险由于存在许多可利用的外部分析数据（如价格波动性、违约率等）而较容易进行风险度量不同，由于影响操作风险的因素基本上是在金融机构内部，并且风险因素与发生的可能性及损失大小之间不存在清晰的关系，实际中，人们很难找到一种方法来清楚的描述操作风险敞口，对操作风险的度量必然会存在着相当大的难度[①]。已知的主要方法有：风险排序法、检查表法、平衡打分法，等等。Duncan Wilson 在 1995 年 2 月的 *Risk* 杂志上曾发表关于将 VaR 技术用于测量操作风险的论文，文中的观点是：操作风险可以使用 VaR 技术进行测度，文章中提出的思想是建立来自于内部和外部的操作损失事件数据库，并从数据中拟合操作损失的分布，通过确定一个置信区间，便可以计算操作风险 VaR。另外有人从分析收益波动性的角度来测量操作风险，即从收益中剔除与市场风险和信用风险相关的收益，可以将剩余的收益作为与操作风险相关的收益，但这些方法均存在争议。概括来讲，操作风险的度量方法可分为三类：其一是分析的方法。这种方法对损失发生的次数和大小都做非常强的假定，然后使用某种统计模型来求得操作风险的大小，这类方法基本上是一种定量测度的方法。其二是主观评价法。这种方法通常由独立的部门对每一项业务活动的操作缺陷进行评估，然后给予评级，并在此基础上确定操作风险的大小，这类方法以定性分析为主。其三是定性与定量相结合的方法。Wilson 在《操作 VaR》的论文中建议使用定性与定量相结合的混合方法，并指出所有量化方法都需要有一种强烈的"主观覆盖"，从而使相对风险排序和主观方法的使用与基于损失事件数据库的建模结合在一起。

本书将操作风险的度量方法分为三类，主要是为了描述问题的方便，有时不宜做这种严格的区分。因为定性方法中需要定量手段，而定量方法中同样也需要定性分析。就保险资金运用的操作风险度量问题本身来说，由于操作风险只有在很小的范围内才能获得客观数据，而且即

[①] Hoffman, D. G. Ed., Operational risk and financial institutions [M]. (Risk Publication), 1998.

使在一些情形下存在一些客观数据也需要与主观方法相结合。因此，保险资金运用的操作风险度量既需要定量工具又需要定性分析。由于贝叶斯模型能够很好地模拟这类问题，因此，近几年来，有人开始提出基于贝叶斯模型的操作风险度量方法，并用之于度量人员风险，在此不妨作简单介绍。比较典型的如贝叶斯估计网络[①]。

贝叶斯估计网络（BBN）越来越多地被用来度量和模拟操作风险，主要原因在于：其一，贝叶斯估计网络描述了影响操作风险的各种因素，因而可以给出行为改变的原因；其二，BBN可运用于情景分析来度量最大经营损失，并同市场风险和信用风险结合起来；其三，BBN适合于度量和模拟多种类型的操作风险；其四，利用决策节点和效用来扩充BBN提高了管理决策的透明性。BBN的结构是一个直接的非循环图形，节点代表随机变量，连线代表影响因素，它是一种流转过程和各种因素的交汇。BBN非常容易进行情景分析，进行债券交易的投资经理可以对将要进行的交易进行情景模拟，计算预期结算损失。BBN易于进行情景分析使得风险经理对外来交易的风险了如指掌，而且通过对市场风险因子和信用风险因子的情景模拟，风险经理可以判断操作风险是如何与市场风险和信用风险结合在一起的。贝叶斯估计网络模型可以用于度量一系列的操作风险，对同一个问题可以建立无数个BBN网络框架，而决策者可以通过返回检验来判断哪一个是最好的网络设计。总之，贝叶斯估计网络模型是值得保险公司或保险资产管理公司选用的操作风险度量与模拟方法。

（二）操作风险的度量程序

在进行市场风险和信用风险的度量时，人们通常会按照以下四个步骤来度量风险[②]：（1）风险定义；（2）确定风险因素；（3）测度风险因素的影响；（4）度量风险。操作风险的度量特别是以定量化为主的度量方法基本上也可以按照这四步进行。为直观起见，结合市场风险和信用风险度量的四部程序，本书以《操作VaR》为例，通过图3-37给

[①] 嵇尚洲、陈方正：《金融风险中的新领域——操作风险的度量与管理》，《上海金融》2003年第1期。

[②] [英]马克·洛尔、列夫·博罗多夫斯基：《金融风险管理手册》，陈斌等译，机械工业出版社2001年版，第114页。

出保险资金运用操作风险度量的基本步骤。

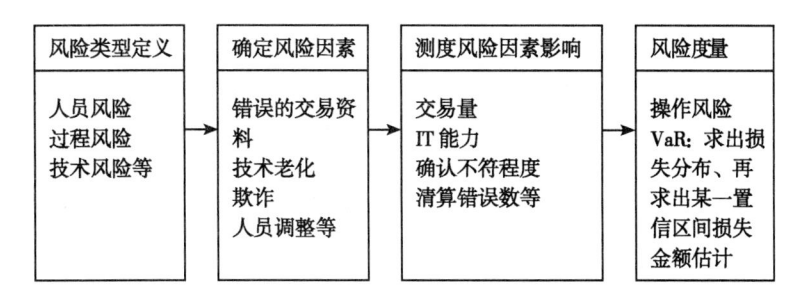

图 3-37 操作风险的度量步骤

风险类型定义	确定风险因素	测度风险因素影响	风险度量
人员风险 过程风险 技术风险等	错误的交易资料 技术老化 欺诈 人员调整等	交易量 IT能力 确认不符程度 清算错误数等	操作风险VaR：求出损失分布、再求出某一置信区间损失金额估计

资料来源：[英]马克·洛尔、列夫·博罗多夫斯基：《金融风险管理手册》，陈斌等译，机械工业出版社2001年版，第82页。

（三）操作风险的主观评价法

如前所述，在操作风险的度量中，因缺乏操作风险损失方面的数据，要从数据中拟合操作损失的分布就会变得非常困难，至少在目前来讲，用拟合操作损失分布来度量保险资金运用的操作风险是不现实的。因此，目前国外金融机构在实际中使用的操作风险度量方法大多以定性评价法为主，在运用定性评价法评估操作风险时，一般先设置风险测量指标，例如，某投资银行通过下列指标（见表3-11）对人员风险进行度量。

表 3-11　　　　　　　　投资银行人员风险测量指标

功能	质量	数量
后台	每日交易的数量	交易过程中错误的比例
中台	报告的及时性、系统执行的延迟、信息技术的反应时间	报告中的错误系统失灵的时间
前台	规范交易者的信息比销售接触的数目	时间标记的延迟、接触的质量、顾客抱怨的数目

确定细分操作风险的评价指标以后，在了解每一项业务活动的操作控制弱点的基础上，独立的部门或人员再对细分操作风险给予评级或打分，然后，根据级别和分数的不同，将操作损失或资本成本按人头数或其他标准分配到每一个部门。例如，某保险资金运用部门下辖三个业务单位，设对第一个业务单位的某项细分操作风险评级为"A"，对第二

个业务单位某项细分操作风险评级为"C",对第三个业务单位某项细分操作风险评级为"B"。另对细分操作风险等级为"A"的业务单位设定的人均细分操作风险损失为 1 万元,对某项细分操作风险等级为"B"的业务单位设定的人均细分操作风险损失为 2 万元,对某项细分操作风险等级为"C"的业务单位设定的人均细分操作风险损失为 3 万元,显然,这种分配操作风险的方法会促使低评级的业务单位提高其操作质量。

实践中,采用主观方法评价业务单位或交易员的操作风险是可行的。例如,可采用层次分析法(AHP)或灰色评价法对同级业务单位或交易员的操作风险进行评级,评价主体可以是风险管理部门和直接上级业务部门与之相熟的人员。以下给出利用 AHP 方法评估操作风险的简要步骤。

层次分析法的出现给决策者解决那些难以定量描述的决策问题带来了极大的方便,它的基本思想是将决策者对 n 个元素优劣的整体判断转变为对这 n 个元素的两两比较,然后再转为对这 n 个元素的整体优劣排序判断。在对业务员和交易员的操作风险进行评级时,当要评价的业务单位或交易员数量较多时,由于人们的思维能力的局限,决策者很难一下子就做出恰如其分的判断,而仅仅就两个业务单位或交易员进行操作风险大小的比较是完全可能的,因此,利用层次分析法对业务单位或交易员的操作风险进行评级是可行的。

利用 AHP 方法对业务单位或交易员的操作风险进行评级的步骤如下:

(1) 建立模型结构

第一步是按照细分风险建立模型结构,如操作风险可细分为人的风险、过程风险、技术风险,而过程风险又可以细分为交易风险、模型风险、操作控制风险,交易风险又细分为执行错误风险、账户错误风险、交割错误风险,等等。细分风险的程度一般由业务的复杂性和业务本身的特点来确定。模型结构的一般形式如图 3-38 所示。

评价者根据业务单位的每一项业务活动的操作控制弱点,在这个目标意义下对 n 个业务单位的细分操作风险(如执行错误风险)进行评价,并对它们进行优劣排序。

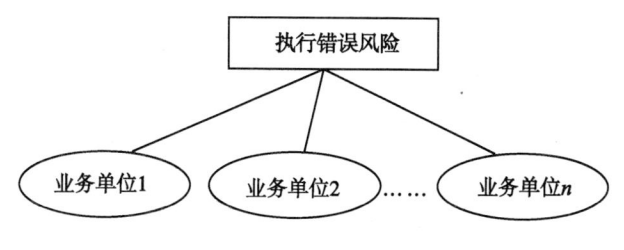

第三章 保险资金运用的管理组织模式及其内部风险控制 151

图 3 - 38 单层次模型结构

（2）构造两两比较判断矩阵 $A = (a_{ij})_{n \times n}$

其中，标度 a_{ij} 的含义表示就每一项细分的操作风险而言，第 i 个业务单位比第 j 个业务单位的细分操作风险程度大小的数值体现，由评价者给出判断。标度 a_{ij} 取下表中的数值或相应值的倒数。

表 3 - 12

1	表示两个业务单位相比，其细分操作风险差别不大
3	表示两个业务单位相比，一个业务单位比另一个业务单位的细分操作风险稍大
5	表示两个业务单位相比，一个业务单位比另一个业务单位的细分操作风险明显大
7	表示两个业务单位相比，一个业务单位比另一个业务单位的细分操作风险强烈大
9	表示两个业务单位相比，一个业务单位比另一个业务单位的细分操作风险极端大

（3）在单一准则下对评价客体进行排序

这一步要根据判断矩阵计算就某一项细分操作风险来说，各业务单位的排序情况以及权值。A 的最大特征根 $\lambda_{\max}$ 和与其对应的经归1化后的特征向量 $w = (w_1, w_2, \cdots, w_n)^T$。即首先对于判断矩阵求解最大特征根问题：

$$Aw = \lambda_{\max} w$$

得特征向量 w 并将其归1化，将归1化后所得到的特征向量 $w = (w_1, w_2, \cdots, w_n)^T$ 作为业务部门某一项细分操作风险的排序权值。

$\lambda_{\max}$ 和 w 的计算一般采用幂法、和法、方根法等近似算法。在单层次判断矩阵 A 中，当 $a_{ij} = a_{ik}/a_{jk}$ 时，称判断矩阵为一致性矩阵。因此，在得到 $\lambda_{\max}$ 后，还需要对判断矩阵的一致性进行检验。需要计算一致性指标：

$$CI = \frac{\lambda_{\max} - n}{n - 1}$$

当随机一致性比率 $CR = (CI/RI) < 0.10$ 时（RI 为平均随机一致性指标，该指标可经查表求得），认为层次单排序的结果有满意的一致性，否则需要调整判断矩阵的元素取值。在判断矩阵经过一致性检验后，归 1 化后的特征向量各分量即为各业务单位某一项细分操作风险的评价值，其值越大，说明该项细分操作风险越大，在有了这样的定量化评价值以后，可以很容易对交易员或业务单位的各项细分操作风险划分等级，从而也就可以按前述方法测量细分操作风险的大小。显然，在实际对业务单位和交易员的操作风险进行评级时，比较科学的方法应当是，首先根据每一项业务活动的操作控制弱点建立交易员或业务部门操作风险的多层次评价指标，在此基础上构建多层次的递阶层次模型，然后再利用 AHP 方法进行评价，即按照递阶层次模型由上到下逐层进行，最后得到层次总排序结果。

四 操作风险的控制与管理

根据国际上著名的保险公司的实践经验，要成功实施保险资金运用范围内的操作风险管理，首先要建立明确的操作风险控制政策，即要明确指定风险测度标准，并提出降低操作风险的措施，包括为交易员或业务设定合适的操作风险限额、建立适当的职能分离和监控制度、规范交易流程、建立合适的报告与审批制度、建立定期测试各种系统的制度以及全面协调内部和外部系统、清晰地确定并公布每一交易行为的责任、对所有交易行为都必须建立相关的内部控制，等等。对此，本书在前面的章节已作了相关论述，在此不再重复。其次，要对每一项业务设置标准的、规范化的操作流程。不仅具体的业务部门要设置标准的业务流程，而且每一个层次的投资决策也要有科学合理的流程，实践证明，标准、合理的业务流程可以规避部分操作风险；最重要的一点是，由于操作风险的一个主要来源是人，而源于人的操作风险可以通过受过更好教育和培训的员工来减轻，因此，对职员进行相关的培训和风险教育以及对人员的可靠性进行评估是操作风险管理过程的一个关键部分。对人员的可靠性评估可从两个方面进行：其一是聘用过程。如有关业务能力证明及工作保密性协议、进行安全保密培训，培养员工的诚信意识、从安全保密和责任感方面进行职位说明。其二是解雇过程。再次，保险资金运用的风险管理部门还要对每一项业务的操作风险定期进行评估,并出具操作风险评估报告,评估报告可以采用多种内容形式,例如,对许多操作风险而言,因缺乏历史数据,描绘完整的概率分布过于复杂,也难以实现,通常用一种最简单的表示形式即绘成图形来标识操作风险,以为高层管理者提供操作风险敞口的相关信息,如图 3-39 所示。

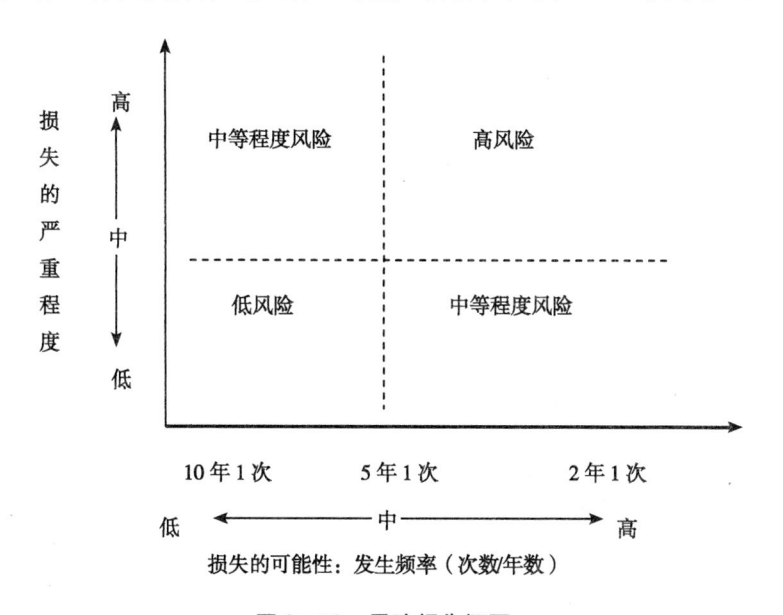

```
损失的严重程度
高  │ 中等程度风险  │    高风险
中  │               │
低  │   低风险      │ 中等程度风险
    └──────────────┴──────────────→
      10年1次       5年1次    2年1次
      低 ←────── 中 ──────→ 高
      损失的可能性:发生频率(次数/年数)
```

图 3-39 风险报告概要

资料来源:[英]马克·洛尔、列夫·博罗多夫斯基:《金融风险管理手册》,陈斌等译,机械工业出版社 2001 年版,第 82 页。

如果某一业务单位落在右上角,说明该业务单位发生某种细分操作风险的可能性较大,而且一旦操作失败则造成损失的严重程度较高,那么,这些业务单位应当是风险管理的重点。实际中,对于有可能发生的操作风险,风险管理部门或业务单位可以采取相应措施来规避和转嫁操作风险,如可以通过责任保险或其他外部资源来转嫁风险,通过更有效的管理措施来管理风险,或可以通过建立合适的备份计划以减少操作失败发生时的影响,等等。最后,操作风险管理者应当通过检查公司与典型的技术控制相符合的情况来评估一般的技术性风险。这些控制问题包括:人力错误(包括操作、使用者、程序设计人员等)、数据失窃、设备故障、其他类型的失败等。对这些风险因子的保护可分为三种类型:

一是物理保护，金融机构通常在这方面投资不足而导致较大的操作风险；二是功能保护，包括备份系统和系统的集中管理等；三是数据保护。

本 章 小 结

本章主要分析了保险资金运用的几种管理组织模式的优缺点，分析了保险资产管理公司的运作模式，包括保险资产管理公司的组织形式、资产管理范围、治理结构体系、资产管理方式、激励约束机制，分别建立了考虑单变量和多变量的保险资产管理公司的最优激励合同模型。研究结果表明，保险资产管理公司的最优激励合同不仅应基于保险资产净值增长率等变量，而且还应该把反映证券市场走势的变量如市场指数写入合同，这样可以剔除更多的外部环境的影响，使委托代理合同更加切合实际。另外，本章还构建了保险资金运用的风险管理系统的框架结构，即风险管理的组织系统、风险管理的功能系统和风险管理的信息系统。分析了保险资金运用的内部控制体系，并以实例说明内控机制建设的内容，在此基础上，研究了保险投资决策管理的一般程序和方法。鉴于操作风险涵盖了保险公司资金运用过程中的许多内部风险，但长期以来金融机构较为注重信用风险、利率风险和流动性风险的管理，而不太注重对操作风险的管理。作为尝试，本章还建立了保险资金运用的操作风险管理的一般框架：包括操作风险的含义、辨识与分类、操作风险度量与管理控制等。

第四章

保险资金运用的风险限额管理

金融投资工具本身所具有的风险特性决定了保险资金运用过程中必然会存在各种各样的风险，保险资金运用风险是保险资金运用的基本属性。既然保险公司在资金运用过程中不可避免地要面临各种风险，而且有些类型的风险是无法回避和转移的，保险公司只能保留和吸收，那么，在这种情况下，保险公司不仅应当对所面临的风险有充分的理解和认识，而且还应当准备一部分特殊资金用于抵御风险损失，力争将风险控制在可以接受的范围之内。显然，这种特殊类型的资金是保险公司资本的一部分，对于保险公司有重要意义，它不能用于投资，主要用于抵御保险资金运作过程中的风险损失，称之为风险资本（capital at risk）。在风险资本确定以后，就相应地确定了保险资金运用的总体风险限额，保险公司的资金运用管理部门还要根据各级业务部门和不同投资品种的风险收益特征，把总体风险限额在不同层次的业务部门之间进行分配，并形成其风险限额，以此作为风险监控的依据。风险限额综合考虑风险与回报，按风险种类的不同，风险限额可以分为市场风险限额、信用风险限额、流动性风险限额以及再投资风险限额等，本书所指的风险限额是一般意义上的投资操作限额，它涵盖了基本的风险类别，但与一般金融机构的风险限额管理类似，它主要还是指市场风险限额，以下本书不作特别区分。总之，风险限额是保险公司以及不同层次的业务部门和交易员可用于风险损失的最大风险限定，它建立在保险公司的资金运用中心、各业务部门、小组和交易员等不同层次上，体现着公司董事会和保险投资管理委员会的风险管理战略和风险承受程度，能够保证不同业务部门的风险暴露符合公司的风险管理战略，因此，保险资金运用的风险限额管理是监控保险资金运用风险的主要手段，是保险公司整体资金运用风险管理的重要组成部分。

第一节　保险资金运用的风险限额管理概述

期初，保险公司的高级管理层应当为保险公司的资金运用确定一个合适的风险额度结构，特别是确定保险公司的风险偏好及其风险额度的管理结构。额度的设定是一个动态过程，需要依据各个领域的信息并经常进行调整，之后，风险额度还要分配到各个层次，以此作为风险监控的依据。因此，一般而言，保险资金运用的风险限额管理主要包括三个方面的内容，一是根据保险公司的资本实力、股东目标及其风险偏好、监管规定和风险管理职能部门建议的各级部门的风险限额水平，确定保险资金运用的总体风险水平以及相应的抵御风险损失的风险资本限额；二是根据对各业务部门或交易员的风险调整的绩效评价结果，以及风险管理职能部门建议的各级部门的风险限额水平，在各层次间分配风险限额；三是根据分配的风险限额对各业务部门乃至每一笔交易的风险进行监控，并根据绩效评价结果及其他因素对风险限额进行动态分配和调整。保险资金运用的风险限额管理流程可用图4-1来描述。图4-2是一个典型的风险额度汇总结构，其中，最高层是保险公司针对资金运用而设定的总的风险额度，这样，高级管理层对公司资金运用的总风险头寸就有了一个清楚认识；在将风险额度分配到各个部门以后，部门负责人对其风险额度也就做到心中有数；业务部门的风险额度可以帮助部门经理控制风险，并且反映出不同部门间的风险大小；最后，风险额度还要细分到交易员，交易员的风险额度的分配与调整可由相应的业务部门负责。

第二节　保险资金运用的风险限额形式

一　风险限额的形式

风险限额通常有三种形式，即头寸限额、灵敏度限额和风险资本限额。头寸限额表现为一定的名义金额，如一个交易员可能在5年期国债品种上拥有1000万美元的隔夜头寸限额。头寸限额简单且易于理解，

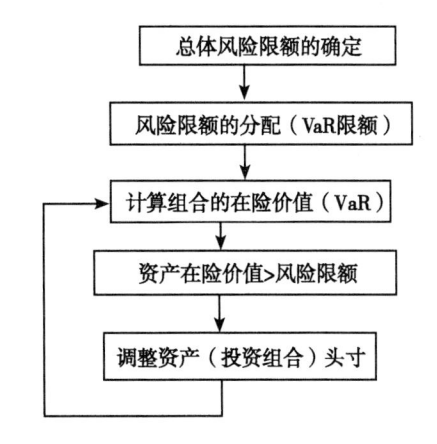

图 4-1 保险资金运用风险限额管理流程

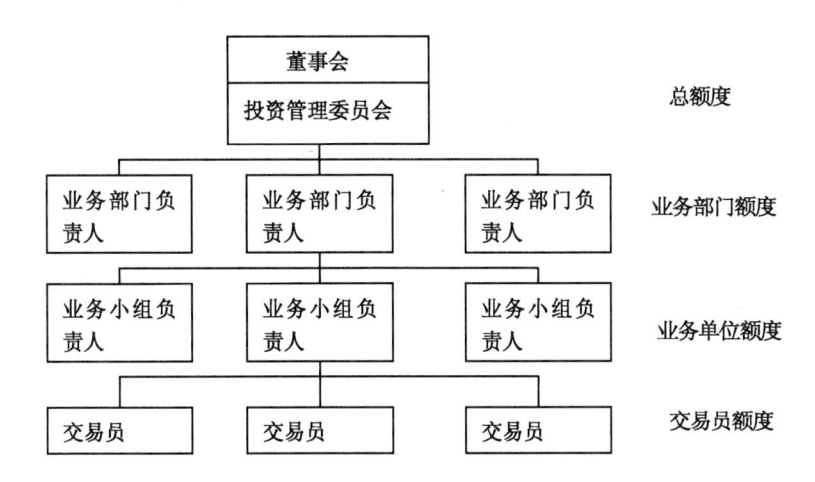

图 4-2 保险资金运用的风险额度汇总结构

容易监控其合规性，但其缺陷在于很难控制风险，若交易员欲增加风险，他可以在不增加组合规模而通过头寸的调整或增大杠杆比率的方式实现，头寸限额无法反映这种风险状况的变化，例如债券交易员可以通过持有更长的到期日组合增加风险，但通过头寸限额难以考察债券交易员的风险暴露状况。此外，头寸限额也无法比较不同交易员或业务部门所处的真实的风险状况，因此，简单的风险限额管理可以采用头寸限额形式。

灵敏度限额适用于单个市场因子的市场风险限额，它反映了证券组合价值对其市场因子的敏感性，如二级市场上的国债价格主要受利率风险因子的影响，可以用久期和凸性衡量国债价格对利率的敏感度，其风险监控可以采用灵敏度限额的形式。由于灵敏度概念只适用于某一类资产，针对某一类市场因子，因此，灵敏度限额主要用于交易前台的风险控制，在前台交易中，交易员必须实时了解交易头寸对市场因子的敏感度，分析可能的交易、可能的市场运作对灵敏度的影响，保证交易风险在设定的风险限额之内。

风险资本限额是指各级业务部门可以承受的最大风险损失水平，表现为一定数额的预期损失。更确切地讲，风险资本限额是指各级业务部门在特定时间内、以特定概率所能承受的风险损失的大小，通常用 VaR (Value at Risk) 方法来确定，称为 VaR 限额。风险资本限额或 VaR 限额适用于所有金融产品交易，能够综合反映不同层次投资业务的风险状况，是对包括多个市场因子的市场风险的总体风险限额。但 VaR 也存在过度敏感性，VaR 随市场波动性的变化而变化，当市场波动较大时，业务部门的 VaR 增加，VaR 限额要求业务部门减小风险敞口，但如果市场波动只是暂时性的，业务部门不得不根据这种暂时性的市场波动频繁调整投资组合，无谓增加了投资成本，因此，保险公司还应当根据具体的业务性质来使用 VaR 限额控制风险。另外，VaR 限额有时也可能与其他风险限额形式相矛盾，市场波动加剧时，VaR 限额要求减小风险敞口，而灵敏度限额却要求增加对冲，所以，使用 VaR 限额还必须结合对市场的经验判断。VaR 限额主要应用于对保险公司整体的资金运用活动及其业务部门的风险进行监控，或中、后台的风险控制。众所周知，中台风险管理的核心是必须对前台各种类型和特征的独立交易风险进行综合性测量，将不同的前台交易风险在机构层次集成，以确定整体的风险暴露是否在总体风险限额之内，所以，对于中台来讲，主要的风险控制方法就是 VaR 限额。而后台主要是根据中台提供的风险信息及公司的经营战略对保险资金运用的风险管理政策做出决策和调整，具体包括 VaR 限额的确定、分配和调整，风险调整的绩效评价以及基于风险的投资决策等等，因此，后台风险管理的主要技术核心仍然与 VaR 密切相关。当然，对交易员的风险监控也可以使用 VaR 限额形式。

二 风险资本限额的种类

风险资本限额根据损失频率和幅度的不同分为多种形式，有基于

VaR 的每日风险限额，主要用于对经常发生损失和交易频繁的投资品种的风险限定；有基于 VaR 的月风险限额，用于抵御不利月份发生的风险损失；有基于 VaR 的年风险限额，主要用于对整体的保险资金运用或业务部门在小概率事件下发生损失的限定，这种损失通常来自于市场较大的不利波动，其风险限额可通过压力试验或极值理论确定；另外，在证券市场上，市场因子还可能发生极端的不利变化，对于这种情况下的风险限额也采用压力试验或极值理论来确定，相应的风险限额称为压力试验限额。因此，归纳起来，风险资本限额分为两类：一是 VaR 限额，二是压力试验限额或极值限额。

VaR 限额主要是对市场发生正常波动情况下的风险限定。在使用 VaR 限额时，应当使前台交易员的风险控制和交易操作同后台的风险资本限额控制保持一致。如根据交易的性质，交易员通常采用灵敏度限额控制风险，而后台管理部门采用 VaR 限额监控风险，二者很容易得出不同的结果。

压力试验限额或极值限额是对市场发生极端变化情况下的风险限定，它对某些特定类型的产品如金融衍生产品的风险控制特别有用。在应用压力试验限额时，同样应当保持压力试验限额与 VaR 限额的一致性。其具体应用有两种方式：一是压力试验限额对风险暴露有绝对约束，当投资组合的可能损失超过压力试验限额时，交易员或业务部门必须减小风险敞口；二是压力试验限额仅仅作为一种决策参考，当投资组合的可能损失有可能超过压力试验限额时，则相关报告和资讯可以作为决策者做决策的依据。

可见，根据保险资金运用过程中的市场风险特征，机构以及业务部门层次的风险限额易采用年或月的 VaR 风险限额，对交易员的风险监控可采用灵敏度限额或日 VaR 风险限额，如对二级市场债券交易的风险限定既可以采用灵敏度限额又可以使用日 VaR 风险限额。另外，为了对某些特定类型的投资产品进行风险限定，还必须使用压力试验限额。总之，风险限额选择既要依据不同投资业务或交易的特点，又要考虑到不同金融工具的风险特征，但总体上要注意保持前后台以及不同层次业务部门风险限定的一致性。

由于保险资金运用的主要渠道在金融市场，因此，保险资金运用的风险管理同样需要 VaR 等新型风险管理技术，VaR 风险限额在保险资金运用风险限额管理过程中具有重要作用。以下本书将主要研究风险资本限额即 VaR 风险限额，在此，对风险限额、风险资本限额和 VaR 限额不做特意区分。

三 VaR 风险度量方法

（一）VaR 的定义

VaR（Value-at-Risk，VaR）中文译为在险价值，是指资产价值中暴露于风险的部分，VaR 是采用规范的统计技术来评估风险的大小，因此在险价值的定义可以表述为：在正常的市场条件和给定的置信水平上，在给定的持有期间内，某一种金融资产或投资组合可能遭受的最大损失。与以往的风险衡量技术，如标准差、β 系数、久期和 Delta 都只能适用于特定的金融产品不同，VaR 风险管理技术是对市场风险的总括性评估，它考虑了金融资产对某种风险来源（如利率、汇率、商品价格、股票价格等基础性金融变量）的敞口和市场逆向变化的可能性。VaR 模型加入大量的可能影响公司交易组合公允价值的因素，比如证券和商品价格、利率、外汇汇率、有关的波动率以及这些变量之间的相关值。VaR 模型一般考虑线性和非线性价格暴露头寸、利率风险及隐含的线性波动率风险暴露头寸。借助该模型，对历史风险数据模拟运算，可求出在不同的置信度下的 VaR 值。例如，某保险公司 2012 年 3 月其投资组合 99% 的 VaR 值为 8500 万元，这表明，该保险公司在未来一个月内，平均损失超过 8500 万元的概率不超过 1%。通过该 VaR 值和公司可以承受的最高风险限额的对比，便可以判断该公司的投资运作是否在正常范围内进行。

（二）VaR 的基本模型

下面是一般分布的 VaR 计算。考虑一个证券组合，假设 w_0 为投资组合的初始价值，r 为持有期内证券组合的收益率（r 为随机变量），则在持有期末，证券组合的价值可以表示为：$w = w_0(1 + r)$。假定收益率 r 的期望回报和波动性分别为 μ 和 σ。如果在某一置信水平 c 下，证券组合的最低价值为 $w^* = w_0(1 + r^*)$，r^* 为最低投资回报率，则根据 VaR 的定义，可以定义相对于证券组合价值均值（期望回报）的 VaR，即相对 VaR 为：
$$\mathrm{VaR} = E(w) - w^* = -w_0(r^* - \mu)$$

如果不以组合价值的均值（期望回报）为基准。则可以定义绝对 VaR 为：
$$\mathrm{VaR} = w_0 - w^* = -w_0 r^*$$

根据如上定义，计算 VaR 就相当于计算最小值 w^* 或最低的收益率 r^*。考虑证券组合未来收益的随机性特点，假定 $f(\cdot)$ 是收益率或证券组合价值的概率密度函数，则对于某一置信水平 c 下的证券组合的最低价值 w^* 或最低收益率 r^* 分别有：

$$P\{w < w^*\} = \int_{-\infty}^{w^*} f(w) \mathrm{d}w = 1 - c$$

$$P\{r < r^*\} = \int_{-\infty}^{r^*} f(r) \mathrm{d}r = 1 - c$$

因此，上两式的含义是指，在收益率或证券组合价值的分布图中，从 $-\infty \to r^*$ 或 $-\infty \to w^*$ 区域的面积必等于 c，如 5%。r^* 或 w^* 的数值被称为分布的抽样分位数（quartile）。无论分布是离散的还是连续的，厚尾还是瘦尾，这种表示方式对于任何分布都是有效的。

（三）VaR 的主要计算方法

VaR 计算的核心是估计证券组合未来损益的统计分布或概率密度函数。但在大多数情况下，直接估算证券组合的未来损益分布十分困难，因此，通常将证券组合用其市场因子来表示，然后，再通过市场因子的变化来估计证券组合的未来损益分布。整个计算过程可以分为三个基本模块：第一个模块是把组合中的每一头寸的回报表示为其市场因子的函数；第二个模块是预测市场因子的波动性，即波动性模型；第三个模块是估值模型，即根据市场因子的波动估计组合的价值变化和分布。其中，波动性模型和估值模型是关键，不同的波动性模型和估值模型构成了不同 VaR 计算方法。代表性的方法有：方差—协方差法、历史模拟法、Monte Carlo 模拟法、压力测试法、半参数方法、基于 GARCH 模型计算 VaR 的方法以及各种类型的极值方法，目前各种类型的极值方法中主要有厚尾法（heavy tail）、POT（peaks-over-threshold）模型和 BMM

模型，等等。下面介绍几种常用方法。①②

1. Risk Metrics 法

Risk Metrics 法是假定当收益率服从正态分布且与基本风险因素呈线性关系时，只需计算收益率的方差即可利用基本模型求得 VaR。其基本计算步骤是：

(1) 将一般分布 $f(r)$ 转化为标准正态分布 $\varphi(\varepsilon)$，即有

$$\int_{-\infty}^{w^*} f(w)\,\mathrm{d}w = \int_{-\infty}^{-|r^*|} f(r)\,\mathrm{d}r = \int_{-\infty}^{-\alpha} \varphi(\varepsilon) = 1 - c$$

其中，ε 服从标准正态分布，$\varphi(\varepsilon)$ 为标准正态分布密度函数。

$$-\alpha = \frac{|r^*| - \mu}{\sigma}, \varepsilon = \frac{r - \mu}{\sigma}$$

(2) 求 VaR 的问题转化为求 α 的问题，只要使 α 左侧的面积等于 $1 - c$ 即可，即 α 为标准正态分布的上分位点值。然后，由 $r^* = -\alpha\sigma + \mu$（$r^*$ 一般为负值可去掉绝对值符号）即可得最低收益率的值。

(3) 一般假定，μ 和 σ 以年为基础，时间间隔为 Δt（单位是年），则相对在险价值和绝对在险价值分别为：

$$\mathrm{VaR} = w_0 \alpha \sigma \sqrt{\Delta t}$$

$$\mathrm{VaR} = w_0 (\alpha \sigma \sqrt{\Delta t} - \mu \Delta t)$$

这一方法尤其适用于样本容量大，多样化程度高的投资组合。在选择的时间间隔和置信水平不同的情形下，二者可以通过关系式进行转换（在 RAROC 部分给出具体的转换公式）。如保险投资的时间间隔为一个月，置信水平为 99%，而银行选择的时间间隔为 10 天，置信水平为 95%，则转换公式为：

$$\mathrm{VaR}_{30} = \mathrm{VaR}_{10} \times \frac{2.33}{1.65} \times \sqrt{3} = 2.4458 \mathrm{VaR}_{10}$$

这种方法可以推广到其他的累积概率密度函数，因此，VaR 的所有不确定性都体现在 σ 上，不同的分布会得到不同的 σ 值。此法计算简便，但如前所述，这一方法基于两个假定：线性假定和正态分布假定，

---

① ［美］菲利普·乔瑞著，张海鱼，等译：《VaR：风险价值——金融风险管理新标准》，中信出版社 2000 年版，第 26 页。

② 王春峰：《金融市场风险管理》，天津大学出版社 2001 年版，第 197 页。

而实际金融数据往往是尖峰厚尾分布，因此，该方法通常会低估 VaR 的值。

以下用一实例说明该方法的具体应用。

设某保险公司在一定时间段内的基金投资组合的资产净值为1000万元，基金组合共包括两只基金，权数分别为50%和50%，标准差分别为20%和30%，相关系数为0.5。试计算组合在95%水平的VaR值。

首先计算基金组合的方差：

$$\sigma_p = \begin{bmatrix} 0.5 & 0.5 \end{bmatrix} \begin{bmatrix} 20\% & 0\% \\ 0\% & 30\% \end{bmatrix} \begin{bmatrix} 1 & 0.5 \\ 0.5 & 1 \end{bmatrix} \begin{bmatrix} 20\% & 0\% \\ 0\% & 30\% \end{bmatrix} \begin{bmatrix} 0.5 \\ 0.5 \end{bmatrix} = 0.0475$$

查正态分布表，得分位点值 $\alpha = 1.645$，则有：

$$\text{VaR}_p = 1.645 \times \sqrt{0.0475} \times 10000000 \approx 3585100 \text{（元）}$$

该基金组合的VAR是3585100元。这表明保险公司有95%的把握确信该基金组合将来的最大损失不会超过3585100元。

2. 历史模拟法

历史模拟法是假定组合的历史组成与当前构成相同，即按照当前组合中各资产的权重构造历史组合，并利用组合中资产收益的历史分布来模拟组合的 VaR。在这种方法下，VaR 值取决于投资组合收益的历史分布，而组合收益的历史分布又来自于将组合中每一金融工具的盯市价值表示为风险因子收益的函数。因此，风险因子收益的历史数据是该 VaR 模型的主要数据来源。历史模拟法概念直观，计算简单，无需估计波动性、相关性等各种参数，不需要假定市场因子变化的统计分布。但该方法也有其明显的缺陷。历史模拟法假定市场因子的未来变化与历史变化完全一样，服从独立同分布，概率密度函数不随时间而变化（或明显变化），这与实际金融市场的变化是不一致的。另外，历史模拟法需要大量的历史数据，计算出的 VaR 具有很大的波动性。下面以日 VaR 的计算为例说明这一方法的具体步骤：首先根据历史收益数据做样本直方图（频度分布图）并以此作为对收益真实分布的估计，在频度分布图中，横轴表示日收入的大小，纵轴表示一年内出现相应收入组的天数；然后，计算平均每日收入 $E(\omega)$；再次确定在置信水平 α 下投资组合的最低期末价值 ω^* 的大小，这相当于图中左端每日收入为负数的区间内，给定置信水平 α，寻找和确定相应最低的每日收益值。设观测日为 T，则意味着在图的左端让出 $t = T \times \alpha$，即可得到 α 概率水平下的最低值 ω^*，由此可得：

$$\text{VaR} = E(\omega) - \omega^*$$

3. Monte Carlo 方法

Monte Carlo 方法不是直接利用资产的历史数据估计风险值，而是得到它的可能分布，并估计分布的参数，然后利用相应的"随机数产生器"产生大量的符合历史分布的可能数据，从而构造出投资组合的可能损益，再按照给定的置信水平得到风险值的估计。这种方法的优点是能够很好地处理非线性问题，且估计精度好，但该方法的计算量较大，而且传统的 Monte Carlo 方法是采用抽样方法产生随机序列，均值和协方差不变，而经济问题中的变量都具有时变性，因此，用静态方法处理时变变量无疑会存在一定误差。实际上，Monte Carlo 方法也采用了正态分布假设。

4. 半参数方法

半参数方法是 David X. Li 提出的，这种方法不需要做任何分布假设，只需要计算市场变量序列的偏度、峰度、均值和方差，即可构造 VaR 置信区间的上限和下限。假设市场变量 v 为一随机变量。它的均值、方差、偏度和峰度分别为 μ、σ^2、λ、η。若 $\lambda = \eta = 0$，则 $v \sim N(\mu, \sigma^2)$，这时，VaR 的值可以根据方差—协方差方法来计算；若 $\lambda \neq 0$，$\eta \neq 0$，则 v 不服从正态分布，这时，VaR 的置信上限和置信下限分别为：

$$\text{VaR}_\text{上} = \mu + \frac{\frac{2+\eta}{\lambda} + \sqrt{\left(\frac{2+\eta}{\lambda}\right)^2 + 4\left[Z_\alpha \frac{\sqrt{(2+\eta)(2+\eta-\lambda^2)}}{|\lambda|} + 1\right]}}{2} \sigma$$

$$\text{VaR}_\text{下} = \mu + \frac{\frac{2+\eta}{\lambda} - \sqrt{\left(\frac{2+\eta}{\lambda}\right)^2 + 4Z_\alpha \frac{\sqrt{(2+\eta)(2+\eta-\lambda^2)}}{|\lambda|}}}{2} \sigma$$

其中，Z_α 为显著性水平，即为标准正态分布中置信水平 α 对应的分位点。

5. 基于 GRACH 模型的 VaR 计算方法

由于收益率序列通常具有尖峰厚尾的特征，因此，用正态分布来模拟收益率序列是不恰当的。1982 年，Engle 提出了自回归条件异方差模

型,即 GRACH 模型,这一模型能够比较好地处理持续方差和厚尾的情况,其模型形式如下:

设随机变量 x_t、y_t 具有关系:

$$y_t = \beta x_t + \varepsilon_t$$

$$\varepsilon_t/M_{t-1} \sim N(0, \sigma_t^2), \varepsilon_t = z_t\sigma_t, E(z_t) = 0, \mathrm{var}(z_t) = 1$$

其中,ε_t 序列无关,M_{t-1} 为 $t-1$ 期获得的信息集,σ_t^2 具有如下形式:

$$\sigma_t^2 = \alpha_0 + \sum_{i=1}^q \alpha_i \varepsilon_{t-i}^2, \alpha_i > 0 (i = 0, 1, \cdots, q)$$

称上式为 ARCH(q)模型,为了得到更精确的拟合结果,Bollerslec 又提出了 GARCH(p, q)模型:

$$\sigma_t^2 = \alpha_0 + \sum_{i=1}^q \alpha_i \varepsilon_{t-i}^2 + \sum_{j=1}^p \beta_j \sigma_{t-j}^2, \alpha_i > 0, \beta_j > 0, p \geq 0, q \geq 0$$
$$(i = 0, 1, \cdots, q; j = 1, 2, \cdots, p)$$

GARCH(p, q)模型等价于 ARCH(q)模型在 q 趋于无穷时的情形,但待估参数却减少了,为了能保留正态分布的特点,并且更好地对收益率进行模拟,可以利用 GARCH 模型计算的条件方差来计算资产组合的 VaR 值。具体公式为:

$$VaR = p_{t-1} z_\alpha \sqrt{h_t}$$

其中,p_{t-1} 为前一期资产的价格,z_α 为标准正态分布的临界值,即置信度,h_t 为收益率序列的条件方差。

6. 极值方法

测算 VaR 的极值模型主要有两类,即 POT 模型和 BMM 模型,其中 POT 模型比较常用。POT 模型使用的数据都是风险量 x 大于某一阈值 u 的观察值,这时,所使用的分布不再是正态分布,而是 GPD 分布。GPD 分布不对称,尾部比正态分布厚,更符合经验分布的形状,其分布密度函数为:

$$G_{\xi,\beta} = \begin{cases} 1 - (1 + \frac{\xi x}{\beta})^{-1/\xi}, \xi \neq 0, \beta \geq 0 \\ 1 - \exp(-x/\beta), \beta \geq 0 \end{cases}$$

当 $\xi \geq 0$ 时,$x \leq 0$;当 $\xi < 0$ 时,$0 \leq x \leq -\beta/x$;ξ 是决定分布形状的参数,β 是尺度参数。当收益率分布 F,对于一定的阈值 u,其超值分布如果可以用 GPD 分布来表示,给定置信度 c,则有:

$$VaR = u + \frac{\xi'}{\beta'}[(\frac{N_u}{n}(1-c))^{-\xi} - 1]$$

其中，N_u 为样本中超过阈值 u 的个数，所以，VaR 值的计算归结为对参数 ξ' 和 β' 的估计，然而 GDP 的数学形式是超越性的，为了简便起见，经常采用多项式近似，因此，这种方法不可避免地会存在误差。

除了上述方法以外，还有更为复杂的 VaR 测算方法，在此不再一一赘述。大部分 VaR 测算方法都可以用于保险资金运用风险的测量之中，除此之外，我们还可以结合保险资金运用的特点，推导出其他的 VaR 测算方法。比如，我们可以将 VaR 方法和久期结合起来[①]，推导出测量债券投资风险的 VaR 方法。事实上，如果把 VaR 看成是持有债券投资组合期间向不利方向变动所带来的损失，那么，这种不利变动可以通过久期乘以收益率的增加得到，即有：

最大损失（VaR）= 久期债券投资组合的价值最大收益率的增加

这样，通过收益率向不利的方向波动，VaR 直接与久期联系在一起，因此，在一定置信水平下，通过计算久期的大小和收益率向不利方向的波动率便可以求出 VaR 的值。

第三节　保险资金运用的总体风险限额确定

保险资金运用的总体风险限额反映保险公司可以承受的最大资产损失的大小。作为开端，保险公司的投资管理委员会应当主持确定一个合适的总体风险额度。一般而言，可根据一定的评估周期，在对投资组合的 VaR 进行计算后，把它同公司规定的各级风险限额进行比较，当 VaR 值高出限额时，结合其他一些定性因素，对组合中的高风险资产予以调整，减少高风险资产在组合中的比例，加大低风险资产的投资比例，降低 VaR 值，直到组合的 VaR 值符合要求为止。其中，最初确定保险资金运用的总体风险额度是一项十分复杂的工作，它需要参考各个方面的信息，这些信息主要包括：（1）保险公司的资本实力；（2）股东目标与风险偏好；（3）交易员经验的丰富程度以及交易员和业务部门以前

---

① 崔玉杰等:《久期与免除战略在资产——负债管理中的应用原理初探》,《数理统计与管理》2001 年第 20 期。

的投资业绩记录；（4）监管要求；（5）通过定量分析确定的风险资本；（6）风险管理职能部门建议的各级部门的风险限额水平，等等。其中，最关键的是对公司资本实力的衡量以及风险资本的确定。

一 保险公司资本实力的衡量

所谓资本实力就是保险公司吸收风险损失并保持自身偿付能力的资本水平。一般来说，保险公司的资本实力越强，在其他条件不变的情况下，经营失败的可能性就越小。因此，保险公司的资本实力可以通过它的破产概率予以反映。

保险公司的破产理论是建立在保险精算的基础上，研究的是保险公司的长期聚合风险，其目标是建立长期的保险盈余变化模型。由于破产理论法的推导非常繁琐，所以至今还停留在理论研究阶段并未用于实证分析[①]。因此，在此介绍金融机构资本实力测量的一般性方法[②]。

当保险公司的损失大于其累积资本价值时，保险公司就会破产。因此，保险公司破产的概率 λ 就是保险公司的资产回报率 y 低于 $-s/a$ 的概率，其中，s 表示风险资本，a 表示资产。假如保险公司的资产回报率服从标准正态分布（一般正态分布可以经过简单变换为标准正态分布），则有 $\lambda = \Phi(t)$，其中，$-t$ 是以标准差表示的分布左尾到均值的距离，且满足 $-t\sigma = s/a$，保险公司的资本实力可以通过 $-t$ 来测量，即资本实力 $u = -t = s/(a\sigma)$，其中，σ 为资产组合的标准差。如图4-3所示。资本实力越强，图4-3中的尾部就越小，破产概率越低。这种测量方法不仅依据于保险公司的资本/资产比率，而且也考虑了资产组合风险，当资本/资产比率提高时，公司的资本实力增强；当资产组合的标准差降低时，也同样会增强公司的资本实力。

金融机构的资本实力也可以采用 VaR 方法表示。在正态分布的假设下，资产组合的 $\text{VaR} = -\alpha\sigma a$，其中，$\alpha$ 为置信水平。因此，资产组合的标准差为：$\sigma = -\text{VaR}/(\alpha a)$，则公司的资本实力 $u = -s\alpha/\text{VaR}$。较之采用资本/资产比率测量资本实力的传统方法相比，这种方法具有更

---

① 粟芳：《中国非寿险保险公司的偿付能力研究》，复旦大学出版社2002年版，第86页。
② 王春峰：《金融市场风险管理》，天津大学出版社2001年版，第475页。

高的准确性、灵活性和合理性。当然，这种方法也有诸多缺陷，如对模型参数做统一规定以及收益的正态分布假设都有一定的不合理性。

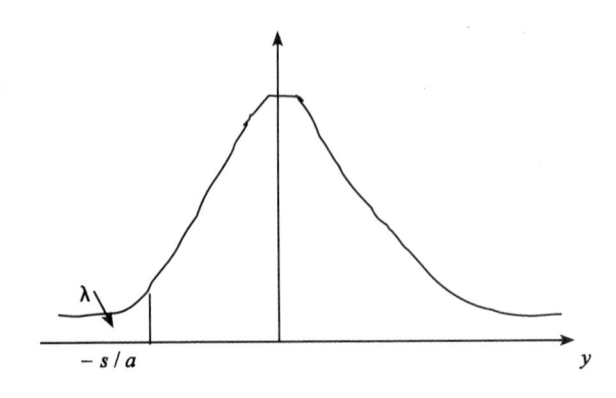

图 4-3 破产概率和资本水平

资料来源：王春峰：《金融市场风险管理》，天津大学出版社 2001 年版，第 475 页。

二 风险资本的量化分析

在对保险公司资本实力进行测量的基础上，还可以通过量化方法来确定公司的总体风险资本。确定总体风险资本的常用方法包括 VaR 方法、压力试验法以及将 VaR 方法与压力试验法进行综合的方法[①]。

（一）VaR 方法

根据资本实力测量公式 $u = -s\alpha/\text{VaR}$ 可得：

$$s = t \times \text{VaR}/\alpha$$

VaR 是对保险公司总体市场风险水平的测量，它主要根据公司的投资组合及其标准差等来确定。t 的确定则依赖于目标破产概率 λ，但实际中，很难给出一个精确的目标破产概率。因此，不妨设 $-t_L \leqslant -t \leqslant -t_H$，则风险资本为：

$$t_L \times \text{VaR}/\alpha \leqslant s \leqslant t_H \times \text{VaR}/\alpha$$

于是，可以根据 s/VaR 的比率来调整风险资本。具体是，验证 s/VaR 是否在下式范围内，即 $t_L/\alpha \leqslant s/\text{VaR} \leqslant t_H/\alpha$。若在这个区间内，则不需要进行调整；若 s/VaR 过大，应当通过增加分红等措施来减小 s，

---

① 王春峰：《金融市场风险管理》，天津大学出版社 2001 年版，第 476 页。

或者通过投资增加风险承担来增加 VaR，反之，则通过增加保留盈余或增加股本来增加 s，或者通过减少风险承担来降低 VaR。

（二）压力试验法

利用压力试验法可以确定市场发生极端情况下的风险资本。在利用压力试验法时，需要确定市场冲击的类型和强度以及极端市场冲击对保险公司的影响。极端市场冲击可以分为两种类型：一是通过采取补救措施金融机构仍然可以生存的冲击，如利率较大的波动；二是对市场冲击所产生的后果无法采取进一步的补救措施，如金融市场的全面性崩溃。显然，风险资本主要用于吸收前一种冲击造成的损失。因此，从总体来看，尽管 VaR 方法可以通过较为客观的估计市场正常波动带来的风险而确定吸收日常风险的风险资本，但它没有考虑到极端市场冲击带来的风险，而压力试验法可以确定市场极端情况下的风险资本，因此，实际中，可以将这两种方法结合起来确定机构的总体风险资本。机构层次的总体风险资本确定以后，就可以相应地确定保险资金运用的总体风险资本限额。

三 总体风险限额的确定

理论上，尽管确定风险资本并最终确定风险限额可以使用 VaR 方法、压力试验法以及将二者综合的方法，但本书认为，这些定量方法仅仅依据于市场的波动风险，是根据以往的市场风险暴露来确定未来的风险限额，没有综合考虑诸如监管要求、未来市场判断、保险资金的负债特征、风险管理职能部门关于风险限额的建议、投资收益预期以及股东风险偏好等主客观因素，更没有全面考虑保险资金运用所面临的其他风险，如信用风险、资产负债不匹配风险、保险资金的流动性风险，等等。况且，回报的正态分布假设就有一定误差，确定风险限额的 VaR 方法本身也存在很多缺陷。因此，风险限额确定的过程应当是一个定量研究和定性分析相结合的过程，确定风险限额既要依据 VaR 等定量分析方法，又要充分发挥投资管理委员会组成人员的作用。所以，保险公司确定总体风险限额的基本思路应当是：首先由风险管理职能部门在定量分析的基础上，提出保险资金运用的风险资本及风险限额建议，然后由保险投资管理委员会组成人员对此做出判断，利用德尔菲（Delphi）

等决策方法作辅助决策,并最终确定保险资金运用的总体风险额度或风险资本水平,所确定的风险限额是公司投资管理决策层对资金运用总体风险和风险承受能力的一个认识。

第四节　风险限额的分配与调整

在总体风险限额确定的基础上,风险限额分配的首要任务就是将总体风险限额配置到每一个业务部门,如债券交易部、基金部、现金管理部等,使部门负责人对其管理负责的额度心中有数。业务部门额度可以帮助部门经理控制部门风险,并且可以在部门之间比较风险大小。业务部门的风险限额的制定和实施可以由风险管理组来完成。风险职能部门对所有业务部门的"风险调整回报"进行评价,并考虑业务部门的申请后向风险管理组提出业务部门的风险限额建议,风险管理组对此进行复核、确定并报请投资管理委员会认可。具体过程如图4-4所示[①]。

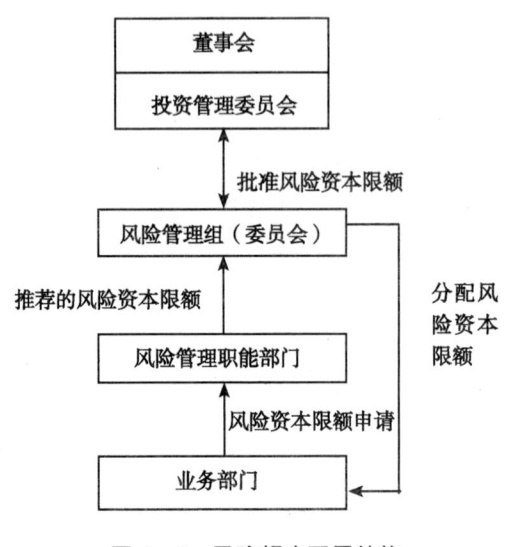

图4-4　风险额度配置结构

最后,风险额度还要在部门范围内再细分到交易员。既然VaR能反映相关性,因此,考虑到投资组合的分散化效应,高级层次的风险限额

---

① 王春峰:《金融市场风险管理》,天津大学出版社2001年版,第59页。

可以比它所属的低层次的个体风险限额之和少。典型的风险额度集合及其配置结构如图 4-5 所示：国债交易部在分散经营下其风险限额为 1400 万元，小于其所属的三项具体交易业务总和 1700 万元，这是投资组合分散化的好处。

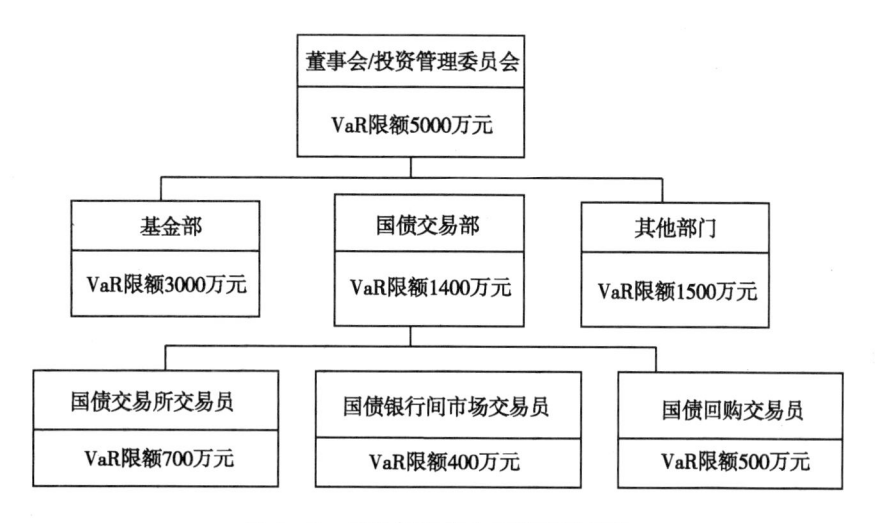

```
                    ┌─────────────────────────┐
                    │  董事会/投资管理委员会  │
                    │    VaR限额5000万元       │
                    └─────────────────────────┘
            ┌────────────────┼────────────────┐
    ┌───────────────┐ ┌───────────────┐ ┌───────────────┐
    │    基金部     │ │  国债交易部   │ │   其他部门    │
    │ VaR限额3000万元│ │VaR限额1400万元│ │VaR限额1500万元│
    └───────────────┘ └───────────────┘ └───────────────┘
                ┌────────────┼────────────┐
    ┌───────────────┐ ┌───────────────────┐ ┌───────────────┐
    │国债交易所交易员│ │国债银行间市场交易员│ │国债回购交易员 │
    │ VaR限额700万元 │ │  VaR限额400万元   │ │VaR限额500万元 │
    └───────────────┘ └───────────────────┘ └───────────────┘
```

图 4-5 风险额度集合及其配置结构

无论是业务部门间的风险限额分配与调整还是交易员间的风险限额分配与调整，最重要的依据是风险调整的绩效评价（RAPM）结果。在根据 RAPM 以及业务需求将风险限额初步分配给每一个业务部门之后，还需要针对业务部门的投资绩效和投资机会不断调整风险限额，当然，风险限额的分配与调整还要考虑其他的定性因素，例如，（1）交易员的经验丰富程度，对于一个新的、没有经验或以前业绩平常的交易员，一般不能分配一个较大的风险额度；（2）监管部门的政策规定。如对某一资金运用方式的投资比例的限制；（3）交易部门和业务部门的目标盈利。在分配与调整风险额度时，管理层应当考虑交易员以及业务部门的潜在盈利能力，如果分配的风险额度远远大于其目标赢利时，这样的额度不是很有效；（4）未来市场预期以及特殊业务部门的战略地位等。总之，风险限额的分配与调整需要考虑很多要素，它是一个多目标决策问题，具体的分配调整方法可以选用 AHP 和 Delphi 等多目标决策方法。作为风险限额确定、分配以及调整的重要依据，保险公司要定期评价各级业务部门的投资绩效。以下本书拟研究保险资金运用绩效评价的定量化方法，同时进行实证研究。

第五节　风险调整的绩效评价方法

一　风险调整的绩效评价方法综述

可运用资金以及风险限额配置的一个重要依据是各业务部门的资金运用绩效，事实上，绩效评价的目的不仅仅是通过对各业务部门的绩效评价为可运用资金和风险限额的分配提供依据，而且还可以为投资机会的选择提供指导。只不过前一种方法是对绩效的后评价，而后一种方法是一种先验估计。

保险资金运用的绩效评价首先必须选择适当的评价指标，指标不同评价结果也会有很大差别。由于绩效与风险、收益之间的相关关系，因此，保险资金运用的绩效评价不能仅仅使用单纯的收益或风险指标，仅以收益作为评价指标，必然会导致风险的过度承担，仅以风险作为评价指标，又必然会导致保险资金运用的过度保守，以至于失去很好的投资机会。因此，合理的绩效评价方法应当是对风险和收益进行综合考虑，即采用风险调整的绩效评价方法。这种方法比较准确、全面地反映了保险资金运用的真实收益，反映了资金运用绩效与股东价值的一致性。根据风险测量方法的不同，风险调整的绩效评价方法有很多种，如 Sharp 指标、Treynor 指标、Jensen 指标，以及基于 VaR 的风险调整的业绩评价方法即 RAROC 方法，等等。

Sharp 比率给出了一段时期内投资组合的平均风险报酬与风险程度之比，它所衡量的是投资组合单位风险的报酬。Sharp 指标：$S_p = (\overline{R_p} - \overline{R_f})/\sigma_p$，其中，$\overline{R_p}$ 为衡量期内投资组合的平均收益率；$\overline{R_f}$ 为衡量期内无风险资产的平均收益率；σ_p 为衡量期内投资组合的标准差。Sharp 指标是以资本市场线（CML）为基准组合的风险调整业绩评价指标，它所测度的是相对于证券组合总风险的回报率，而证券组合总风险是其收益率的标准差，因此，Sharp 指标既考虑了系统性风险又考虑了非系统性风险。

Treynor 指标的测算值又称回报波动比率（Reward - to - Volatility Ratio）。它是利用证券市场线（SML）为基准组合评价投资组合的业绩，它等于投资组合的超额收益除以其系统风险测度值，计算公式为：$S_p = (\overline{R}_p - \overline{R}_f)/\beta_p$，其中，$\beta_p$ 为衡量期内投资组合的 β 系数。这里，β_p 是历史 β 值，是基于投资组合的历史收益率，通过资本资产定价模型计算得出。

Jensen 指标衡量的是"特征线"的 α 值，是利用 CAPM 模型衡量投资组合在系统风险报酬之外得到的额外风险报酬的大小。评估比率：$AR_p = \alpha_p/\sigma(e_p)$，$\alpha_p = \overline{R}_p - [\overline{R}_f + \beta_p(\overline{R}_M - \overline{R}_f)]$。其中，$\overline{R}_M$ 表示市场基准组合的平均收益率。评估比率给出的是投资组合 α_p 与个别风险 $\sigma(e_p)$ 之比，它所衡量的是投资组合承担单位个别风险所得到的额外报酬。

M^2 测度是引入经改进的 Sharp 比率后建立的测度指标。M^2 测度的计算方法如下：假定有一个投资组合，当把一定量的无风险资产头寸加入后，这个经过调整的投资组合的风险就可以与市场组合的风险相等。比如，若投资组合 P 的标准差是市场指数标准差的 m/n 倍（$m/n < 1$，卖空无风险资产；$m/n > 1$。买入无风险资产），那么，经过调整的投资组合 P^* 应包含 n/m 的投资组合 P 和 $(1 - n/m)$ 的无风险资产。因而，M^2 测度就等于调整的投资组合 P^* 的期望收益率 $E(r_{P^*})$ 与市场投资组合的期望收益率 $E(r_m)$ 的差额。其方程式为：$M^2 = E(r_{P^*}) - E(r_m)$。为了便于计算，测度指标样本方程式可以表示为：$M'^2 = r_P^{*'} - r'_m$，其中，$r_P^{*'}$ 为对应样本期间调整的投资组合 P^* 的平均收益率。

RAROC 方法称为风险调整的资本回报方法（risk adjusted performance measures），它是近几年来随着 VaR 技术的不断发展而提出的，其狭义的表达式为：RAROC = ROC/VaR。其中，公式中的 ROC 为某一时期持有的金融资产或证券组合的收益，VaR 为金融资产或证券组合在某一时期和给定的置信区间内的预期最大损失值。显然，RAROC 实际上说的是风险资产的回报率，是一个一般意义上的无量纲的量。除此之外，投资绩效的评价方法还有很多种，如单位净资产法、估价比率、综合评价测度指标，等等。对此，本书不再一一赘述。

上述指标衡量的收益和风险彼此间有所不同，它们各有其特点，孕育于不同的情况和目的。Sharp 指标和 Treynor 指标一样，都反映交易员的市场调整能力，此外，Sharp 指标还能够反映交易员分散和降低非系统性风险的能力。而 Jensen 指标主要反映交易员对证券价格的准确判断能力。

Treynor 指标和 Jensen 指标均以 β 系数来测定风险，忽略了投资组合中所含证券的数目，只考虑获得超额收益的大小。因此，就操作模型的选择上，Sharp 指标和 Treynor 指标对投资组合的绩效评价较具客观性，而 Jensen 指标用来衡量投资组合实际收益的差异较好。在 Sharp 指标和 Treynor 指标的选择上，则要取决于评价的投资组合的类型。如果所评价的投资组合是属于充分分散化的投资组合，投资组合的 β 值能更好地反映投资组合的风险，因而，Treynor 指标是较好的选择；如果所评价的投资组合专门投资于某一类投资产品时，Sharp 指标比较合适。RAROC 指标比较简单实用，可以比较方便地得出资产的风险收益情况，它可以从一般意义上评价业务部门或交易员的投资绩效。而 Sharp 指标、Treynor 指标以及 Jensen 指标所衡量的是二级市场上的股票、基金、债券等金融产品构成的投资组合的投资绩效，Treynor 指标和 Jensen 指标中的 β 值主要适用于衡量股票价格风险。而从现有的保险资金运用渠道来看，保险资金在二级市场的投资比例还很低，资金运用方式仅限于证券投资基金和债券等，因此，在对二级市场上构建的债券投资组合或基金投资组合的绩效评价以及相关业务部门和交易员的绩效评价选用 Sharp 指标和 RAROC 指标比较合适。尤其是 RAROC 指标简单适用，应用范围广泛，比较适合于对保险公司的投资组合以及业务部门的绩效评价，只是对风险低的头寸有较大偏差。在以 RAROC 为定量依据进行风险限额的分配与调整时，首先根据 RAROC 计算结果和业务部门的申请，确定初步的配置方案，经过一段时间以后，再重新计算 RAROC，对于 RAROC 低于平均水平的部门，减少其风险资本，对于 RAROC 高于平均水平的部门，增加其风险资本。本书将重点讨论这一方法的应用。

由于上述五个指标都是对投资组合的绝对绩效评价，而且主要考虑组合的市场风险，因此，本书还拟提出一种从相对角度评价投资绩效的方法，即数据包络分析法（Data Envelopment Analysis，DEA）。由于 DEA 有效性指数意义简明直观，因此，它可以直接作为业务部门或交易员的风险限额的分配指数。

二 RAROC 方法

（一）狭义的 RAROC 方法

如前所述，狭义的 RAROC 定义式是某一时期投资组合的收益与其

VaR 值的比率,它描述了单位资本所获得的收益。通常情况下,RAROC 的值越大越好。在某种程度上,RAROC 反映了风险资本的效率,是夏普指数的一个演变。过去传统的线性风险度量工具,如久期、β 值等对于测量各种复杂的金融衍生工具,尤其是期权类非线性金融工具的组合资产已经很难适用。VaR 模型的应用为测量那些复杂的组合金融资产的市场风险提供了有效途径,这种风险调整后的投资业绩评价方法比较全面地描述了保险资金的运用收益。

狭义的 RAROC 模型尽管只有两个变量 ROC 和 VaR,但要计算它们也绝非易事。本书在前面的章节已经介绍了 VaR 的计算方法,这里关键是要选择合适的方法来计算组合的 VaR 值,由于绩效评价的时段有时会较长,因数据来源的限制,在计算 VaR 值的时候,通常先计算短期的 VaR,然后再利用转换公式计算长期 VaR(转换公式在后面给出)。ROC 的计算涉及统计量的分析与计算,与金融产品的市场价格相比较,实际中,投资绩效评价部门更为关注金融资产的收益率,收益率或价差是衡量投资业绩的更好的指标。金融资产算术或离散收益率定义为资本收益加上所有股息或债息等金融资产本身的收益,用公式表示为:

$$r_t = \frac{p_t + D_t - p_{t-1}}{p_{t-1}}$$

其中,r_t 是第 t 期的资产收益率,p_t、p_{t-1}、D_t 分别是第 t 期、$t-1$ 期资产的市场价格和这两期之间的股息或债息。但研究长期收益率通常用到几何收益率即价格比的对数,用公式表示为:

$$R_t = \ln\left|\frac{p_t + D_t}{p_{t-1}}\right|$$

为简便起见,假设 $D_t = 0$ 或者把市场价格看成是将所有股息都用于再投资的价值。几何收益率具有比算术收益率的经济意义强和可以在多个期限上展开等优点。因此,在狭义的 RAROC 模型计算过程中,证券组合的长期收益率宜采用对数形式,而短期收益率的计算通常采用离散形式。在相继计算出 ROC 和 VaR 的值以后,利用公式便可以得到狭义的 RAROC 的值。

(二)广义的 RAROC 方法

狭义的 RAROC 定义式中的 VaR 反映的是金融市场正常波动下资产

或组合的市场风险，对于保险资金运用来说，用该定义式衡量整体资金运用业务的绩效会失之公允。因为狭义的 RAROC 定义式中的 VaR 并不包括由于交易对手违约等原因而产生的损失。众所周知，由于保险资金运用有其固有特点，在保险资金运用过程中，保险公司要面临相当大的违约风险，因此，如果要综合评价投资绩效，RAROC 的定义式中的 VaR 就不仅仅是市场风险 VaR，还应当涵盖其他主要类型的风险。这样，广义的 RAROC 可以定义为：

$$RAROC = \frac{(NR - EL)}{VaR + 非预期信用损失 + 操作风险损失}$$

其中，NR 为净收益，即扣除所有成本后的净值；EL 为预期信用损失，即由于金融市场上交易对手违约而导致的特定比例的信用损失，它由头寸的潜在敞口或头寸的未来市场价值、预期违约率（一定时间内违约的可能性）、预期回收率（违约后预期能归还的债务比例）决定。

这样，预期信用损失可由下式确定：

$$EL = (1 - R_E) \frac{\sum_{p=1}^{M} E_p D_p}{M}$$

其中，EL 为预期信用损失；E_p 为时间段 p 内交易的预期敞口，p 可以是任意一段时间，根据绩效评价的时间规定，可以以季度和年为单位；D_p 为时间段 p 内的预期违约率；R_E 为预期回收率，回收率主要依赖于债务的等级，如果债务是优先债务或保险的债务，则回收率相对较高；M 为用来计算预期信用损失的时间段数，M 的取值一般等于交易的期限。

实际中，可使用信用评级机构给出的违约率和回收率，如美国的金融机构大多使用标准普尔和穆迪给出的违约率和回收率（见表 4-1、表 4-2）。由于我国的信用评级发展的历史还不长，信用评级制度还很不完善，评级往往只在发行债券或发放贷款前进行，很少进行事后的跟踪和进行持续评级，因此，我国的信用评级机构缺少违约率和回收率方面的统计分析数据。

预期信用损失的确定可以分为以下两种情况。

（1）非交易性金融资产

非交易性资产往往采用应计会计制度，其头寸敞口通常保持不变。例如，某保险公司与某股份制银行达成了金额为 3000 万元人民币，期限为 5 年的一宗大额协议存款。另设交易对手的信用级别为"AA"，回收率为零，存款价值为常数，则根据标准普尔和穆迪给出的违约率和回收率，保险公司的预期损失为 0.0034 × 3000 = 10.2 万元；如果回收率为 30%，则预期信用损失为 3.06 万元。当然，预期信用损失还必须根据存款到期日的变化而作相应的调整。如上例中，假定回收率为零，在存款到第三年年初的时候，预期信用损失为 0.0014 × 3000 = 4.2 万元，这里，假定股份制银行在第三年年初时的信用等级并无变化，如果其信用等级发生变化，预期信用损失还要据此作相应调整。

表 4-1　　　　标准普尔累积违约率（1981—2008 年）　　　（单位：%）

信用级别＼期限	1	2	3	4	5	6	7	8	9	10
AAA	0.00	0.00	0.09	0.18	0.27	0.37	0.40	0.47	0.51	0.55
AA	0.03	0.08	0.14	0.25	0.34	0.45	0.56	0.65	0.73	0.83
A	0.08	0.20	0.34	0.52	0.72	0.95	1.21	1.45	1.69	1.94
BBB	0.24	0.68	1.17	1.79	2.43	3.06	3.59	4.12	4.63	5.16
BB	0.99	2.88	5.07	7.18	9.07	10.90	12.41	13.74	15.00	16.02
B	4.51	9.87	14.43	17.97	20.58	22.67	24.46	25.93	27.17	28.41
CCC-C	25.67	34.10	39.25	42.29	44.93	47.45	48.09	48.09	49.53	50.33

资料来源：根据标准普尔研究报告整理。

表 4-2　　　　　穆迪平均回收率（1970—1995 年）　　　　（单位：%）

债务等级	回收率
优先并保险的	53.1
优先但未保险	45.9
优先后偿	37.0
后偿	29.6
低级后偿	16.4
优先股	6.0

资料来源：穆迪投资者服务，公司债券违约和违约率（1938—1995 年），1996 年 1 月。

说明：违约率是基于违约债券违约一个月后发布的市价。

(2) 交易性金融资产

对交易性金融资产来说，因为采用每日盯市操作，所以其信用敞口每天都会发生变化，这就要求必须首先确定头寸的未来市场价值（潜在敞口），而未来的市场价值又取决于市场因子的波动性[①]，显然，计算不同类型交易性金融资产的未来价值法也就有很大不同，鉴于交易性金融资产预期信用损失计算的复杂性以及对保险公司的影响不大，本书对此不再赘述。

再看广义 RAROC 定义式中的分母项。

(1) VaR

RAROC 中的 VaR 和作为市场风险测量的 VaR 之间并没有本质差别，唯一的差别是时间范围的不同：RAROC 关注的是在投资组合考察期内的风险损失，如一年、半年或一季度等，而不是在一天或一周的持有期内的潜在损失。

在计算年度 VaR 或季度 VaR 时，由于要求积累几十年的数据量，而且很久以前的历史数据并不能很好地反映金融市场现在的行为，因此，实际中，通常是先计算较短持有期（如一天或一周）的 VaR 值，然后将其放大为长持有期的 VaR。例如，已知日 VaR，则可由下式计算持有期 t 日（实际交易日）的 VaR 值为：$VaR_t = \sqrt{t} VaR_日$。例如，要计算 2012 第二季度的 VaR 值，由于第二季度有 12 周，则 $VaR_{季度} = \sqrt{12} VaR_周$。当然，在计算日 VaR 时，由于市场的波动性和相关性，VaR 每天都在变化，因此，在计算时，应当采用较为稳定的 VaR 测量，如通常可以取日 VaR 的平均值或选择较长的观察期。

(2) 非预期信用损失

非预期信用损失是对超过预期信用损失的一种估计，它是通过计算预期信用损失的违约率和回收率的统计分布，取一定的置信水平上的最大损失值而得到的：具体是：非预期信用损失 = 信用损失最大值 - 预期信用损失。如某种交易资产的最大损失值为 3000 万元，则最大损失值乘以一定置信度如为 95% 的回收率就得到了最大信用损失。假设初始回收率为 30%。95% 的置信度下回收率的波动为 20%，则 95% 的置信

[①] 王春峰：《金融市场风险管理》，天津大学出版社 2001 年版，第 466 页。

度的回收率为 $(30 - 30 \times 0.2)\%$，即为24%，则最大信用损失为 $(1 - 0.24) \times 3000$ 万元，即为2280万元。

(3) 操作风险

操作风险是保险资金运用的主要风险类型之一，其测量非常困难，本书对此已有论述，在此不再赘述。

这样，求得以上各项的值以后，便可以计算 RAROC 的值了。

但上述计算方法也有其局限性：其一，这种方法将 VAR 局限于对市场风险的测量，尽管 VaR 最初被广泛运用于市场风险的测量，但近几年来却开始应用于度量信用风险和操作风险。事实上，VAR 是一种测定风险的思路，它可以有不同的模型。其二，这种方法未考虑市场风险、信用风险和操作风险的相关性。RAROC 方法假定三类风险相互独立且完全不相关，认为风险是三类风险的简单加总。事实上，三类风险可能会存在一定程度的相关性，将三类风险简单加总是不妥当的。其三，基于 VAR 的 RAROC 方法基于一定的假设，如投资组合价值与风险因子的线性关系假设、收益率分布的正态性假设，这是基于 VAR 的 RAROC 方法存在争议的焦点。但对上证综合指数回报率样本的研究表明（陈学华、杨辉耀，2003），收益率分布具有非正态性，且存在尖峰、厚尾现象，因此，在运用 VaR 方法测定市场风险时对收益率分布的假设是非常重要的。其四，由于我国的信用评级机构缺少违约率和回收率方面的统计分析数据，因此，在实际应用中，要计算预期信用损失和非预期信用损失就很困难。所以，有必要对上述方法作一些简单的改进。

近几年来，针对上述某一种缺陷进行改进的 RAROC 方法的研究有很多，但其研究结果也不能令人满意，问题的关键在于，大多数改进的 RAROC 方法仍然缺乏可操作性。以下针对 RAROC 方法没有考虑三类风险可能会存在一定程度的相关性的缺陷，介绍一种 RAROC 方法的计算改进思路[①]。

进行改进的一种具体思路是：可以用 VaR 方法来测量三类风险，即分母项可以用 $VaR_{总}$ 来代替，则 $VaR_{总}$ 为：

$$VaR_{总} = f(市场VaR, 信用VaR, 操作VaR) = f(VaR_1, VaR_2, VaR_3) = a_i \Sigma a$$

[①] 李亚静：《基于 VaR 的风险分析理论和计算方法》，《预测》2000 年第5期。

其中，$a = (a_1, a_2, a_3)^T$，a_1, a_2, a_3 分别为市场风险、信用风险以及操作风险在总风险中的权重。Σ 为三类风险的方差协方差矩阵。

如果不考虑金融机构的分散化组合投资，便会夸大其总风险值，进而会夸大对风险资本的需求。但要改进 RAROC 方法，在现实中又很难估计各类风险之间的关系，而且由于三类风险之间的相互关系会经常发生改变，必须每次重新估计其关系后，改进的 RAROC 方法才能有效。因此，比较现实的选择是采用考虑相关性和不考虑相关性的两种测量方法，并向管理者提供两种方法的分歧及影响，以供其选择一个适合的风险偏好方案。比如，美国的一些主要投资机构和银行在独立测定三类风险，并通过简单累加各类总风险值来计算总量风险资本的同时，也提供了考虑相关性影响的风险数据。

三 保险资金运用绩效评价的数据包络分析方法

（一）DEA 方法概述

DEA 方法的突出优点是便于考察被评对象在同行中所处位置或者同一被评客体的投资绩效随时间变化的趋势，且不需要选择评价业绩的市场基准，而且还可以进行灵敏度分析，并从输入/出角度给出投资运作未达到有效的原因，为业务部门的投资管理提供进一步改进工作的方向。

DEA 方法是著名运筹学家 A. Charnes 和 W. W. Cooper 等人以相对效率概念为基础发展起来的一种崭新的效率评价方法，它依赖于投入指标与产出指标数据，从相对有效性角度出发，对同类型决策单元（DMU）如证券投资基金、同一投资部门或交易员在相同时间区间序列的投资绩效所进行的效率评价，它不必事先设定决策单元的具体输入/出函数，在测定若干决策单元的相对效率时，注重的是对每一个决策单元进行优化，所得出的相对效率是其最大值，所得出的权重也是最优的，因而它是最有利于该决策单元的相对效率。对于非有效的决策单元，可以利用 DEA "投影原理" 进一步分析各决策单元 DEA 非有效的原因及其改进方向，从而为决策者提供重要的管理决策信息，这种方法结构简单、使用方便，特别能有效处理多种投入、多种产出指标时的评价问题。

（二）DEA 的基本模型——C^2R 模型

DEA 方法的最基本模型是 C^2R 模型。如以某基金部或某交易员在相同时间区间序列的投资绩效评价为例。假定时间序列共包括 n 个相同的时间区间，即有 n 个被评价的决策单元，记为 DMU_i，$i = 1, 2, \cdots, n$，每个被评对象都有 m 个输入指标，其指标集为 $I = \{1, 2, \cdots, m\}$ 和 s 个输出指标，指标集 $R = \{1, 2, \cdots, s\}$。v_i 为对第 i 种类型输入的一种度量权系数；u_r 为对第 r 种类型输出的一种度量权系数；这 n 个被评对象的输入、输出指标数据如下：

被评对象：$DMU_1, DMU_2, \cdots, DMU_n$

输入指标：$X_1, X_2, \cdots, X_n$

输出指标：$Y_1, Y_2, \cdots, Y_n$

其中，$X_j = (x_{1j}, x_{2j}, \cdots, x_{mj})^T$，$Y_j = (y_{1j}, y_{2j}, \cdots, y_{sj})^T$，分别为被评对象 DMU_j 的输入、输出指标数据，则每一决策单元都有相应的效率评价指数：

$$h_j = \frac{u^T Y_j}{v^T X_j}, \quad j = 1, 2, \cdots, n$$

我们总可以适当选择权系数 v 和 u，使其满足：$h_j \leq 1, j = 1, 2, \cdots, n$。

现在对第 j_0 个决策单元进行效率评价，在各决策单元的效率指标均不超过 1 的条件下，选择权系数 v 和 u，使 h_0 最大。于是构成如下的最优化模型：

$$\max h_0 = \frac{u^T Y_0}{v^T X_0}$$

$$s.t. \quad h_j = \frac{u^T Y_j}{v^T X_j}, \quad v \geq 0, u \geq 0, j = 1, 2, \cdots, n$$

在规模效益可变的条件下，对上述分式规划作 Charnes-Cooper 变换，得下述线性规划模型：

$$\max \mu^T Y_0$$

$$s.t. \begin{cases} w^T X_j - \mu^T Y_j \geq 0, j = 1, 2, \cdots, n \\ w^T X_0 = 1 \\ w \geq 0, \mu \geq 0 \end{cases}$$

上述规划问题的对偶问题为：

$$\min \theta$$

$$s.t. \begin{cases} \sum_{j=1}^{n} X_j \lambda_j + s^- = \theta X_0 \\ \sum_{j=1}^{n} Y_j \lambda_j - s^+ = Y_0 \\ \lambda_j \geq 0, j = 1, 2, \cdots, n; s^+ \geq 0; s^- \geq 0 \end{cases}$$

利用上述的两规划问题来验证第 j_0 决策单元的 DEA 有效性很不方便，为此，Charnes 和 Cooper 又引入了非阿基米德无穷小量概念，构造了具有非阿基米德无穷小量的 C^2R 模型来判定 DMU_{j_0} 的有效性。带有非阿基米德无穷小量 ε 的 C^2R 模型为：

$$\max \mu^T Y_0$$

$$s.t. \begin{cases} w^T X_j - \mu^T Y_j \geq 0, j = 1, 2, \cdots, n \\ w^T X_0 = 1 \\ w^T \geq \varepsilon e^{-T}, \mu^T \geq \varepsilon e^{+T} \end{cases}$$

上述规划问题的对偶问题为：

$$\min[\theta - \varepsilon(e^{-T} s^- + e^{+T} s^+)]$$

$$(D) s.t. \begin{cases} \sum_{j=1}^{n} X_j \lambda_j + s^- = \theta X_0 \\ \sum_{j=1}^{n} Y_j \lambda_j - s^+ = Y_0 \\ \lambda_j \geq 0, j = 1, 2, \cdots, n; s^+ \geq 0; s^- \geq 0 \end{cases}$$

其中，$e^{-T} = (1, 1, \cdots, 1) \in E_m$，$e^{+T} = (1, 1, \cdots, 1) \in E_s$。

利用此模型，可以一次判断出 DMU_{j_0} 的有效性。于是有下述判断定理：

定理 4.1：设 ε 为非阿基米德无穷小量，并且规划问题（D）的最优解为 λ^0、s^{-0}、s^{+0}、θ^0，则有：

（1）若 $\theta^0 = 1$，则 DMU_{j_0} 为弱 DEA 有效；

（2）若 $\theta^0 = 1$，并且 $s^{-0} = 0$，$s^{+0} = 0$，则 DMU_{j_0} 为 DEA 有效。

在实际应用中，只要取 ε 足够小（例如取 $\varepsilon = 10^{-6}$），就可以利用单纯型方法求解规划问题（D）。

上述 C^2R 模型是从"产出不变，投入最少"的角度建立的，类似的，还可以从"投入不变，产出最大"的角度建立 C^2R 模型（略），在这两种模型中，决策单元 DEA 有效性的定义是等价的。事实上，DEA 有效（C^2R）等价于技术有效和规模有效，所以，在 C^2R 模型中，DEA 有效是同时针对技术有效和规模有效而言的。

由规划问题的最优解可以进一步判断 DMU_{j_0} 的规模收益情况，具体是：

(1) 当 $\sum_{j=1}^{n} \lambda_j^0 / \theta^0 = 1$ 时，DMU_{j_0} 具有恰当的投入规模，为规模收益不变；

(2) 当 $\sum_{j=1}^{n} \lambda_j^0 / \theta^0 < 1$ 时，DMU_{j_0} 为规模收益递增；

(3) 当 $\sum_{j=1}^{n} \lambda_j^0 / \theta^0 > 1$ 时，DMU_{j_0} 为规模收益递减。

对非有效的决策单元可以进行投影分析以确定进一步改进的方向。这里，DEA 有效的经济含义是除非再增加一种或多种投入，或减少其他种类的产出，否则无法再增加任何产出；DEA 非有效的经济含义是指：相对而言，决策单元的投入还没有达到应有的产出，或者就现在的产出而言，决策单元的投入过大。对非有效的决策单元，投影分析的含义是：假如非有效的决策单元 DMU_{j_0} 的最优解为为 λ^0、s^-、s^{+0}、θ^0，令 $\overline{X_0} = \theta^0 X_0 - s^{-0}$，$\overline{Y_0} = Y_0 + s^{+0}$，则称 $(\overline{X_0}, \overline{Y_0})$ 为 DMU_{j_0} 对应的 (X_0, Y_0) 在 DEA 相对有效面上的"投影"，$(\overline{X_0}, \overline{Y_0})$ 所代表的新的决策单元相对于原来的 n 个决策单元来说是 DEA 有效的。DMU_{j_0} 在 DEA 相对有效面上的"投影"，实际上为改进非有效的决策单元提供了一个可行的方案，同时也指出了非有效的原因，这对于改进保险投资管理工作是很有帮助的。

（三）带有 AHP 约束锥的 DEA 模型（DEAHP 模型）

DEA（C^2R）方法是在输入、输出数据的基础上，采用变化权来对各 DMU 进行评价的，其评价结果不受任何人为因素的影响，它不能反映出输入（输出）指标之间确实存在的重要程度不同的问题，评价结果仅仅依赖于最初所得到的输入、输出数据，没有考虑到指标的差异性。然而，某些评价问题如保险资金运用的业绩评价应当反映出决策者的偏好。如对于保险公司来说，保险投资资金具有不同于其他机构投资者的投资资金的特点，如寿险资金要求的安全性和盈利性一般较高，而产险资金要求有较高的流动性。因此，一个好的评价模型理应反映不同类型的保险资金的特点。而上述 DEA 模型完全依赖客观数据，不能反映决策者对指标的偏好程度。而层次分析法（AHP）却是完全根据人的主观判断来构造判断矩阵，它的分析过程体现了人的决策思维的基本特征，即分析、判断、综合。这种方法充分反映了决策者的偏好，但在某种程度上而言，AHP 方法又"过于"依赖决策者的主观判断。

以下从 DEA 方法和 AHP 方法各自的特点出发，将这两种方法结合起来，即将层次分析法的思想应用到 DEA 相对有效性评价中去，提出 AHP 约束锥的概念，使 DEA 评价的客观分析与 AHP 的主观分析相结合，从而建立带有约束锥的 DEAHP 评价模型[①]，并将此模型应用到保险资金运用业绩评价问题当中。

为了反映决策者对各指标重要性的偏好，在 DEA 的 C^2R 模型的基础上，分别对输入指标 $I = \{1, 2, \cdots, m\}$ 和输出指标 $R = \{1, 2, \cdots, s\}$，使用 AHP 方法，进行两两比较，分别建立两个 9 标度判断矩阵：

$$C'_m = (c_{ij})_{m \times m}, B'_s = (b_{ij})_{s \times s}$$

其中，$c_{ij} > 0$，$c_{ij} = c_{ji}^{-1}$ 和 $c_{ii} = 1$，$b_{ij} > 0$，$b_{ij} = b_{ji}^{-1}$ 和 $b_{ii} = 1$，然后按 AHP 方法对矩阵进行一致性检验，一般取 $C.R < 0.1$ 认为判断矩阵的一致性可以接受，设 λ_C 和 λ_B 分别为判断矩阵 C'_m 和 B'_s 的最大特征值，并令

$$C = C'_m - \lambda_C E_m, B = B'_s - \lambda_B E_s$$

其中 E_m 与 E_s 分别为 m 阶和 s 阶单位矩阵，进一步构成多面闭凸锥：

$$CW \geq 0, W = (w_1, w_2, \cdots, w_m)^T \geq 0$$

$$B\mu \geq 0, \mu = (\mu_1, \mu_2, \cdots, \mu_s)^T \geq 0$$

并称其为 AHP 约束锥。

定理 4.2：若判断矩阵 C'_m 满足完全一致性条件，则 $CW \geq 0$ 与 $CW = 0$ 的解域相同，其中 $W = (w_1, w_2, \cdots, w_m)^T \geq 0$

证明 当 C'_m 满足完全一致性条件时，显然有最大特征值 $\lambda_C = m$，又因

$$(C'_m - E_m) \geq 0 \text{ 及} (C'_m - mE_m)W = CW \geq 0 \quad (4.1)$$

[①] 吴育华、曾祥云：《带有 AHP 约束锥的 DEA 模型》，《系统工程学报》1999 年第 4 期。

则有：
$$(C'_m - E_m)(C'_m - mE_m)W \geq 0$$
$$(C'^2_m - C'_m - mC'_m + mE_m)W \geq 0$$

由于 C'_m 满足完全一致性，因而有
$$c_{ij} = c_{ik}c_{kj}$$

于是
$$C'^2_m = (c_{ij})(c_{ij}) = (\sum_{k=1}^{m} c_{ik}c_{kj}) = m(c_{ij})$$

进而得
$$(C'_m - mE_m)W \leq 0 \qquad (4.2)$$

于是由式（4.1）和式（4.2）得：$CW = 0$

根据评价问题的数据，对于 DMU_{j_0}，可以建立通常相对有效性 DEA 模型（C^2 及 C^2GS^2）：
$$\max P_{j_0} = (\mu^T Y_{j_0} + \Delta\mu_0)$$
$$W^T X_j - \mu^T Y_j - \Delta\mu_0 \geq 0 \quad j = 1, 2, \cdots, n$$
$$W^T X_{j_0} = 1$$
$$W \geq 0, \mu \geq 0$$

其中 Δ 为参数，$\Delta = 0$ 为 C^2R 模型，$\Delta = 1$ 为 C^2GS^2 模型，为了能反映决策者在各指标上的偏好，使用 AHP 方法对权重选择上加以一定限制，即在上述 DEA 评价模型中增加 AHP 约束锥，即有：
$$\max P_{j_0} = (\mu^T Y_{j_0} + \Delta\mu_0)$$
$$W^T X_j - \mu^T Y_j - \Delta\mu_0 \geq 0 \quad j = 1, 2, \cdots, n$$
$$W^T X_{j_0} = 1$$
$$W \in V \quad \mu \in U \quad \Delta = 0, 1$$

其中，$V = \{W \mid CW \geq 0, W \geq 0\}$；$U = \{\mu \mid B\mu \geq 0, \mu \geq 0\}$。

称上述模型为带有 AHP 约束锥的 DEA 模型，简记为 DEAHP。

模型（DEAHP）的对偶问题为：
$$\min \theta$$
$$\sum_{j=1}^{n} \lambda_j X_j - \theta X_{j_0} \in V^*$$
$$-\sum_{j=1}^{n} \lambda_j Y_j + Y_{j_0} \in U^*$$

$$\Delta \sum_{j=1}^{n} \lambda_j = \Delta$$

$$\lambda_j \geq 0 \quad j = 1, 2, \cdots, n \tag{4.3}$$

其中 V^* 和 U^* 分别为 V 和 U 的负极锥。

对于上述 DEAHP 模型,若其约束锥的判断矩阵 C_m 和 B_s 满足完全一致性条件,根据定理 4.2,$CW \geq 0$ 和 $CW = 0$ 有相同的解域,求解

$$(C'_m - mE_m)W = 0$$

即

$$C'_m W = nW$$

可得解 $W^* = (w_1^*, w_2^*, \cdots, w_m^*)^T$,即为由 AHP 方法求得的各输入指标之权重,同理可求得各输出指标的权重为:

$$\mu^* = (\mu_1^*, \mu_2^*, \cdots, \mu_s^*)^T$$

定理 4.3 对 DEAHP 模型 ($\Delta = 0$),若其约束锥之判断矩阵 C'_m 和 B'_s 满足完全一致性条件,则此评价模型所得各单元 DMU_K 的相对效率值,与由 AHP 方法所得各单元加权平均比值相同,即 (T 为参数):

$$P_{j_0}^* = \frac{\sum_{k=1}^{s} \mu_k^* y_{kj_0}}{\sum_{k=1}^{m} W_k^* x_{kj_0}} \times T \quad j = 1, 2, \cdots, n$$

证明 C'_m 和 B'_s 满足完全一致性条件,则上述 DEAHP 模型可以写为:

$$\max P_{j_0} = K' \mu^{*T} Y_{j_0}$$

$$KW^{*T} X_j - K' \mu^{*T} Y_j \geq 0, j = 1, 2, \cdots, n$$

$$KW^{*T} X_{j_0} = 1$$

$$K \geq 0 \quad K' \geq 0$$

显然最大值为:

$$P_{j_0}^* = K'^* \mu^{*T} Y_{j_0}$$

其中

$$K'^* = K \cdot \max_{1 \leq j \leq n} \frac{W^{*T} X_j}{\mu^{*T} Y_j} \text{ 和 } K = \frac{1}{W^{*T} X_{j_0}}$$

因而

$$P_{j_0}^* = \frac{\mu^{*T} Y_{j_0}}{W^{*T} X_{j_0}} \cdot \max_{1 \leq j \leq n} \frac{W^{*T} X_j}{\mu^{*T} Y_j}$$

其中参数 $T = \max\limits_{1 \leq j \leq n} \dfrac{W^{*T}X_j}{\mu^{*T}Y_j}$ 证毕。但是，在实际中，所构造的判断矩阵 C'_m 和 B'_s 往往是不一致的，这反映了人们对一些事物的比较判断不能以一个准确的值表达出来，而用一个范围（区间）表示才更为确切。

当 C'_m 和 B'_s 不一致时，$CW \geq 0$ 和 $B\mu \geq 0$ 的解域不仅包含 $CW = 0$ 和 $B\mu = 0$ 的解域，而且存在一个变动范围，当一致性检验指标 C.R 越小时，C'_m 和 B'_s 越接近于完全一致，其解区间就越小，反之就越大，这个区间也就是对输入/出指标间的权重的限定范围，在这范围内再使用 DEA 方法选择最有利于被评价 DMU 的权，因而使其评价结果既体现了人的主观因素，又体现 DEA 方法客观性的特点，使主观因素和客观条件得到了统一，这就是 DEAHP 模型的主要思想。

由以上分析过程，可以得到这样一个规律，即对模型（DEAHP）的判断矩阵的一致性检验指标 C.R 进行控制，当控制的越小时，模型对各 DMU 评价的结果反映人的主观因素成分也就越大；当控制得越大时，其评价结果反映 DEA（C^2R、C^2GS^2）的客观性特点就越强。

四 保险资金运用绩效评价的实证研究

（一）RAROC 方法的实证分析

利用 RAROC 方法对保险资金运用绩效进行评价的关键是计算投资组合的 VaR 值，下面以实例说明保险公司基金投资组合 VaR 值的计算方法。

自 1998 年初中国证券市场第一只封闭式基金上市交易以来，截止到 2012 年 11 月，市场上开放式基金已有 1000 多只，封闭式基金也有 40 多只，货币式基金的数量也突破了 100 只，我国基金市场已有了较大发展，有足够的历史数据进行 VaR 计算。为此，对于保险公司基金投资组合中上市或发行时间较短、难以搜集数据的基金暂不列于计算样本。同时考虑到基金的数量众多，本书只随机选择了 30 只开放式基金的数据作为研究对象。本研究的样本区间为 2009 年 1 月 8 日至 2012 年 10 月 26 日。另外，VaR 值计算的关键在于估算出收益率在未来一定时期内的均值和方差，对于基金而言，收益率可以指资产净值收益率也可以指市场价格收益率。出于方便搜集数据的考虑，本书选择资产净值（几何）收益率。利用 30 只基金在样本区间内周单位资产净值数据

(原始数据来自中国易富网每周公布的基金单位净资产值)分别计算其资产净值收益率及其均值、标准差、偏度和峰度,并列于表4-3(1)中。然后分别运用方差—协方差法和半参数方法计算各基金品种在5%置信水平下的VaR值,计算结果如表4-3(1)所示。最后,再根据某保险公司2012年10月公布的基金投资组合以及各基金单位资产净值,去除组合中不在上述30只基金集合内的基金,利用对角线模型计算基金组合的δ_p,并进而计算组合的VaR值,计算结果如表4-3(2)所示。上述计算步骤可用图4-6表述。

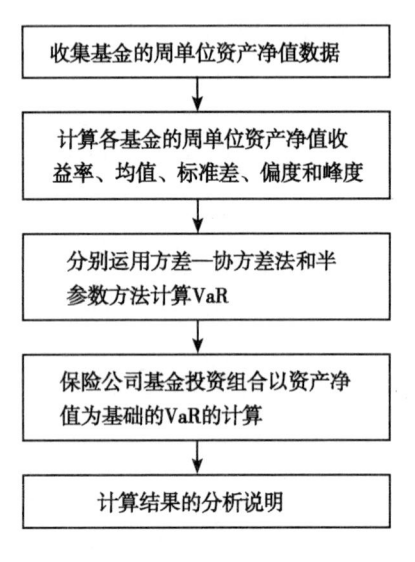

图4-6 实证分析步骤

由表4-3(1)可知,总体来看,利用半参数方法和方差—协方差法计算得到的30只基金的VaR值相差不大,说明计算结果满足一定的精度要求。但对比两种方法的计算结果又不难发现,利用方差—协方差法计算所得的VaR值大部分要高于利用半参数方法计算所得的VaR值。这意味着,要么是方差—协方差法高估了VaR值,要么就是半参数方法低估了VaR值。由于方差—协方差法基于两个假定,即线性假定和正态分布假定,而实际金融数据通常呈尖峰厚尾分布,因此,方差—协方差法很容易高估VaR值。事实上,国内已有学者验证了我国证券市场的收益率分布呈现明显的尖峰厚尾特征,因此,我们有更多的理由相信是方差—协方差法高估了基金的VaR值。

表4-3（1）　　基金资产净值收益率均值、标准差、偏度、峰度及其 VaR（置信水平 5%）

基金代码	收益率均值	收益率标准差	偏度	峰度	半参数 VaR	方差法 VaR
000001	-0.0033	0.02972	-3.893	31.101	0.0680	0.0488
000011	-0.0023	0.03993	-4.151	34.185	0.0946	0.0656
000021	-0.0054	0.04975	-3.769	23.217	0.0823	0.0818
000031	-0.0017	0.03062	-0.244	0.595	0.0412	0.0503
000041	0.0010	0.03228	2.45	18.159	0.3444	0.0531
000051	-0.0027	0.02749	0.195	0.327	0.3626	0.0452
000061	-0.0025	0.02612	-0.04	0.079	0.0327	0.0429
001001	-0.0003	0.00512	-2.006	5.518	0.0055	0.0084
001003	-0.0002	0.00497	-2.24	7.641	0.0061	0.0081
001011	-0.00021	0.00603	-2.34	9.117	0.0082	0.0099
001013	-0.00022	0.00594	-2.325	9.691	0.0086	0.0097
002001	-0.00082	0.01644	0.025	0.216	1.4796	0.0270
002011	-0.0067	0.04369	-4.524	31.548	0.0732	0.0718
002021	-0.00057	0.01752	-0.127	0.502	0.0246	0.0288
002031	-0.0015	0.03660	-4.758	40.862	0.0864	0.0602
020001	-0.0023	0.02651	-0.117	-0.098	0.0311	0.0436
020002	-0.00008	0.00932	-2.805	13.773	0.0149	0.0153
020003	-0.0055	0.04669	-7.543	76.858	0.0899	0.0768
020005	-0.00205	0.02337	-0.08	0.014	0.0286	0.0384
020009	-0.00281	0.02642	-0.031	-0.032	0.0320	0.0434
020010	-0.00121	0.02674	-0.284	0.736	0.0367	0.0439
020011	-0.00278	0.02721	0.201	0.38	0.3566	0.0447
020012	-0.00006	0.00895	-2.519	11.719	0.0142	0.0147
020015	-0.00096	0.02227	-0.083	-0.256	0.0263	0.0366
020018	-0.000288	0.00537	-4.331	43.114	0.0157	0.0088
020019	-0.000522	0.01149	-4.387	28.86	0.0191	0.0189
020020	-0.000517	0.01079	-3.76	21.449	0.0165	0.0177
040001	-0.00210	0.02281	-0.19	-0.326	0.0244	0.0375
040002	-0.00285	0.02773	0.072	-0.112	0.7597	0.0456
040004	-0.000827	0.02106	-0.229	-0.215	0.0240	0.0346

表 4 – 3（2） 保险公司基金投资组合的净值总额及其 VaR （单位：万元）

净值总额	可计算 VaR 的净值总额	5% 置信水平下的 VaR	VaR 值占净值的比例
368496.32	323354.58	10031.15	0.031

在正态分布假设下，保险公司可以利用周 VaR 数据近似计算月度或季度等其他持有期的 VaR 值，例如，已知周 VaR，则可由下式计算持有期周（实际交易周）的 VaR 值为：$VaR_t = \sqrt{T} VaR_周$，如月度 VaR 值为：$VaR_{月度} = \sqrt{4} VaR_周$。据此，VaR 值可以作为风险限额确定、调整和分配的重要依据。

（二）DEA 方法的实证分析

根据图 4 – 7 所示的技术路线，以某保险公司基金投资部在相同时间区间序列的投资绩效评价为例，说明保险资金运用绩效评价的 DEA 方法的具体应用。

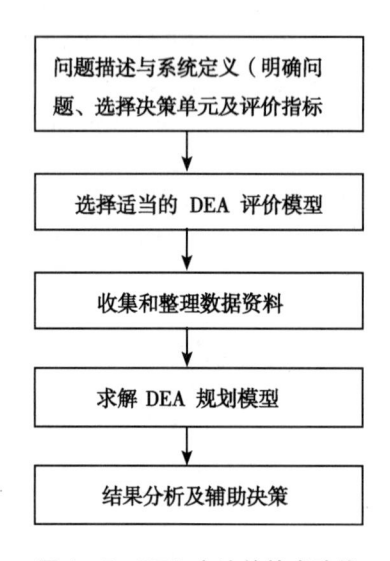

图 4 – 7　DEA 方法的技术路线

评价的时间段为 2009 年 4 月至 2012 年 9 月，时间区间为一个季度，这样，时间序列共包括 14 个相同的时间区间，即有 14 个被评价的决策单元，记为 DMU_i，$i = 1, 2, \cdots, 14$。因权重确定过程的复杂性，评价模型暂不选用 DEAHP 模型而是选用 DEA 的基本模型 C^2R 模型，重点考察基金投资部在各季度的投资效率以及其规模有效性,并进行投影分析,明确基金投资部在个别季度投资未达到有效的原因。

持有基金组合的净资产和运营成本是基金投资部投资运作的最基本投入,因此,首先将期初(每季度初或上季度末)持有基金的平均单位净资产(X_1)以及平均的单位成本(X_2)(包括申购费用、赎回费用以及手续费等)作为系统的输入指标。其次,投资组合的风险选择是影响其收益的重要因素,也就是说,投资组合承担了较高的风险理应获得较高的投资收益,否则,投资只能是低效的。在此,使用评价期间内基金单位资产净值的标准差(X_3)来衡量投资风险,并将它作为输入指标。投资运作的产出首先是其投资收益,所以,将单位基金平均季度收益率作为输出指标(Y_1),投资收益包括两部分:一是买卖基金的差价收入,即资本利得;二是基金分红,由于基金在有收益的前提下每年进行一次分红,因此,对于季度分红收益的确定,可以做这样的处理:对于当年一直持有并获得分红的基金,分红数额可以按季度持有量平均分摊,对于几个季度持有并获得分红的基金,分红数额可以按实际季度持有量平均分摊,未持有基金的季度不分摊红利。单位基金平均季度收益率 Y_1 的计算采用几何收益率形式,则基金单位在第 i 季度的收益率定义为:

$$r_i = \ln \left| \frac{NAV_i + D_i}{NAV_{i-1}} \right|$$

其中,NAV_i、NAV_{i-1}、D_i 分别是第 i 季度、$i-1$ 季度基金组合中单位基金的资产净值和这两季度之间的单位基金分红。其次,考虑到所构建的投资组合中基金的流动性和成长性,选择基金单位净值平均增长率(Y_2)和周转率(Y_3)为另外两个输出指标。

以某保险公司基金投资部2009年4月至2012年9月共14个季度的投资组合为研究样本,所需数据包括:14个季度的投资组合以及仓位情况、基金投资的成本数据、投资组合基金净值及净值增长率数据等。其中,基金单位净资产值等公开数据可以从中国易富网、中国证券报等网站上获取。依据输入/出指标的含义,将原始数据处理以后得到表4-4所示的评价数据(由于得不到保险公司关于基金投资组合的数据,表中的数据为模拟数据)。

表 4-4　　14 个季度基金投资组合的输入/出评价数据

决策单元	输入指标 X₁	X₂	X₃	输出指标 Y₁	Y₂	Y₃
DMU₁ (2009.4—2009.6)	1.45	0.03	0.11	-0.21	-0.19	2.12
DMU₂ (2009.7—2009.9)	1.37	0.04	0.10	0.212	0.18	1.56
DMU₃ (2009.10—2009.12)	1.48	0.04	0.13	0.18	0.12	1.86
DMU₄ (2010.1—2010.3)	1.35	0.06	0.10	0.154	0.32	1.47
DMU₅ (2010.4—2010.6)	1.32	0.03	0.12	0.133	0.26	1.54
DMU₆ (2010.7—2010.9)	1.31	0.04	0.09	-0.027	0.12	2.12
DMU₇ (2010.10—2010.12)	1.46	0.04	0.15	-0.2014	-0.19	1.47
DMU₈ (2011.1—2011.3)	1.35	0.03	0.15	0.234	0.31	1.36
DMU₉ (2011.4—2011.6)	1.21	0.05	0.13	0.135	0.33	3.65
DMU₁₀ (2011.7—2011.9)	1.19	0.06	0.12	-0.164	-0.29	1.25
DMU₁₁ (2011.10—2011.12)	1.23	0.03	0.09	-0.123	-0.11	1.89
DMU₁₂ (2012.1—2012.3)	1.27	0.03	0.12	-0.06	-0.12	1.15
DMU₁₃ (2012.4—2012.6)	1.26	0.06	0.11	-0.227	-0.32	1.31
DMU₁₄ (2012.7—2012.9)	1.19	0.06	0.10	0.07	-0.02	1.12

根据表 4-4 中的输入/出数据，使用 Holger Scheel (2000) 开发的 EMS 软件进行计算，计算结果列于表 4-5 中。

表 4-5　　14 个季度基金投资组合的评价结果（评价模型：C^2R）

决策单元	对应 C^2R 模型最优解	评价结论
DMU₁	$\theta^* = 0.91$, $\lambda_2^* = 0.41$, $\lambda_3^* = 0.52$, $s_1^- = 0.11$, $s_2^+ = 0.05$	DEA 非有效，规模收益递减
DMU₂	$\theta^* = 1$, $\lambda_2^* = 1$	DEA 有效，规模收益不变
DMU₃	$\theta^* = 1$, $\lambda_3^* = 1$	DEA 有效，规模收益不变
DMU₄	$\theta^* = 0.94$, $\lambda_3^* = 0.23$, $\lambda_8^* = 0.32$, $s_2^- = 0.015$, $s_1^+ = 0.03$	DEA 非有效，规模收益递增
DMU₅	$\theta^* = 1$, $\lambda_5^* = 1$	DEA 有效，规模收益不变
DMU₆	$\theta^* = 1$, $\lambda_6^* = 1$	DEA 有效，规模收益不变
DMU₇	$\theta^* = 0.93$, $\lambda_2^* = 0.23$, $\lambda_6^* = 0.24$, $s_1^- = 0.12$, $s_3^- = 0.01$, $s_2^+ = 0.11$	DEA 非有效，规模收益递增

续表

决策单元	对应 C²R 模型最优解	评价结论
DMU_8	$\theta^* = 1$, $\lambda_8^* = 1$	DEA 有效，规模收益不变
DMU_9	$\theta^* = 0.87$, $\lambda_2^* = 0.33$, $\lambda_6^* = 0.59$, $s_1^- = 0.012$, $s_2^+ = 0.03$	DEA 非有效，规模收益递减
DMU_{10}	$\theta^* = 0.82$, $\lambda_3^* = 0.33$, $s_2^- = 0.015$, $s_1^+ = 0.08$, $s_2^+ = 0.03$	DEA 非有效，规模收益递增
DMU_{11}	$\theta^* = 0.81$, $\lambda_6^* = 0.41$, $s_1^- = 0.011$, $s_1^+ = 0.24$, $s_2^+ = 0.16$	DEA 非有效，规模收益递增
DMU_{12}	$\theta^* = 0.67$, $\lambda_6^* = 0.46$, $\lambda_8^* = 0.35$, $s_1^- = 0.0115$, $s_1^+ = 0.25$, $s_2^+ = 0.18$	DEA 非有效，规模收益递减
DMU_{13}	$\theta^* = 0.71$, $\lambda_3^* = 0.41$, $\lambda_6^* = 0.32$, $\lambda_8^* = 0.24$, $s_1^- = 0.011$, $s_3^- = 0.012$, $s_1^+ = 0.17$, $s_2^+ = 0.19$	DEA 非有效，规模收益递减
DMU_{14}	$\theta^* = 0.69$, $\lambda_2^* = 0.35$, $\lambda_3^* = 0.34$, $\lambda_8^* = 0.41$, $s_2^- = 0.009$, $s_1^+ = 0.15$, $s_3^+ = 0.16$	DEA 非有效，规模收益不变

由表 4－5 知，DEA 有效的决策单元有：DMU_2、DMU_3、DMU_5、DMU_6、DMU_8。即该保险公司的基金投资部在 2009 年的第三、四季度，2010 年的第二、三季度以及 2011 年第一季度对基金的投资运作是 DEA 有效的，在其他季度是 DEA 非有效的，同时还给出了各季度的规模有效情况。对各非 DEA 有效的决策单元进行投影分析，结果列于表 4－6。

表 4－6　　　　　非 DEA 有效决策单元的投影分析

决策单元	评价指标		原始指标数据	DEA 相对有效面投影值
DMU_1	投入指标	X_1	1.45	1.21
	输出指标	Y_2	－0.19	－0.08
DMU_4	投入指标	X_2	0.06	0.0414
	输出指标	Y_1	0.154	0.246
DMU_7	投入指标	X_1	1.46	1.24
		X_3	0.15	0.131
	输出指标	Y_2	－0.19	－0.14
DMU_9	投入指标	X_2	0.05	0.0315
	输出指标	Y_1	0.135	0.146

续表

决策单元	评价指标		原始指标数据	DEA 相对有效面投影值
DMU_{10}	投入指标	X_2	0.06	0.0352
	输出指标	Y_1	-0.164	-0.138
		Y_2	-0.29	-0.22
DMU_{11}	投入指标	X_1	1.23	0.985
	输出指标	Y_1	-0.123	-0.09
		Y_2	-0.11	-0.02
DMU_{12}	投入指标	X_1	1.27	0.84
	输出指标	Y_1	-0.06	0.01
		Y_2	-0.12	-0.03
DMU_{13}	投入指标	X_1	1.26	0.88
		X_3	0.06	0.031
	输出指标	Y_1	-0.227	-0.18
		Y_2	-0.32	-0.21
DMU_{14}	投入指标	X_2	0.06	0.0324
	输出指标	Y_1	0.07	0.11
		Y_3	1.12	1.25

例如，以该保险公司 2009 年第二季度的基金投资组合为例：在现有输入下，基金组合的平均净值增长率还可以增长 11 个百分点，即由原来的 -0.19 提高到 -0.08，而要达到现有的输出水平，基金组合的单位平均净资产值由原来的 1.45 降至 1.21 即可；再如，2012 年第二季度的基金投资状况是：在现有输入下，基金组合的单位净值收益率还可以增长 4.7 个百分点，即由原来的 -0.227 提高到 -0.18，基金组合的平均净值增长率可以增长 11 个百分点，即由原来的 -0.32 提高到 -0.21，而要达到现有的输出水平，基金组合的单位平均净资产值可以由原来的 1.26 降至 0.88，平均单位成本可以由原来的 0.06 降至 0.031。

类似地，可以应用 DEA 模型评价同类型业务部门或交易员在某一评价周期内（一年、半年、一季度或一月等）的投资绩效，得到同类型业务部门或业务员的相对有效性指数，以及非 DEA 有效的业务部门或交易员的投资业绩未达到有效的原因及进一步改进的方向。此外，对于保险公司而言，DEA 评价模型中的输入/出指标的重要程度可能是有差别的，对此，可以分别就输入/出指标赋予不同权重，在 DEA 评价模型加入 AHP 约束锥，利用 DEAHP 模型对同类型业务部门或交易员的投资绩效进行评价，除利用 AHP 方法分别对输入/出指标赋予权重外，其他的评价步骤和 DEA 方法相同，在此不再举例说明。

如果风险限额分配与调整仅仅考虑定量因素的话，那么，DEA 有效性指数可以作为风险限额分配与调整的依据。在运用 DEA 方法得到各业务部门或交易员的 DEA 有效性指数 θ 并考虑到相关性的基础上，可以按照简单的比例分配法分配或调整各业务部门或交易员的风险限额，即将风险限额从投资绩效低的业务单位转移到投资绩效高的业务单位，最终会导致每一个业务单位的投资绩效等于机构的平均投资绩效，并最终实现风险资本乃至投资资金的最优配置。可以采用的比例分配公式是：

$$a_j = \frac{\theta_j}{\sum_{i=1}^{n} \theta_i} \times v$$

其中，v 为考虑投资组合分散效用后的部门风险限额或总体风险限额；θ_i 为同类型业务部门或交易员 i 的相对有效性指数；a_j 为业务部门或交易员 j 的风险限额。事实上，与总体风险限额确定的思路相同，风险限额的分配与调整也不能仅仅依据定量因素，而还应当考虑定性因素，如交易员经验的丰富程度、业务性质、风险限额申请、市场预期以及股东的风险偏好，等等。因此，风险限额分配与调整宜采用前述的基于专家信任度的 Delphi 方法，具体决策可由不同层级的投资管理部门做出。

第六节 风险限额的监控与执行

风险限额分配到业务部门以及交易员层次以后，风险额度便成为保险资金运用风险监控的标准。例如，对采用风险限额监控保险资金运用的总体风险来说，保险公司的资金运用管理部门可根据一定的评价周期，运用 VaR 方法对公司投资组合的 VaR 值进行计算，并与总体风险限额进行比较，当 VaR 值超过总体风险限额时，就根据公司投资管理委员会战略性或战术性的资产配置策略，分析投资组合超过总体风险限额的原因,并调整现有的投资组合,直到投资组合的总体风险限额满足要求为止。例如,某保险公司在该年度某月份的全部投资性资产的 VaR 值为 20 亿元,置信度为 99%,即该公司的全部投资性资产在一个月内,平均损失不超过 20 亿元的概率仅为 1%。按照公司投资管理委员会确定的总体风险限额,其月 VaR 限额为 18 亿元,因此,根据规定,投资组合当月的风险暴露超过了标准,需要对投资组合进行调整,即减少高风险资产的比例,降低 VaR 值,以使公司总的风险暴露控制在最高风险限额之内,业务部门及交易员的风险监控方法与此类似。就监控的频率来说,如果监控频率过快,不仅会浪费时间和成本,而且还会延误交易和相应的套期保值时机,并引起误导。因此,监控频率的确定还要取决于交易的性质和高级管理层对业务部门风险管理水平的满意程度,对于总体风险的监控,可以每月或每季度进行一次,各业务部门的风险监控频率则要根据业务的风险性质以及交易频率来确定,如对证券投资基金部的风险监控,由于交易频繁,且主要面临市场风险,因此,易采取日或周间的风险额度监控。当然,进行日间风险额度监控,有时可能延误交易时机,所以对交易员等的监控频率确定也要综合考虑多方面的因素。

各级风险额度确定后,理应得到严格遵守,如果人们觉得风险额度的超越得不到任何人重视,那么,风险额度就失去了其权威性。当然,这并不是说风险额度是僵硬不变的,在某些情况下,特别是在业务部门或交易员层次,当面临良好的市场时机时,业务部门或交易员感到有必要进行一笔大的交易,而该笔交易又有可能超越风险限额,那么,在这种情况下,保险资金运用的风险管控就应当具备相应的授权限制规则,业务部门或交易员按照规则办事,如某债券交易员向部门负责人或风险控制部门提出一定期限内暂时提高额度的要求,该请求需经审批和反馈后才可以生效,当然,僵化的风险额度超越审批机制会失去一些良好的盈利机会,因此,审批机制应当保持灵活和高效率。有时候,由于市场基本条件发生了变化,或者是高级管理层改变了重心,业务部门可能需要长久地提高风险额度。但无论是哪种情况,一旦风险额度得到批准,必须反馈到业务部门和风险管控部门。风险管控部门应及时跟踪最新的风险额度和变化情况,包括暂时的和永久的,并且监督暂时额度的有效期和有效期满后的复位等,这样便可以增加保险资金运用风险限额管理系统的可靠性。总之,有效的风险额度监控程序应当明晰,对每一个风险额度应当有专人负责。当越权发生时,应该很清楚通知谁。在图4-8所示的上报程序中,如果一个交易员超越了他的额度,则只需通知交易小组负责人,并由小组负责人决定是否需要增加额度。但是,如果是一个部门越权,则需要引起重视,并决定是否暂时增加这一部门的额度。对于单个交易的越权,交易负责人和部门负责人应该知道。高级管理层是否应该知道每一次越权,或仅知道高层次越权,这要根据每一个公司的情况而定。但不管向谁报告,当越权发生时,应立即汇报,否则会削弱风险管理系统的有效性。

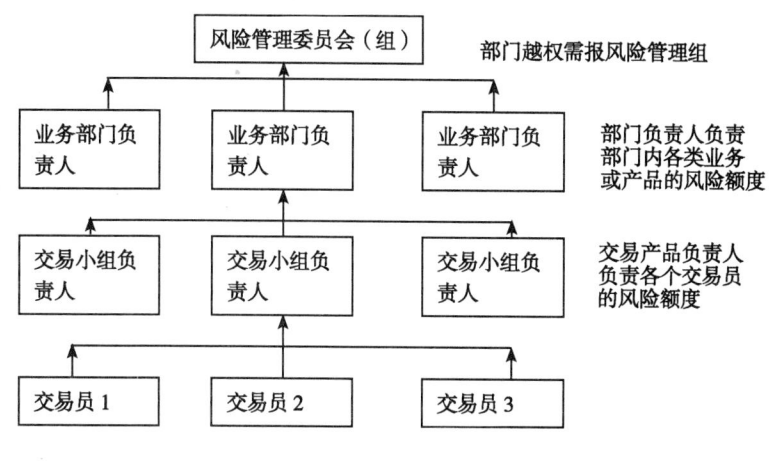

图4-8 风险额度越权上报程序

综上所述,运用风险限额监控保险资金的运用风险,可以汇总各业务部门的市场风险,从而能够使投资管理委员会及时了解保险资金运用的风险规模和集中程度,风险管理后台能够监控保险资金运用各层次风险限额的合规性,对超出风险限额的交易或投资组合逐级上报,及时采取相应措施,有效控制保险资金运用的市场风险。但是,众所周知,尽管信用风险VaR的研究与应用已经见诸有关文献,但还不够成熟,风险限额主要监控的还是保险资金运用的市场风险,诸如流动性风险、信用风险、操作风险等其他类型的保险资金运用风险,则不能运用风险资本限额进行监控,而是需要其他的风险监控方法,例如可以通过对信用风险的评级进行信用风险监控、通过运用资产负债管理技术监控保险资金运用的总体风险等。因此，保险资金运用的风险限额管理只是控制保险资金运用风险的手段之一，保险资金运用风险的监控需要综合使用多种方法。

本 章 小 结

保险资金运用的风险限额管理是从总体上控制保险资金运用风险的主要措施，是保险资金运用风险管理的重要内容。本章首先分析了保险资金运用风险限额管理的主要内容，即确定保险资金运用的总体风险水平以及相应的抵御风险损失的风险资本限额、在各层次业务部门以及交易员间进行风险限额的分配、风险限额的监控、执行与调整等；同时介绍了风险限额的三种主要形式：头寸限额、灵敏度限额和风险资本限额，并重点研究了 VaR 限额，介绍了 VaR 的计算原理和计算方法。然后，给出了确定保险资金运用的总体风险限额的基本步骤。在总体风险限额确定以后，还需要将总体风险限额配置到不同层次的业务部门和交易员，为此，本章还提出了总体风险限额分配的基本思路。作为风险限额分配和调整的重要依据，本章还同时介绍了风险调整的投资绩效评价方法，在对常用的几种风险调整的投资绩效评价方法进行综述的基础上，重点研究了 RAROC 方法和投资绩效评价的 DEA（包括 DEAHP 方法）方法，提出了投资绩效评价的 DEAHP 模型，并分别就两种评价方法进行了实证研究。最后分析了风险限额监控与执行的基本原则和程序。总之，保险资金运用的总体风险限额的分配由上而下进行，而风险限额的遵守则需要由下至上地执行。首先，每一个交易员必须确保自己的风险维持在给定的限额以内，其次，具体业务部门则需要检查并保证其下的每一笔投资都符合规定已遵守部门的整体限额。如果每一位交易员、每一级业务部门都能严格遵守限额要求，则总体限额自然会得到维持。所以，风险限额管理是一种有效的保险资金运用的风险管理与控制措施。

第五章

资产负债管理与保险资金运用的风险控制

第一节 引言

保险资金运用的风险管理不能仅仅从资产方出发，而应根据负债特点制定相应的风险控制与处理策略，即从资产负债管理的角度采取有效的风险管理措施。资产负债管理（Asset Liability Management，ALM）是银行、养老基金以及保险公司等金融机构多年来一直关注的问题。在1979年利率发生反常变化以后，市场利率表现非常不稳定，这使西方国家的众多机构投资者在决定投资策略时，不得不同时考虑其资产负债情况，利率的异常变化使得资产负债管理技术得到较快发展。可以说，资产负债管理产生于利率自由化之后因利率波动而引发的利率风险问题。

众所周知，20世纪70年代末到90年代初，全球保险业曾经出现过较大规模的偿付能力危机，全世界共有六百多家保险公司出现偿付能力问题，其中美国占60%以上。在日本，从1997年日产生命倒闭开始，在五年时间内，先后倒闭了7家寿险公司。资料显示，这些保险公司出现财务危机的主要原因大多是由于忽视资产负债的综合管理，最终造成保险资金运用不当造成的。现今，西方规模较大的保险公司为了达到资产负债相匹配的管理目标，不再把追求资金运用收益最大化作为保险资金运用的唯一目标，而是把保险资金运用同产品开发、定价、销售紧密结合起来，力求保险业的可持续发展。反观中国的民族保险业，大多数保险公司仍然停留在负债管理阶段或资产管理阶段，其管理架构不利于保险公司实行有效的资产负债管理，保险公司的产品开发与定价同保险资金运用脱节，投资组合管理很少顾及保险产品的特征，即便有的保险公司分别在产品开发和资金运用上实现了有效管理，但还是因为资产负债的不协调而出现许多问题，比较典型的如利差损问题。因此，中国民族保险业存在的这些问题尤其是利差损问题，归根结底还是由于资产负债不匹配风险造成的，这些问题的出现迫切要求我国的民族保险业也应当实行有效的资产负债管理。鉴于寿险业在中国民族保险业中的重要地位，加之保险公司的资产负债受利率风险的影响较大，因此，本书拟以寿险业为例，从资产负债管理的角度研究保险资金运用的风险控制，内容包括：资产负债管理的含义、特点、流程、外国保险业资产负债管理经验教训的借鉴、资产负债管理模式的选择、利率风险的免疫策略、保险公司资产负债管理的最优化模型等。

第二节 保险公司资产负债管理的含义、特征及流程

一 保险公司资产负债管理的含义

资产负债管理是管理保险资金运用的一种实践，从某种意义上讲，保险资金运用风险就是资产负债不匹配风险。这一理论认为，金融机构要实现安全性、流动性和盈利性三者的均衡，不能只靠资产或负债单方面的管理，而必须根据经济环境的变化和金融机构的业务状况对资产和负债进行统一协调管理，保险资金运用风险的控制不能只从资产方入手，还应当考虑到保险公司的负债组合[1]。在广义上，资产负债管理被定义为在给定的风险承受能力和约束下为实现财务目标而针对资产和负债的有关决策进行的制定、实施、监督和修正的过程。它既不单纯站在资金运用的角度，也不单单站在资金来源的角度，而是从总体上考虑资金的配置策略，从整体上决定公司的财务目标，通过同时整合资产面与负债面的风险特性，确定合适的经营战略。换言之，资产面的资产配

---

[1] Babbel, D. F., "Asset Liability Matching in the Life Insurance Industry", In E. I. Altman and I. T. Vanderhoof, eds., *The Financial Dynamics of the Insurance Industry*, urr Ridge, IL: Irwin Professional Publishing, 1995, p. 286.

置，必须与其负债面的产品策略相关联并保持一致。资产负债管理是适用于任何利用投资平衡负债的机构的财务管理的一种重要手段。从狭义看，资产负债管理是一种系统化分析资产和负债的总体程序，是在利率波动的环境中，根据利率变化的趋势，运用各种工具，设法使净资产值最大化的管理技术。因此，狭义的资产负债管理就是在利率风险度量的基础上，通过利率免疫技术进行利率风险屏蔽。从资产负债管理两个层次的含义来看，保险公司管理的是资金运用和产品两个组合，或者称为资产组合和负债组合。保险公司不仅要对资产组合和负债组合分别进行管理，而且还要在此基础上协调两种组合的管理，通过同时整合二者的风险特性，以获得相应的回报，这与传统的资产管理方式，即 MPT（Modern Portfolio Theory）不同，MPT 只注重投资资产部分，注重投资风险和收益之间的管理，这种管理方式忽略了负债因素。

由于资产负债管理能够有效控制利率风险和防止大的失误，因此，从国外保险业的情况看，有关资产负债管理的讨论大多集中于利率风险的管理，本书拟主要研究这种狭义的资产负债管理。众所周知，利率风险是保险资金运用面临的最大风险，市场利率的变化会对资产、负债的现金价值造成不同程度的影响，打破资产、负债间原来已经实现匹配的均衡状态，或使未来的资产、负债特征变得不对称，而给保险公司未来的经营带来风险。因此，从直观上讲，保险公司的资产负债管理，就是在充分考虑资产和负债特征（期间、成本和流动性）的基础上，制定资金运用策略，使不同的资产和负债在数额、期限、性质、成本收益上双边对称和匹配，以控制风险，谋求收益最大化。当然，保险公司资产负债管理的内容远不止这些，资产负债管理涵盖的问题相当广泛，从产品面所考虑的险种差异、定价利率假设以及市场利率变化时保险客户执行嵌入选择权对现金流量所造成的影响，到从资产面考虑市场利率、经济环境变化对金融产品价格的影响等，但其核心内容则是管理由利率风险导致的资产与负债现金流的不匹配。具体而言，资产负债匹配的内涵主要是：

（1）总量匹配。即资金来源与资金运用总额平衡，资金来源总额匹配资金运用总额，做到各会计年度现金流入满足当年负债偿付的现金流出。

（2）期限匹配。即资金运用期限与收益要与负债来源期限与成本匹配，长期资产匹配于长期负债和负债的长期稳定部分，短期资产同短期负债相匹配。若投资期限超过了负债期限，就需要提前变现资产，这一方面会面临市场变现损失，另一方面会面临违约风险；如果投资期限小于负债期限就需要对资产进行再投资，若再投资环境不利，就会使资产积累数量达不到负债的要求。

（3）速度匹配。即保险资金运用周期要根据负债来源的流通速度来确定。

（4）资产性质匹配。即固定数额收入的资产与固定数额的负债匹配；部分变额负债，如分红保险，投资连结保险与变额资产匹配。

综上所述，资产负债匹配有三个层级：首先是数量规模的匹配，其次是流动性的匹配，最后才是资产性质的匹配。其中，前两个层次的匹配是最基本的资产负债匹配。资产负债匹配的基本思想就是确保在保险客户提出索赔时保险公司能有同样数目的流动性资产来满足赔付要求。具体来说，就是管理净现金流，规避产品组合与投资组合的现金流不匹配，保证支付的流动性，保证资金运用能够获得保单预定利率的稳定回报，这一目标也决定了保险公司所关心的匹配是公司整体层次上的匹配，而整体层次上的匹配直接影响到保险公司的财务状况和偿付能力，因此，保险公司资产负债管理的最终目标就是确保偿付能力。当然，资产负债匹配主要是由资产负债本身的种类、特征和规模来决定的，除此之外，市场利率波动以及投资环境的变化都会使资产负债从匹配到不匹配，所以，资产负债管理既要基于资产负债本身的特点又要考虑到外界的风险因素尤其是利率的不寻常波动。资产负债管理的战略的特点可以用图5-1来描述。

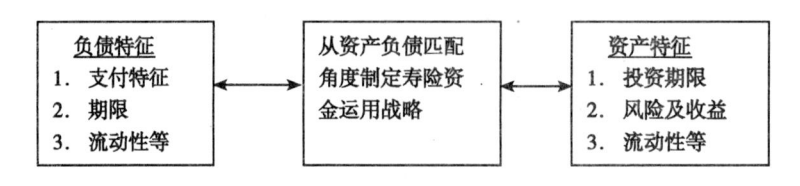

负债特征	从资产负债匹配角度制定寿险资金运用战略	资产特征
1. 支付特征 2. 期限 3. 流动性等		1. 投资期限 2. 风险及收益 3. 流动性等

图5-1 保险公司资产负债管理战略的特点

二 保险公司资产负债管理的特征

保险公司的资产负债管理与其他金融机构的差别主要在负债上。保险公司负债的主要来源是保费收入，并以各种责任准备金的形式存在，其产品结构决定了其负债结构。以寿险产品为例，寿险产品的存续期限一般都比较长，流动性要求较高，且必须保证具有充分的到期给付和退保给付能力等。近十几年来，随着保险公司经营环境的不断变化，特别是利率自由化以及通货膨胀的加剧，保险公司的经营受到了很大影响。一方面，传统的保单贷款、退保等带有嵌入选择权的保单因利率波动使保险公司很难预测其现金流，在这种情况下，为了规避利率风险和寻找新的利润增长点，保险公司开发了一系列现代寿险产品，这些寿险产品有不同的利率敏感性，内含不同的嵌入选择权，保险公司负债所具有的特殊的期限结构以及对利率敏感程度的差别进一步加大了保险公司负债管理的难度，因此，单纯从负债管理来看，保险公司的负债管理要比商业银行等其他金融机构的负债管理困难得多；另一方面，从资产管理来看，保险公司的资产主要包括银行存款、债券、证券投资基金等，而且在现有资产中，固定收益资产又占绝大多数。以 2010 年的资金运用情况为例，2010 年国内保险公司的资金运用集中于银行存款和债券，两项占到 80.2%。从期限结构看，银行存款和债券的期限远比寿险保单的期限短，其市场价值变动的性质与负债不一致。显然，中国保险公司的资产质量和数量低于负债的要求，其产品管理能力强于资金运用能力，资产运作方式远不如其他金融机构那样灵活，在现有的资金运用方式下，有的保险产品很难找到合适的资产与之匹配[1]。不仅如此，随着保险公司经营环境的不断变化，中国保险公司资产负债管理的难度必定会进一步加大。因此，同西方发达国家保险业的资产负债管理实践一样，从长期看，利率的波动性和资金运用收益的不稳定性，会促使中国的保险公司寻求更为理想的资产负债管理模式，以利率敏感性分析为基础的现金流量管理必定会受到中国保险公司的重视。

---

[1] 李秀芳：《中国寿险业资产负债管理研究》，中国社会科学出版社 2002 年版，第 160 页。

保险公司负债所具有的不同于一般金融机构的独特特征,决定了保险公司的资产负债管理模式不可能是一种简单的表象化模式,而是一个极为复杂的和深层次的全员管理过程,它不仅需要一个科学合理的组织架构作保证,而且还需要更为先进的资产负债管理技术做支撑。

三 保险公司资产负债匹配管理流程

保险公司的资产负债管理是一个从产品开发到资金运用策略的制定、资产组合管理,再到产品开发设计的循环的过程,这一过程可以用图 5-2 直观地加以描述。

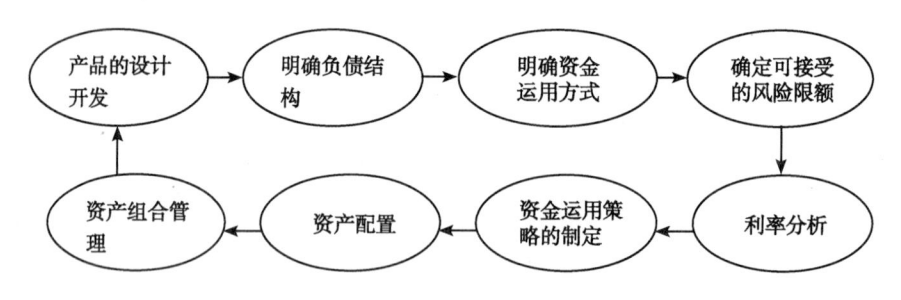

产品的设计开发 → 明确负债结构 → 明确资金运用方式 → 确定可接受的风险限额 → 利率分析 → 资金运用策略的制定 → 资产配置 → 资产组合管理 → 产品的设计开发

图 5-2 保险公司资产负债管理过程

资料来源:李秀芳:《中国寿险业资产负债管理研究》,中国社会科学出版社 2002 年版,第 172 页。

资产负债管理过程是一个闭环系统,各个环节在系统内保持有机联系,为保持这种有机联系,系统需要一个完整统一的报告体系,需要在组织系统中提倡横向沟通以代替传统的纵向沟通。因此,西方规模较大的保险公司一般都设有资产负债管理委员会来对公司的资产负债进行统一协调管理,并下辖专门的职能机构负责日常的资产负债管理工作。资产负债管理委员会定期检讨前一段时间内公司资产负债管理策略的执行情况,然后再根据公司当前的资产负债分布及对未来一段时间内资产负债分布的预测和外部环境,调整下一步的资产负债管理策略,并监督策略的执行情况。资产负债匹配管理是资产负债管理的核心内容,也是资产负债管理委员会下辖职能机构的主要职责,它既包括静态分析又包括动态分析。静态分析是对现有资产负债的利率特性、期限、缺口、久期等的分析,在此基础上检测资产负债的匹配状况,并制定相应的管理策略。动态分析主要是指资产负债匹配的决策规划,具备预测和预算功能。本书在 5.4 节对资产负债管理委员及其下辖机构的职责有具体描述，资产负债匹配管理工作流程可用图 5-3 表示。

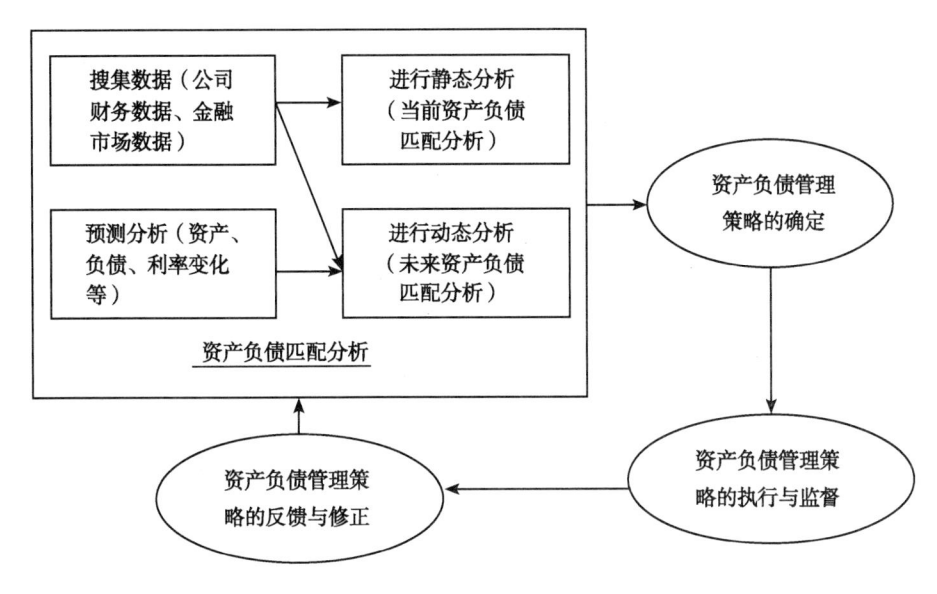

图 5-3 资产负债匹配管理工作流程

资料来源：王一佳、马泓、陈秉正：《寿险公司风险管理》，中国金融出版社 2003 年版，第 239 页。

第三节 国外保险业资产负债管理的经验教训

从世界保险业的发展情况看，近二三十年来，在保险业不断发展的同时也出现了许多问题，全球先后有数百家保险公司破产，尽管这些保险公司破产的原因千差万别，但根本原因还是没有很好实施资产负债管理战略。90 年代以来，美日两国人寿保险公司破产的案例就很好地说明了这一点。

一 日产生命破产的教训

日产生命保险公司是日本战后第一家破产的寿险公司，当时的保费收入居日本人寿保险公司的第 16 位，破产时的资产总额达到了 250 亿美元。它破产的主要原因是在泡沫经济时期一方面大量出售高利率的个人年金保单，另一方面，在传统资金运用渠道的回报率不断下降的情况下，为了满足高预定利率保单的赔付要求，大规模投资海外股票和其他类型的高风险资产，由于1994年日元持续升值，以及股票市场价格暴跌，致使其资产和负债严重不匹配，形成了大量的利差损。根据日本金融监督厅1999年的官方报告，当时日本寿险业利差损最为严重的是日产生命保险公司，高达33.06亿美元。表5-1是日产生命保险公司的保单结构、资产增长情况以及资产结构情况。由表5-1可知，日产生命在1987—1990年间大量出售个人年金保单，而这部分个人年金保单的预定利率又明显高于同期市场利率，导致高成本负债的急剧增加；另一方面，1990年以后，日本寿险业投资回报率却逐年下滑，特别是自1991年7月以来，日本银行利率连续数次下调，到1995年跌至历史最低点0.5%，10年期国债利率下降到1.7%左右，寿险业的实际投资回报率仅达到2%左右。在这种情况下，日产生命大幅增加海外证券的投资比例以及房地产的投资比例。据统计，日产生命在倒闭时，在房地产投资方面就损失了300亿日元以上，在有价证券投资方面损失900亿日元以上。日产生命盲目进行高风险投资，造成投资决策上的重大失误，在破产前，为了缓解利差损问题，还曾经投资于外汇衍生商品和证券公司发行的与股票指数联动的债券，造成了巨额亏损。日产生命倒闭时，亏损严重，没有保险公司愿意接收。大藏省指定日本生命保险协会对日产生命制订了重建计划。根据重建计划，1997年10月1日，成立绿叶生命保险公司负责管理日产生命已有的业务。1999年11月，绿叶生命的全部股份转让给了法国Artemis的全资子公司Tower S. A.。日产生命保险公司破产的教训可以简单概括为：负债管理不力或资产管理不力最终导致资产负债的严重不匹配，负债管理不力表现为不恰当的产品定价，资产管理不力体现在不良投资资产比例过高。显然，中国寿险业存在的严重的利差损问题与日产生命当时的经营状况有诸多相似之处，日产生命的破产给中国民族保险业以很大的警示，这不能不使我国的民族保险业必须关注一个问题，即中国寿险业所存在的同日产生命相似的经营环境和利差损问题要求我国的保险公司必须实行有效的资产负债管理。

表 5 – 1　　日产生命保险公司的保单结构、资产增长及资产结构　　（单位:%）

保单结构			资产增长情况					资产结构				
年份	个人年金	其他	年份	3个月利率	国债利率	保单预定利率	资产增长率	年份	固定收益	股票	国外证券	房地产及其他
1987	30.0	69.3	1987	5.2	4.4	5.5	20.62	1987	60.4	18.4	10.7	7.5
1990	52.6	47.4	1988	4.5	4.5	5.5	56.81	1990	53.5	20.6	9.6	16.3
1995	48.4	51.6	1989	5	4.8	5.5	89.98	1995	56.5	9.3	17.9	19.2

资料来源：国际保险振兴会（FALIA）。

二　美国保险业资产负债管理经验的借鉴

以美国的寿险业为例，美国寿险业的资产负债管理策略与模型基本上是针对利率风险发展起来的。在20世纪70年代，通货膨胀推高了利率水平，并在一定程度上加剧了利率的波动，为了得到更高的资金运用收益，保单持有者纷纷执行保单的嵌入选择权，如贷款选择权和退保选择权等。为此，美国的保险公司只好折价销售资产或以低利率向客户提供贷款，以应付流动性的要求，这给保险公司在经济上和会计上都带来了很大损失。利率的不寻常波动也产生了其他一系列连带问题，如因资产的流动性差，某些保险公司不能应付迅速增长的提现要求，消费者对保险公司产生信用危机并发高额退保。面对这种情况，这些保险公司却又很难通过调整资产和负债结构来降低利率风险的影响，不得不接受经营失败的结局。如在1990年底，美国的两家人寿保险公司Executive Life和Mutual Benefit分别破产，这两家保险公司破产时的资产都在130亿美元以上，他们破产的主要原因还是因为资产与负债的不匹配。在负债方面，Executive Life销售了大量高利率的担保投资合同（GIC）保单，Mutual Benefit除了销售大量的GIC保单之外，还销售了大量低退保手续费的保单；在资产方面，Executive Life为了获得高额回报，购买了大量的垃圾债券，Mutual Benefit大量投资房地产和住房抵押贷款，因利率的不寻常波动，致使垃圾债券价格暴跌，并导致了Executive Life走向破产，而房地产市场的大跌以及由于利率变化引起大量保户退保时资产缺乏流动性，导致了Mutual Benefit的破产[1]。不难看

---

[1] Lucy Barnes McDowell, Patti Palmich, Asset-Liability Management for Annuity Products, Financial Management, RESOURCE, September, 1995.

出，美国这些保险公司破产的原因归根结底还是因为把管理的重点放在了单纯的资产管理或负债管理上，而不是对资产和负债进行综合管理，一方面在管理负债时忽视了资产的情况，售出了大量的高利率保单；另一方面在管理资产时，又忽略了负债的特点，将资金投向了高风险、低流动性的投资品种。在90年代初期，利率的波动促使美国的人寿保险业改进识别和处理嵌入选择权风险的方法。现在，在美国，位居前列的人寿保险公司所采用的标准评估方法就明确地权衡了这类选择权，美国保险业开发了新的利率敏感型的年金保险和寿险保单，以应对高利率和竞争日趋加剧的新情况，但实践表明，发放利率敏感型产品不仅又给美国保险公司带来了新的风险，而且对保险公司的资金运用能力提出了新的要求，有些保险公司面对这些新的风险显得束手无策。

与此形成鲜明对照的是，加拿大的保险业与美国的保险业有着十分相似的经营环境，但加拿大保险公司经营失败的例子却并不多见[①]，自1930年Rocky Mountain Life破产后到1991年Les Cooperants破产前，加拿大没有保险公司破产，之后出现的个别破产的公司大多属于小规模的区域性公司。其主要原因在于，加拿大的保险公司面临的信用风险和利率风险都比较低，而且保险法规比较完备，现代化程度相对较高，联邦法规更加关注财务报告中的偿付能力平衡。由于保险公司具有灵活的合同设计和现代化的法规环境，使得它们有更大的灵活性来研发资产负债管理技术并进行有效的资产负债管理，所以，加拿大的保险公司很少出现经营失败的情况。

从20世纪70年代后期开始，许多保险公司经营失败以及加拿大保险业的经营实践使美国的许多保险公司逐步认识到资产负债管理的重要性，并开始将资产负债管理作为其主要的业务问题看待，保险业的资产负债管理策略和技术从此得到了迅速发展。例如，为了应付利率敏感型产品带来的经营风险和资金运用风险，纽约州保险监督官在1986年颁布了第126号保险法令。法令要求纽约州所有承保年金保险或保证收入合同业务的保险公司必须每年进行现金流量检测（CFT），并上缴一份精算备忘录报告分析结果，不进行这项分析的保险公司必须持有相当高的准备金。1993

[①] 李秀芳：《中国寿险业资产负债管理研究》，中国社会科学出版社2002年版，第8页。

年，美国保险监督官协会修订了一项标准评估法，要求保险公司进行 CFT 分析以确保其拥有充足的准备金，这种检测必须按照精算委员会规定的原则进行，并且需要考虑利率对负债和资产的影响。总体而言，美国保险业所运用的资产负债管理策略和技术方法主要体现在以下几方面：

（1）产品创新。为了规避利率风险，从 20 世纪 70 年代起，美国的保险产品不断创新，1971 年，美国保险市场率先推出可调整寿险产品，它突破了传统终身寿险保费固定的局限；1976 年，美国保险市场上推出变额寿险产品，这种金融产品更像是一种证券；1979 年，美国保险市场上出现万能寿险产品，使保险市场和资本市场的结合更加紧密，之后，又陆续出现了变额万能寿险以及投资连结保险等其他新型保险产品。这些利率敏感型保险产品的推出，一方面将保险公司的部分经营风险转移给了客户，另一方面又使保险业务与证券投资的联系更加紧密，这些新型保单同金融市场上的其他金融产品一样具有竞争力和吸引力。

（2）使用了许多复杂的数学模型、资产负债管理方法以及计算机模拟技术进行表内资产负债管理。其中，有代表性的优化模型包括随机控制模型、机会约束规划模型以及其他一些随机最优化模型等；有代表性的资产负债管理检测方法包括弹性检测方法、现金流量检测（CFT）、动态偿付能力检测（DST）、现金流匹配、免疫理论、财务状况报告（FCR）、风险资本（RBC）、动态财务分析（DFA）以及随机资产负债管理模型等。其中，DFA 是检查一家保险公司在一定时间内的整体财务状况的过程，它考虑到不同部分之间的相互关系以及影响结果的所有因素的随机特征；现金流量检测用于检验保险公司现有业务的现金流入和现金流出之间的关系，这是美国保险业所使用的一种资产负责管理的主流化方法，其他几种方法也各有其特点。总体来看，美国保险业主要应用四种资产负债管理检测方法，这四种资产负债管理检测方法的复杂程度差别较大，对保险资金运用业务和承保业务的管理各有优势，具体可用表 5-2 表述。此外，某些保险公司除采用传统方法如久期和凸性方法来度量利率风险之外，还依据资产负债的现金流状况，采用先进的 KRD 方法（Ho，1990）来评估证券投资和负债对利率的敏感性，KRD 方法克服了久期和凸性受利率期限结构只能作平行移动的条件的限制，具有较强的可行性。

表 5-2　美国保险业常用的资产负债管理方法的特征

资产负债管理方法	现金流量检测	现金流匹配	免疫理论	DFA
风险集中点	利率	利率	利率	多种
计算的复杂程度	中等	中等	低	高
开发者的保险领域	寿险	寿险	寿险	财产/责任险
应用范围	单个业务	单个业务	单个业务	整个机构

（3）使用大量的金融衍生工具管理表内外头寸。美国的保险公司在资产负债管理过程中所使用的金融衍生工具不仅类型广泛，而且规模也很大。从债券期权、股票期权、外汇期权、利率期权到互换、期货等衍生工具无所不包，金融衍生产品已经成为美国保险公司基本的资产负债管理手段和金融风险管理工具，2001 年底，美国 86% 的保险公司使用金融衍生产品控制利率风险和股市风险，可见，美国保险业的资产负债管理很大程度上是借助于金融衍生产品完成的，表 5-3 给出了美国保险公司使用期权和互换等进行资产负债管理的情况。

表 5-3　美国保险公司使用金融衍生工具进行资产负债管理情况

	期权购买			期权出售			互换远期、双限期权	
资产/风险	使用公司数	总额（千美元）	资产/风险	使用公司数	总额（千美元）	资产/风险	使用公司数	总额（千美元）
债券： 买入期权 买出期权 上限期权	21 15 1	5004427 7494675 600000	债券： 买入期权 买出期权	16 14	143266621 10346437	债券： 远期	2	17518
						商品： 远期 互换	1 4	814 60493
股票： 买入期权 买出期权	11 11	1403632 938673	股票： 买入期权 买出期权	32 8	2615563 141129	股票： 互换	3	236467
外汇： 买入期权 买出期权 下限期权	1 1 1	50000 294894 54846	外汇： 买入期权 买出期权	2 2	2222840 91500	外汇： 远期 互换	18 6	26935808 584888
利率： 买入期权 买出期权 上限期权 下限期权	4 7 17 8	279914 3324720 10300256 6602407	利率： 买入期权 上限期权 下限期权	1 4 1	200000 2282661 141352	利率： 双限 互换	4 55	1610000 25144777
						抵押： 互换	2	84954

资料来源："Use of Derivatives by the Insurance Industy", Record, Volume 22, SOA。

（4）保险公司传统的组织架构不能有效地推行资产负债管理，营销管理人员、精算师和资产管理人员缺乏有效沟通，为此，美国部分规模较大的保险公司对这种管理架构进行了变革，变革后的管理架构基本上适应了资产负债综合管理的要求，部门间实行有效的横向沟通，且有规范的信息传递路线和有效的风险报告制度，另有专门的从事资产负债管理工作的任务团队。

（5）建立了内容丰富、科学有效的资产负债管理报告体系，报告的内容由传统的静态和动态利率报告、久期凸性报告、现金流和利润率测试、资产流动性报告、Beta 值报告以及 A/E 比率报告，扩展到涵盖动态平衡收入表、流动性/基金风险分析、VaR、EaR 报告、CET 报告、利润、资本、准备金、资金运用收益敏感性分析报告等。

（6）近几年来，许多与新产品对应的资产都嵌入了赎回期权（公司和抵押担保证券），而利率的不利变动会使保险公司面临再投资利率风险，为此，美国的保险公司通过采用经济价值模型来锁定损失。不仅如此，为了开发公允估价方法，合理评估负债的期权属性，美国保险业还使用衍生产品和经济价值模型进行资本分配和控制风险。2001年底，75%的保险公司把承诺和期权计为保险公司的负债，并对担保投资产品的储备需求进行 delta 抵补，69%的保险公司按照经济价值模型进行资本分配。

总之，全球保险业经营成功和失败正反两方面的经验表明，资产负债管理为保险公司提供了一种从整体角度处理经营问题的方式，资产组合管理与产品组合管理不再处于分离状态，资产管理的失败更多的是因为定价利率过高或承诺过高，而负债管理失败更多的是因为资金运用收益过低或期限不匹配。具体表现为：不能承担高的预定利率、投资于高收益评级低的企业债券的比例过大，使资产风险过于集中，以至于造成大量的不良资产、严重的利差损问题以及外部的经济环境恶化等，因此，全球保险业经营成功与失败的经验教训表明，中国的民族保险业也应当实行有效的资产负债管理。

第四节　中国保险公司资产负债管理模式的选择

　　同其他金融机构一样，保险公司的资产负债管理也有两种模式①，一种是资产导向型的资产负债管理模式，另一种是负债导向型的资产负债管理模式。在资产导向型的资产负债管理模式下，负债管理过程决定于资产组合，产品设计与定价受制于保险资金的运用，如果保险资金的运用收益达不到承诺的预定利率要求，保险公司就应当调整产品结构及其销售策略，同样，保险产品的预定利率及其期限结构的确定也应当依据保险资金运用的收益和投资资产的期限结构。在负债导向型的资产负债管理模式下，资产管理过程应当由负债组合来主导，保险公司资产组合的构建应受制于负债结构，即投资资产的选择应根据不同性质的保险产品的要求，包括期限要求、收益要求、流动性要求以及利率敏感性和风险性质等来确定。其中，负债导向型的资产负债管理模式又可以细分为客户导向和市场导向两类，前者强调资产管理过程应当以满足客户的需要为中心，而后者的指导思想是资产管理过程应当以市场为基准。

　　如前所述，从美国等西方发达国家保险公司的资产负债管理实践看，其成功的资产负债管理与其说是取决于先进的产品管理经验和较强的资产管理能力，倒不如说是取决于西方发达国家成熟有效的资本市场。众所周知，西方发达国家的证券市场发展历史比较长，市场行为比较规范，可投资品种较多，期限结构比较合理，且有丰富的金融衍生产品，因此，保险公司完全可以根据产品性质在证券市场上构建与之匹配的资产组合，而且证券市场上还有大量的金融衍生工具存在，这为保险公司运用套期保值策略进行资产负债管理提供了条件。从西方发达国家保险公司的资产负债管理模式看，负债导向型的资产负债管理模式运用较多。从理论上讲，负债导向型的管理模式要优于资产导向型的管理模式②。在前一种模式下，保险公司的经济效益目标与保险客户的利益是不矛盾的。首先，资产管理部门可以根据负债性质在证券市场上构造与

---

　　① 李秀芳：《中国寿险业资产负债管理研究》，中国社会科学出版社 2002 年版，第 153 页。
　　② 同上书，第 154 页。

之相匹配的资产组合，或采用适当的套期保值策略实现资产现金流与负债现金流的匹配，这样一来，保险公司的产品开发部门可以在同时兼顾市场需求和保险公司盈利目标的情况下设计产品，保险公司的产品既满足了市场需求又实现了公司的利润目标。

那么，我国的保险公司具体应选择哪一种资产负债管理模式呢？一般认为，在中国目前的环境下，保险公司的资产负债管理既不应单纯采取资产导向型模式又不应该采用纯粹负债导向型模式。首先，我国证券市场发展的历史还不够长，证券市场品种结构不合理，且种类不多，期限结构不合理，金融衍生产品市场规模有限。对于保险公司来说，投资品种不多，长期投资品种更少。在这种情况下，中国的保险公司就很难根据负债特点构造相应的资产组合，更不用说利用套期保值策略去进行资产负债管理了。目前，由于资本市场持续低迷，大部分资金涌入银行，带动协议存款利率由 2011 年最高的 7% 左右下调至目前的 4.75% 左右，这极大地影响了保险公司的资金运用收益，保险公司的存款收益不能满足预定利率承诺。就可投资的债券而言，债券市场规模太小，债券的期限集中在 3—5 年（如表 5 - 4 所示），长期债券品种较少，这使安全性要求较高的保险资金不得不用于短期投资，因此，长期投资工具缺乏给保险公司带来了很大风险。另外，由于我国保险资金运用的历史还不够长，大部分保险公司只是最近几年才组建了运作比较规范的资产管理部门，保险公司的资产管理能力明显弱于其产品管理能力，资金运用不能完全支持负债要求。所以，在这种情况下，我国的保险公司还不宜选择负债导向型的资产负债管理模式。

表 5 - 4　　　　　　　　中国国债的期限结构（2008 年）

	1 年以下	1—2 年	3—5 年	6—9 年	10 年以上	总额
金额（亿元）	980	769	3434	1052	2323	8558
比例（%）	11	9	40	12	27	100

资料来源：《国债期限结构为何刚性难调》，《证券市场导报》2010 年第 1 期。

其次，我国的保险公司也不宜采取资产导向型的资产负债管理模式。这种模式要求在资产已经限定的情况下，要求负债现金流与资产现金流相适应，在中国保险业极其不成熟的投资环境下，实行这种资产管理模式显然会造成市场规模的萎缩,进而会影响保险业的可持续发展。实际上,保险产品的设计不可能完全受制于资产的限制,好的保险产品应当反映市场的要求,应当具有生命力和竞争力,因此,采用资产导向型的资产负债管理模式也不是我国保险业的最好的选择。

事实上,从国外保险公司的管理实践看,资产负债管理模式的选择并无定数,一段时期可能体现资产导向的管理思想,另一时期可能体现负债导向的管理思想,管理过程中的某一环节可能采用资产导向型模式,而另外的管理环节又可能采用负债导向型的管理模式[1]。就中国保险业的现实情况看,资产管理落后于产品管理。就产品种类来说,我国的保险产品与西方发达国家的保险产品差别不大,各种利率敏感性的投资型产品已经见诸市场,产品设计基本以市场为导向,但产品开发并不是以充分的资产管理能力分析为基础,许多新型的保险产品的推出并不尽如人意,更没有达到保险客户的期望收益。因此,根据中国保险业现阶段的情况,中国保险公司的资产负债管理模式应当是资产导向型与负债导向型相结合的方式,保险公司一方面要加强资产管理,提高资产管理能力,以尽可能匹配相关的负债要求。另一方面,在产品开发过程中,除考虑到市场要求外,还应当兼顾到公司的资产管理能力,尽可能减少资产负债不匹配的可能性,即负债管理应当以资产为基础而不应当纯粹以市场为导向,盲目扩大保险业务,目的是在保证经营安全性的前提下获得盈利,实现中国保险业可持续发展的目标。当然,随着我国证券市场的逐步成熟和可投资金融产品的日趋完善,在保险公司具备较强的资产管理能力的情况下,中国保险业的资产负债管理模式同样可以更多地采用负债导向型的管理模式。

第五节 资产负债管理的组织系统

一 概述

一般而言,衡量保险公司运用资产负债管理能力的标准有两个:一

---

[1] Babbel, D. F. and R. Stricker, Asset Liability Management for Insurers. Insurance Perspectives, Goldman Sachs, May, 1987.

是在资产负债管理过程中进行数量化分析的能力;二是将资产负债管理融入企业沟通和企业经营策略中的能力。其中,适当的组织架构设置是将资产负债管理融入企业沟通和企业经营策略并保证资产负债管理程序有效性的基础。目前,我国保险公司的管理架构大多采取资产管理和负债管理相分离的架构设置,组织架构不能有效的实行资产负债管理,资产运营部门(主要指投资管理部门)负责资产管理,产品开发、精算以及营销部门负责负债管理,二者缺乏有效的横向沟通,资产运营部门不能准确把握产品特征,如对于投资管理部门来说,产品的久期、凸性等参数对于确定投资组合非常重要,但在实际中,资产管理人员却不能获得这方面的信息。当然,产品开发、定价以及销售部门同样也不了解各类投资工具的风险收益特征,因此,尽管保险公司一方面不断进行产品创新,另一方面不断努力提高资金运用收益,但还是在经营过程中出现了利差损问题。因此,保险公司要在组织内推行资产负债管理模式,其组织架构的设置就应当以实现组织成员间的有效沟通为准绳,这也是全球保险业发展的一个方向。

二 矩阵式资产负债管理组织架构

对于当前的中国保险业而言,按上述要求来建构完整的资产负债管理式架构是不现实的。事实上,中国的保险公司目前采用的都是传统的纵向组织结构形式,完全打破现有的组织架构对保险公司会有较大的负面影响,保险公司建立独立的资产负债管理式组织架构的内、外部条件也还不够成熟①。当然,对于民族保险业来说,尽管暂时不需要在组织系统中建立永久的、独立的资产负债管理部门,但还是非常有必要建构有效的组织架构来保证资产负债管理战略的实施。本书认为,在当前的情况下,保险公司的组织架构应采取循序渐进的方式。在采用资产负债管理战略的初期,我国保险业的资产负债管理组织架构采用矩阵式是一种可考虑的方案,如图5-4所示。

传统的矩阵式管理是美国加州理工学院的茨维基教授发明的一种通

---

① 李秀芳:《中国寿险业资产负债管理研究》,中国社会科学出版社2002年版,第171页。

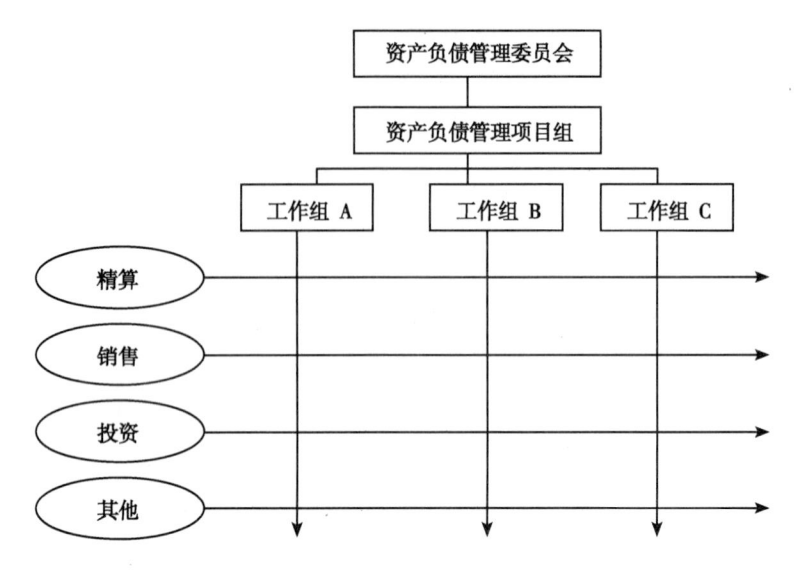

图 5-4　资产负债管理的矩阵式组织架构

过建立系统结构来解决问题的创新方法，后来被推广为激励创新的一种管理方法，它应用在项目管理上，是阶段性的，随着项目的结束而结束，后来在此基础上又有所创新。这种组织架构的优点是能够最有效地利用资源，并最大范围地达成资源共享，管理层次比较分明，易于系统管理。保险公司资产负债管理的矩阵式组织架构不完全等同于传统的矩阵式管理，它可以将资产负债管理作为一个长期固定的项目，项目的宏观指导和协调由资产负债管理委员会负责，日常的资产负债管理工作任务由相应的任务团队执行，任务团队对资产负债管理委员会负责。其中，任务团队由产品开发、定价、营销以及资产管理等部门的技术专家组成，这样的架构设计不仅可以使各部门的技术专家同最高决策层之间保持有效的垂直沟通，而且还可以使产品管理部门和资产管理部门的工作保持充分的横向沟通和协调，产品的设计与定价受到资产组合的限制，反之也是如此。因此，矩阵式资产负债管理组织架构设置的目标就是使产品特点和资产管理目标相互融合，使资产与负债之间连动作用，以达到资产与负债相互协调的目的，这种管理模式由横向的职能部门和纵向的运行部门构成"管理矩阵"，减少了管理层次，强化了共享，消除了信息阻隔。

简单的资产负债管理组织系统如图 5-5 所示。其中的核心是公司董事会之下的资产负债管理委员会，组成人员为首席执行官、财务主管、投资主管、首席精算师以及营销主管等。笼统地讲，资产负债管理委员会的职能是：制定投资政策、财务政策、确定产品的开发策略、制定资产负债管理战略并从全局角度监控保险公司的资产负债管理过程；资产负债管理委员会要定期召开会议，会议首先检讨前一段时间内公司资产负债管理策略的执行情况，然后再根据公司当前的资产负债分布以及对未来一段时间内资产负债分布的预测和外部环境，调整下一步的资产负债管理策略。另外，有效的资产负债管理还要求协调组织内外方方面面的问题，还需要专门人员去落实资产负债管理策略，因此，保险公司的资产负债管理系统还应包括专门的任务执行团队，即资产负债管理项目组。资产负债管理项目组是按照矩阵式管理组织形成的一个项目执行团队，是资产负债管理委员会领导下的执行机构，根据公司的资产负债管理任务，资产负债管理项目组可以下辖多个工作小组。其核心职能是进行资产负债匹配管理，即在资产负债管理委员会制定的资产负债管理策略下，对公司的资产负债进行静态分析和动态分析，执行公司现金流模式的安排，产品设计与资产组合管理的协调等。静态分析是对现有资产负债的利率特性、期限、缺口、久期等的分析，而动态分析主要是指资产负债匹配的决策规划，具备预测和预算功能。资产负债管理项目组最终的工作体现是在静态分析和动态分析基础上，定期出具资产负债匹配分析报告，报告一般包含两方面的内容：其一是对现行资产负债管理策略的分析，即通过计算久期和现金流量测试等各项资产负债匹配指标，分析流动性缺口、公司盈余以及各项准备金的变化情况，并在比较分析的基础上，对现行的资产负债管理政策做出评价，以便做出动态调整。其二是对未来的资产负债管理形势预测及下一步管理策略制定的建议，即利用情景分析、压力测试或随机模拟分析，进行动态现金流量与利润测试，对资产负债进行动态模拟分析，并做出资产负债的期限、缺口、久期、凸性、流动性缺口以及准备金预测的各种分析报告，在此基础上，给出下一步资产负债管理策略制定的建议，以供资产负债管理委员会确定最终的资产负债管理策略提供参考。资产负债管理项目组还要特别协调精算师和资产管理人员的工作，为便于开展工作，项目组成员也主要来自于产品开发部门和资产管理部门。精算师定期准备分析报告，通过资产负债管理小组上缴资产负债管理委员会，职责是向资产管理部门提供负债的久期、凸性报告，给出保单准备金数额，说明利率敏感性产品保证的信用利率，决定资金运用目标收益率以支持各类产品，给出现金流检测结果等。资产管理人员根据精算师提供的产品信息，在总的资产负债管理策略下，负责保险资金的运用。具体而言，就是及时向资产负债管理委员会报告资产管理业绩，通过选择资产、购买资产、卖出资产对资产组合进行管理，预测资产到期、资产提前支出、再投资回报以及预测未来的资产管理收益，根据目前的投资机会与精算师共同制定利率，向精算师提供投资机会和资产创新信息，以及这些可能的投资机会对于支持未来保险产品设计的意见。总之，在资产负债管理项目组的协调下，产品管理部门成员和资产管理部门成员的工作过程是一个保持充分的横向沟通和协调的工作过程，当保险公司进行产品开发时，产品未来可能出现的风险与支持该负债的资产特性有关，即保险产品的设计与定价要受到投资组合的限制，反之也是如此。

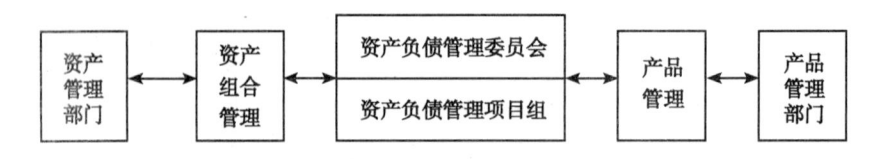

图 5-5 资产负债管理组织系统

资产负债管理系统还需要一个完整的报告体系[1]。报告系统是为了使技术分析结果能够实行有效的沟通，并为决策者提供决策支持，精算专家和资产管理人员的工作更多的是通过报告系统进行沟通的。资产负债管理报告系统主要包括：资产组合管理报告，包括战术性资产配置策略、证券选择、证券的风险收益特征以及到期期限和利率敏感性参数等，除此之外，还包括有关各类产品特征的分析报告以及承诺利率的精算报告、资产负债的匹配分析报告、现金流测试报告。总之，资产负债管理报告体系包含了关于产品管理和资产管理的方方面面的信息，各类报告的形成需要产品管理人员和资产管理人员进行充分的沟通和互动，

---

[1] 李秀芳：《中国寿险业资产负债管理研究》，中国社会科学出版社 2002 年版，第 177 页。

资产负债管理报告最终还要整合到保险公司正式的财务报告体系当中。如图 5-6 所示。

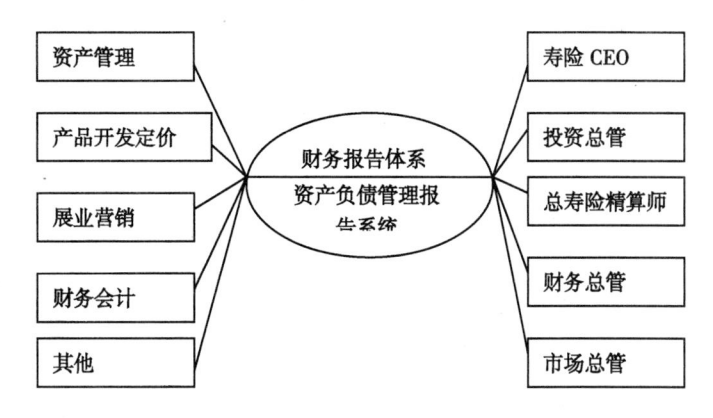

图 5-6 资产负债管理报告系统

综上所述，保险公司要达到产品特点和资产管理目标的相互融合，使资产与负债之间连动作用，从而达到资产与负债相协调的目标，就必须有一个能够提供技术专家与最高决策层之间保持有效垂直沟通的，而部门间保持充分有效的横向沟通的组织架构作保证。

第六节　保险公司的负债及其利率特性

如前所述，保险公司的资产性质与商业银行的资产性质相似，但其负债的性质却与商业银行有较大差别，即使在保险公司内部，不同的保险产品的利率特性也有较大差异。当保险公司售出某种产品时，它收取的保费是未来的负债，保险支付即是未来的现金流，由保单给付和相关的费用表示。保险公司的资产负债管理要求对负债进行区割，并按照不同负债的特点划分为不同的类型，并以此为根据来分割资产组合，然后让某种资产分割与不同的产品类型相匹配，最终实现资产负债管理。因此，在介绍资产负债管理技术之前，有必要对保险公司的负债（以寿险产品为例）及其利率特性进行分析。

我国保险业在过去的 20 年里，特别是 20 世纪 90 年代中期以后发展迅速，其中一个突出的特点是保险险种的创新。以寿险产品为例，自 1999 年中国平安保险股份有限公司推出投资连结保险产品以来，中国保险市场先后推出了万能寿险以及各种分红寿险，寿险产品开始从传统的保障型、储蓄型向非传统的投资型、万能型、指数连结型产品发展。总体来看，根据业务来源的不同，寿险产品可以分为以下几种类型：由保险公司担保投资回报的产品，如传统不分红产品；保险公司和保险客户共担风险的产品，如传统分红产品；完全由保险客户承担风险，现金价值随资金运用收益的变化而变化的产品。如投资连结类产品以及其他利率敏感型产品，如万能寿险、变额寿险、变额万能寿险以及客户利益与金融指数或物价指数相关联的产品，如指数连结产品，等等。上述产品一般都具有不同程度的嵌入选择权，这些产品及其选择权所呈现出的利率特点有着很大差别，即不同的产品有不同的利率敏感度和赔付特点，相应地，其资金运用渠道和资金运用方式也应有所区别。

一　不分红产品

传统不分红产品的全部风险由保险公司承担，产品经营的全部收益也由保险公司独享，如果保单预定利率过高，则保险公司会面临较大的利差损，我国保险公司在几年前售出的高利率保单，因市场利率的连续下调，已经形成了较大的利差损；相反，如果保单预定利率过低，则保险公司的产品就缺乏竞争力，已售出的保单也会面临退保的压力。因此，传统不分红产品应当具有主动适应未来市场利率波动的特征。就现有的资金运用渠道来说，这部分资金宜运用于风险小、回报稳定的资产，如大额协议存款、国债、金融债、信用级别较高的企业债券等。

显然，就传统不分红产品来说，预期现金流可以看作是固定现金流，本质上类似于固定利率债券，如果没有嵌入选择权，或选择权与利率无关，可认为该产品是利率不敏感的。因此，不分红产品等同于固定利率债券，产品价值不是利率的函数，其价格没有利率弹性，因而其负债的简单久期就变成它的价格弹性。如果产品具有保单选择权，如退保选择权、贷款选择权等，而这些选择权一般又与利率有关，这时，该产品便是利率敏感型的。如当市场平均利率高于保单预定利率时，退保率上升，从而会影响保险公司的现金流量，那么，该产品就具有一定程度的利率敏感性。我国的不分红寿险产品类型很多，不仅包括纯保障型产品，还包括具有储蓄性质的产品。对于纯保障型产品来说，利率敏感程度较弱，如果不存在嵌入选择权，而且死亡率较为稳定的话，则这种类型的产品类似于固定利率债券，实际中，可以近似地将纯保障型产品看作是利率不敏感的。但是具有储蓄性质的产品通常具有嵌入选择权，如合同退保、保单贷款等，因此，这类产品未来的现金流出会受到利率变动的影响，具有一定程度的利率敏感性。总之，对于传统不分红产品来说，如果利率变化幅度不大，或者是利率对这类保单的现金价值影响不大，人们还是近似地将传统不分红产品看作是利率不敏感的。

二　分红产品

分红保险作为目前国际保险市场上流行的险种，其特点在于保险客户不仅能享有充分的保障，而且还能从保险公司经营的利润中获得较高的投资回报，即保险公司不仅要按预定利率向保单持有人支付保险金，而且还要考虑保单持有人因分红因素而导致的解约行为受利率影响的程度，即利率弹性。显然，分红产品具有明显的共担风险的特征，现金流通常依赖于利率水平，保单持有人的退保行为更具有利率敏感性，产品久期受红利的影响很大。一般来讲，在定价过程中，保险公司对预定利率的定价较为保守，保险公司承诺给保单持有人的红利可以看作是该产品的安全边际，即保险公司可以通过减少红利支付抵消利率变动所带来的风险。总起来说，分红产品的利率敏感性比万能寿险等新型利率产品的利率敏感性要弱。分红产品需要进行良好的资产配置，根据分红产品的特点，对于分红产品保底利率所对应的法定准备金，与传统不分红产品类似，其资金运用方式必须稳健、保守，即应以大额协议存款和购买各种风险较小、回报稳定的债券为主。相反，终了红利来自红利风险准备金，即未分配盈余，而红利风险准备金不是法定准备金的组成部分，所以，红利风险准备金的资金运用方式可以是积极进取的，目的是保单持有人带来更大的收益，并增强产品的竞争力。就现有的资金运用方式来说，这部分资金可以以投资证券投资基金为主。

三　投资连结产品

投资连结产品（简称投连产品）是在银行存款利率下降，产品预定利率不超过 2.5% 的背景下推向市场的，目的在于实现保险市场和资本市场的双赢，使保险客户在获得风险保障的同时也分享在资本市场投资带来的收益。投连型产品需要加大对股票、企业债券甚至垃圾债券等回报率高的资产的投资比重，实现高风险高回报。然而，实践证明，投连产品并未达到预期目的，其原因是多方面的，主要原因还在于我国资本市场的发展不够成熟，投资渠道过于狭窄，保险公司可投资的高回报资产太少，这样也就难以保证收益率间的匹配，保险公司缺乏产品销售和管理风险的能力。所以，尽管从理论上看，投连产品完全规避利率风险，从资产负债管理的角度看是好的，但投连产品需要成熟的保险市场和良好的资本市场作支撑，这种产品在我国的生存环境尚不成熟，保险公司应当控制这类产品的销售规模。由于投资连结产品的风险完全由保险客户承担，因此，这部分资金的运用也应当是积极进取的。

四　其他利率敏感型产品

近三十年来，国际保险市场上的寿险产品不断创新，主要创新产品有：可调整的寿险、万能寿险、变额寿险、变额万能寿险以及客户利益与金融指数或物价指数相关联的产品，如指数连结产品等。像万能寿险、变额寿险等产品，也已经在我国保险市场出现。总体来说，这些产品都具有一定的利率敏感性，如万能寿险产品不仅其现金流依赖于利率，而且现金支付的时间也依赖于未来的利率。万能寿险是一种嫁接的保险，在灵活保障的基础上，能最大限度地满足个人理财需求。"万能"的含义主要体现在两个方面：一是在产品功能上，万能寿险是保险产品和金融产品的结合。投保人购买万能寿险，既可以享有传统的保险保障，又可以享有专业的理财服务；二是万能寿险灵活多样，可以适用不同层次的投保人的需要，保单持有人可以改变保费金额，可以暂时停缴保费，可以改变保险金额，保单价值随资金运用收益的变化而变化，但具有最低担保利率。与传统保险相比，除了保险保障功能外，万能寿险既有额度可调的风险保障，又有专家理财的功能，且账户透明、便于操作。从理论上看万能寿险产品无疑也是好的，但真正的万能寿险还不适合中国的实际情况。万能寿险属于利率敏感型产品而又不同于投资连结产品，其现金价值的积累不仅需要一个最低保证利率，而且还要根据资金运用收益定期进行调整。显然，万能寿险要求相应的具有一定收益水平的利率敏感型资产组合与之相匹配,而在目前现有的资金运用方式下,在我国证券市场上能够找到与万能寿险相匹配的利率敏感型资产却很少。与此类似的还有变额寿险,变额寿险是一种保额随其保费分离账户的投资收益变化而变化的终身寿险,投保人可以根据自己的意愿选择分离账户资金的投资方式,风险由投保人自己承担,但保险公司保证最低的保险金。变额寿险持有人的利润来源不同于传统分红寿险的保单持有人的利润来源,它来自于分离账户的资金运用收益,而不是来自于保险公司的总利润,因此,变额寿险产品对资金运用的要求很高,它同样要求具有一定收益水平的利率敏感型资产与之匹配,但在我国目前的保险资金运用环境下要做到这一点是很困难的。按照产品类别,寿险产品的特点可以用表5-5概括。

表5-5 寿险产品分类

项目＼产品	传统不分红产品	传统分红产品	其他利率敏感型产品
保费	固定	固定	不确定
保障利益	保证	保证	变动
现金价值	保证	保证	变动
其他利益	无	红利	资金运用收益
保险公司承担风险	高	一般	低
客户承担风险	低	一般	高

总之,按照对利率变化的反映来分,保险公司销售的所有产品可以分为两类,即利率不敏感型产品和利率敏感型产品,其中又以利率敏感型产品占多数。在所有的率敏感型产品中,不同类型的利率敏感型产品对利率的敏感程度有较大差异,因此,不同类型的产品适用于不同的免疫策略。综合起来是:利率不敏感型负债与利率敏感型资产或利率不敏感型资产或二者的组合匹配,利率敏感型负债与利率敏感型资产或利率不敏感型资产或二者的组合匹配。如对利率不敏感的传统不分红寿险产品来说,保险公司事先就可以预测到将来确定的现金流出,即负债现金流是稳定的、可以预期的,显然,与之相匹配的资产的现金流也必须是稳定的和可预期的。在现有的金融资产中,债券(银行存款也可以看作

是广泛意义上的债券）的现金流最为稳定，也可以预测。所以，这类产品积聚的准备金往往投资于债券市场。假定这部分资金投资于短期债券资产（短于赔付期），在利率下降时，债券的收益不得不以较低的再投资利率投资，即债券投资面临再投资风险，准备金不会按照预期增值；反之，在利率上升时，如果投资于长期债券（长于赔付期），预计出售的债券资产价格将下降，低于预期价格，保险公司面临债券资产价值下降的风险（价格风险）。因此，由于利率风险的影响，保险公司持有的债券资产不能达到预期的期末现金价值，从而也就不能满足预期的赔付支出。所以保险公司应该运用资产负债匹配策略来管理债券投资过程中的利率风险，目的是构造一个零利率风险的债券资产组合，即不受利率风险影响的资产组合，在利率发生变化的情况下，同样能够达到预定的期末现金价值，并满足未来的保险赔付支出。

第七节 防范利率风险的资产负债管理技术

一 概述

资产负债匹配除了利率风险之外，还有流动性风险和再投资风险等，但最主要的还是利率风险，因此，现有的资产负债管理技术主要针对利率风险，并且是以利率风险测量为基础[①]。利率风险的测量方法很多，如缺口分析、久期和凸性模型等，相应地，利率风险的管理模型也就有缺口分析模型和以久期、凸性概念为基础的利率风险免疫模型。缺口概念是资产负债最初采用的度量标准，用以分析保险公司资产负债的静态匹配情况。缺口不能准确反映资产负债对利率变化的敏感度，而本书在第二章介绍的另外一类利率风险测量方法，即久期、凸性方法则能比较好地反映资产负债对利率变动的敏感程度，久期描述了债券对利率变化的一阶敏感度，价值久期或绝对久期则直接给出了利率变化对债券价格的一级影响，关键点久期则可以处理利率变化非平行微小变动的场

---

① J. A. Tilly, The Matching of Assets and Liabilities, TRANS of the Society of Actuaries, 1980, (32).

合。对于利率变动幅度相对较大的情形，可采用二阶导数即凸性和久期来共同分析利率风险。由于现金流本身具有利率敏感性，或者具有其他非利率性风险，因此，久期算法可能会导致久期参数扭曲，在这种情形下，应考虑其他参数如期权调整差距。假如资产中包含衍生证券、股票等其他类型的利率敏感性资产，则股票的利率风险可以用股票久期来反映，而金融衍生产品的利率风险可以用利率一阶导数 Rho 来反映。上述静态分析方法是保险公司资产负债管理的主要手段，但实践证明，面对瞬息万变的经济金融环境，这种单一量化分析还不能满足保险公司资产负债管理的要求，还需要进行动态分析。像情景分析、压力测试以及随机模拟分析是国外保险业比较常用的动态分析方法。

资产负债匹配是防范利率风险的一种非常重要的管理策略。资产负债匹配既包括针对利率风险防范的技术策略，又包括从最优化角度出发的管理技术，其中，资产负债匹配的最优化模型的建立既可以以资产为导向又可以以负债为导向。以资产为导向的资产负债匹配是以负债的各种有关特征如现金流、缺口、久期、凸性等为出发点，在有关约束下，通过选择与负债特性相匹配的资产品种来实现收益的最大化。而以资产为导向的资产负债匹配则是在满足资产特性的约束条件下求出使负债销售价格最大化或使盈余变化最小的最优负债组合。匹配可以在一个特定时段或多个时段进行。匹配指标可以是期限、缺口、久期和凸性及其组合，或者是这些指标与现金流的组合，其中，久期匹配与综合匹配比较常见。

二 缺口分析

缺口管理策略是资产负债管理中比较传统的管理利率风险的方法，所谓缺口管理，就是在对未来一定期限内的利率水平进行预测的基础上，调整相应期限内资金缺口或利率敏感性缺口的状态和大小，规避利率风险，以维持和提高收益水平，这种管理策略非常适合保险公司的资产负债管理。根据匹配条件的不同，缺口管理模型主要有到期缺口模型和久期缺口模型。

（一）到期缺口模型

在保险公司的资产负债表中，有许多种不同的资产和负债。在一定的时期内，一些资产和负债可能会到期或重新定价，这些资产和负债通常被称为敏感性资产和敏感性负债。

到期缺口模型就是测量利率敏感资产和负债之间绝对值的差异，即利率敏感性缺口。它有两种不同的表达形式：（1）$GAP_i = RSA_i - RSL_i$。其中，GAP_i 为某一期限内保险公司资产和负债缺口的账面价值；RSA_i 表示某一期限内保险公司利率敏感性资产的账面价值；RSL_i 表示某一期限内保险公司利率敏感性负债的账面价值；利率敏感性缺口有零缺口、正缺口和负缺口三种状态。（2）$RATIO_i = RSA_i/RSL_i$。其中，$RATIO_i$ 为某一期限内保险公司资产和负债的利率敏感性比率。利率敏感性比率与利率敏感性缺口有三种相应关系，如表 5-6 所示。

表 5-6　　　　　　　　利率敏感性缺口与利率敏感性的关系

GAP_i	正缺口（资产敏感）	负缺口（负债敏感）	资产负债匹配（零缺口）
$RATIO_i$	大于 0	小于 0	等于 0
	大于 1	小于 1	等于 1

保险公司的净收入的变动情况与利率敏感性缺口的大小直接有关，用公式表示为：$\Delta NI_i = (GAP_i)\Delta r_i = (RSA_i - RSL_i)\Delta r_i$。其中，$\Delta NI_i$ 为保险公司某一期限内的资产、负债所产生的净收入的变化；Δr_i 是利率的变化。当然，这里是以利率敏感性资产和利率敏感性负债的利率变动幅度相等为前提的。可以看出，当利率上升时，保证正缺口是有利的；而当利率下降时，保证负缺口是好的。由于保险公司的资产和负债都有一定的期限，在分析利率敏感性缺口时，通常需要将不同期限的资产和负债进行分类，如一个月内到期、两个月内到期、一年到期等。有时部分资产和负债需要重新定价，它们也可以归于一定的期限内。举例来说：

表 5-7　　　　　　　某保险公司的部分资产负债　　　　　（单位：百万元）

考察期	考察期内到期或需要重新定价的资产	考察期内到期或需要重新定价的负债	缺口	累积缺口
0—30 天	40	30	10	10
31—90 天	35	40	-5	5
91—180 天	0	20	-20	-15
181—365 天	30	15	15	0

若利率上升一个百分点，则对于一个月内的利率敏感性资产和利率敏感性负债，保险公司净收入的变化为：$\Delta NI_1 = 10 \times 1\% = 0.1$ 百万元收益。同理，可求得其他期限内保险公司净收入的变化情况。因此，该模型可以测定在某一期限内保险公司的资产、负债的净收入因利率变动的影响。在此基础上，保险公司可以形成缺口分析报告，以大致反映保险公司的利率风险头寸。缺口分析报告一般以某一时点保险公司的资产负债表为依据，划分相应的考察期，并在表的底端分别计算出各考察期的缺口及累积缺口。通过缺口分析报告，保险公司就很容易判断利率敏感性项目的时间结构及利率风险头寸，并采取措施化解利率风险。缺口分析报告格式从略。

到期缺口模型的优点是计算简便，清晰易懂。但其缺陷也很明显，如缺口表示为利率敏感资产面值对利率敏感负债面值的比率，没有关注再定价何时发生。而且缺口分析的精度与考察期跨度有关，考察期跨度越小，缺口分析的精确性就越高，但实际操作上，考察期的时间跨度太小是没有意义的。

（二）久期缺口模型

在利率波动的市场环境下，利率风险不仅来自于浮动利率资产与浮动利率负债的配置状况，也来自于固定利率资产与固定利率负债的配置状况。久期缺口管理就是通过相机调整资产和负债的结构，使金融机构能够有效控制利率风险。久期缺口的定义为：

$$D_{gap} = D_A - \mu D_L$$

其中，D_{gap} 为久期缺口，有时也称为净久期；D_A 为总资产久期；D_L 为总负债久期；μ 为资产负债率。根据可加性，保险公司整个资产和负债的久期可以分别表示为：$D_A = \sum_i x_{iA} D_{iA}$ 和 $D_L = \sum_i x_{iL} D_{iL}$，$x_{it}(i = 1, 2, \cdots, n; t = A, L)$ 表示第 i 种资产或负债的市场价值在保险公司整个资产组合或负债组合的市场价值中的比重。进一步，如果设 V_A 表示总资产的市场价值（而非账面价值）；V_L 表示总负债的市场价值；V_E 表示权益市场价值；D_E 表示权益的久期，则有 $D_A = \mu D_L - (1 - \mu) D_E$，其中，$\mu = V_L / V_A$。从而有：

$$D_E = \frac{1}{1 - \mu}(D_A - \mu D_L)$$

则由久期关系式及久期缺口定义有：

$$D_{gap} = (1-\mu)D_E$$

$$D_E = \frac{1}{1-\mu}D_{gap} = \frac{V_A}{V_E}D_{gap}$$

$$\frac{\Delta V_E}{V_E} = -D_E\frac{Dy}{1+y} = -\frac{V_A}{V_E}\frac{\Delta y}{1+y}D_{gap}$$

$$\Delta V_E = -D_{gap}\frac{\Delta y}{1+y}V_A$$

根据上述关系式可以确定相应的久期管理策略。(1) 如果久期缺口非常小接近于零时，公司权益价值受利率波动的影响可以忽略不计，因此，保守的久期缺口管理策略是使久期缺口的绝对值尽可能小；(2) 如果久期缺口为正，则公司权益价值的变化与利率变化的方向相反，即公司权益价值随利率上升而下降，随利率下降而上升；(3) 如果久期缺口为负，则公司权益价值随市场利率升降同方向变动。由此可根据对市场利率的预测，制定积极的久期管理策略。显然，市场利率越高，利率变化对公司权益价值的影响越小，反之亦然。公司的资产总值越大，利率变化对公司权益价值的影响也就越大。

从久期缺口模型不难看出，上述公式是在假定资产和负债的市场利率水平相同，且预期利率变动幅度也相同的情况下推导出来的。事实上，保险公司资产和负债的利率水平及其变动幅度一般是不相同的，因此，利用上述模型进行利率风险管理就缺乏准确性，为此，有必要对上述公式进行修正。修正后的公式为：

$$\Delta V_A = -D_A V_A \frac{\Delta r_A}{1+r_A}$$

$$\Delta V_L = -D_L V_L \frac{\Delta r_L}{1+r_L}$$

$$\Delta V_E = \left(-D_A V_A \frac{\Delta r_A}{1+r_A}\right) - \left(-D_L V_L \frac{\Delta r_L}{1+r_L}\right)$$

$$= -D_A V_A \frac{\Delta r_A}{1+r_A} + D_L V_L \frac{\Delta r_A}{1+r_A} - D_L V_L \frac{\Delta r_L}{1+r_L} + D_L V_L \frac{\Delta r_L}{1+r_L}$$

$$= (-D_A + \mu D_L)V_A\frac{\Delta r_A}{1+r_A} + \left(\frac{\Delta r_L}{1+r_L} - \frac{\Delta r_A}{1+r_A}\right)D_L V_L \quad (5.1)$$

$$= -D_{gap}V_A\frac{\Delta r_A}{1+r_A} + \left(\frac{\Delta r_L}{1+r_L} - \frac{\Delta r_A}{1+r_A}\right)D_L V_L$$

其中，ΔV_A、ΔV_L、ΔV_E 分别表示保险公司资产、负债以及权益价值的变动额；Δr_A、Δr_L 分别表示保险公司资产和负债的利率变动幅度。由上式知，权益净值一方面由久期缺口、资产规模和资产的利率变动幅度决定，另一方面也受到资产与负债利率变动幅度差异的影响，资产与负债利率变动幅度的差异越大，对权益净值的影响也就越大，这时，就不应忽视资产与负债利率变动幅度的差异对保险公司权益净值的影响。如果资产与负债利率变动幅度比较接近，则可以不考虑（5.1）式中的第二项，于是，（5.1）式就变为资产负债的利率水平及其变动幅度相同时的形式。由于在实际中，我国保险公司面临的资产负债的利率变动幅度的差异是比较大的，因此，在对我国保险公司的利率风险进行管理时，利用上述模型进行分析才是比较恰当的。

久期缺口管理是采用资产负债匹配技术对利率风险进行管理的一种策略，对于利率变化幅度较小的情况，久期缺口模型分析是比较有效的方法。当然，缺口技术还包括其他的策略，其中更为广义的概念是利率敏感性缺口，它同时考虑了久期和凸性，适用于利率变化幅度相对较大的情况。对于保险公司而言，最理想的状况是利率敏感性匹配，即资产组合的久期和凸性等于负债组合的久期和凸性；如果资产组合的久期和凸性不等于负债组合的久期和凸性，则存在利率敏感性缺口。一般而言，利率敏感性缺口管理的一般步骤可以用图 5-7 表示。

由于投资资产的限制，在证券市场上选择与负债利率敏感性相同的资产有时是很困难的，有时即使匹配存在，匹配的条件也不能保持稳定。因此，完全的久期和凸性匹配是很少的，即更多情况下资产的利率敏感性并不等于负债的利率敏感性，亦即利率敏感性缺口存在。实际中，保险公司通常会通过利率敏感性的不匹配，通过承担一定的利率风险来实现其保守或激进的经营策略，目的在于获得更高的回报。由于资产与负债的价值的变动与利率变动的方向相反，所以，资产与负债的利率敏感不匹配是指资产组合价值的变动率不等于负债组合价值的变动率，可以概括为表 5-8 中的几种情况[1]。

---

[1] 李秀芳：《中国寿险业资产负债管理研究》，中国社会科学出版社 2002 年版，第 73 页。

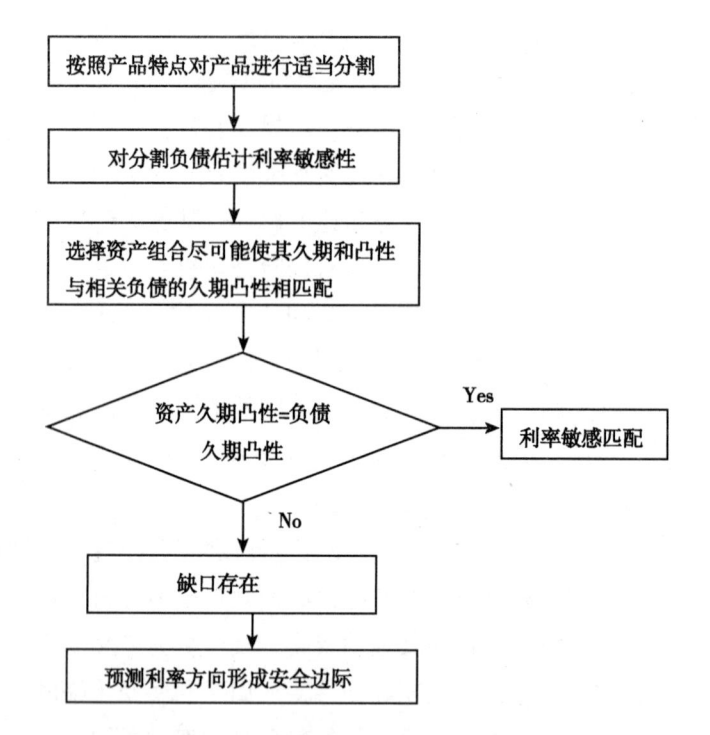

```
┌─────────────────────────┐
│ 按照产品特点对产品进行适当分割 │
└─────────────┬───────────┘
              ↓
┌─────────────────────────┐
│ 对分割负债估计利率敏感性    │
└─────────────┬───────────┘
              ↓
┌─────────────────────────┐
│ 选择资产组合尽可能使其久期和凸性 │
│ 与相关负债的久期凸性相匹配     │
└─────────────┬───────────┘
              ↓
         ╱ 资产久期凸性=负债 ╲  Yes  ┌──────────┐
         ╲ 久期凸性          ╱ ────→ │ 利率敏感匹配 │
              │                    └──────────┘
              │ No
              ↓
        ┌──────────┐
        │ 缺口存在   │
        └─────┬────┘
              ↓
        ┌──────────────────┐
        │ 预测利率方向形成安全边际 │
        └──────────────────┘
```

图 5-7　利率敏感缺口管理的步骤

表 5-8　资产负债利率敏感性不匹配与利率变化方向的关系

利率变化	不匹配情形			缺口结果
上升	资产的久期凸性	大于	负债的久期凸性	盈余减少
下降	资产的久期凸性	小于	负债的久期凸性	盈余减少
上升	资产的久期凸性	小于	负债的久期凸性	盈余增加（安全边际存在）
下降	资产的久期凸性	大于	负债的久期凸性	盈余增加（安全边际存在）

资料来源：李秀芳：《中国寿险业资产负债管理研究》，中国社会科学出版社 2002 年版，第 73 页。

由表 5-8 可知，当利率下降时，最好的结果是资产的久期凸性大于负债的久期凸性，这时，由于资产的利率敏感性大于负债的利率敏感性，资产价值的上升大于负债价值的上升；当利率上升时，最好的结果是资产的久期凸性小于负债的久期凸性，这时，由于资产的利率敏感性小于负债的利率敏感性，资产价值的下降幅度小于负债价值的下降幅度；在这两种情况下，公司的盈余不会减少，安全边际存在。因此，只要保险公司能够准确预测未来的市场利率走势,在预测利率是上升趋势时,力争形成利率敏感性负缺口,反之,则力争形成利率敏感性正缺口,依据这样的管理策略,保险公司同样可以规避利率风险。显然,缺口分析模型能否发挥作用的关键取决于保险公司对未来市场利率的预期,但实际上,利率变动的方向是很难预测的,所以最安全的状况还是完全的久期凸性匹配,或者是采取对利率敏感性缺口进行套期保值的策略。然而,在中国目前的保险资金运用环境下,要做到这两点都很困难。理论上,另外一种管理策略是尽可能使资产具有正凸性,而使负债具有负的凸性,这样一来,资产在利率下降时的获利大于利率上升时的损失,而负债在利率下降时的增长值小于利率上升时的减少值,如图5-8所示。

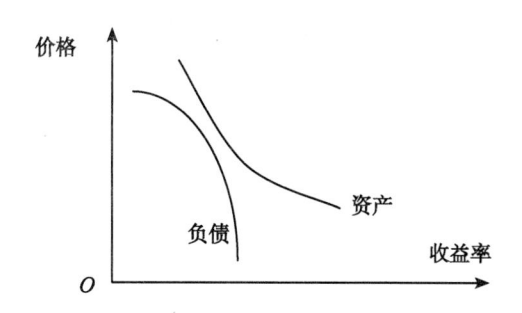

图 5-8　保险公司资产与负债的凸性

资料来源:李秀芳:《中国寿险业资产负债管理研究》,中国社会科学出版社 2002 年版,第 74 页。

事实上,由于以下两方面的原因,缺口管理策略的使用效果要打折扣。其一,利率变动受多种因素影响,要准确预测利率的变动方向非常困难;其二,资产负债结构的调整很困难。由于保险资金运用渠道的局限,使得保险公司并不能完全根据自己的意愿调整资产负债结构,从而很难达到缺口管理策略的要求。

三　以久期和凸性为基础的利率风险免疫策略

久期和凸性是研究利率风险免疫策略的两个最重要的概念,它可以用于设计利率风险免疫策略。所谓免疫策略,是指通过将资产组合与负债组合在期限上的匹配,降低资产负债组合对利率变动的敏感程度,从而使保险公司规避利率波动而造成偿付能力不足的风险。免疫策略主要用于固定收入的金融工具,其关键是通过资产与负债的期限匹配来降低利率敏感度,最基本的就是资产负债的久期匹配或久期凸性匹配策略,这是一种确定型的资产负债匹配策略,其他的资产负债匹配模型将在下一节介绍。

下面在文献[139]、文献[144]等的基础上进一步讨论确定型的久期匹配问题,并同时分析几种具体的利率风险免疫策略。

久期匹配要求资产组合与负债组合的现值相同,最简单的久期匹配是

$$V([A],r) = V([L],r)$$

其中,$[A]$ 表示各期间资产组合所产生的现金流,$[L]$ 表示各期间负债组合所产生的现金流,$V([\cdot],r)$ 表示某具体现金流在折现率 r 下的现值。当市场利率发生变化时,r 也会发生变化,使得资产与负债不再匹配,为了重新使二者匹配,就必须在利率发生变化后,调整资产或负债组合,使资产与负债组合现金流的折现值相等。用式子表示就是,当 $r \neq r'$ 时,仍有 $V([A],r') = V([L],r')$。对于利率的微小变化,可以通过泰勒级数展开来讨论。事实上,将 $V([\cdot],r)$ 进行泰勒级数展开有:

$$V([\cdot],r') \approx V([\cdot],r) + \frac{dV([\cdot],r)}{dr}(r'-r)$$

因此,要在 r 附近,使资产组合与负债组合的现值都保持相等,须使得

$$\frac{dV([A],r)}{dr} = \frac{dV([L],r)}{dr}$$

这样,当利率变化不大时,就可以通过上式达到利率风险免疫的目的。因此,实现利率风险免疫的充要条件是资产的久期等于负债的久期。

以上结论是基于利率变化是平坦的而且利率发生微小变化的情形下得出的,当这两个假设不满足时,就需要应用更为复杂的管理技术[1]。

---

[1] Lawrence A. Berger, Asset/Liability Modeling and Portfolio Optimization [C]. RECORD of ACTUARIES, Volume 23, No. 3, Washington Annual Meeting, 1997, 10.

首先,当中短期利率和长期利率存在明显差别时,可以将远期利率引入模型,构造下述确定型现金流折现公式:

$$V([c],[r_0(t)]) = \frac{\sum_{t=1}^{T} c_t}{\prod_{\tau=1}^{t}(1+r_0)[\tau]}$$

其中,$r_0(\tau)$ 为从时刻 0 开始的远期利率曲线。这时,对每一期间 t,不管利率如何变化,使资产组合与负债组合对利率的变化具有相同的敏感性:

$$\frac{dV([A],[r_0(t)])}{dr_0(t)} = \frac{dV([L],[r_0(t)])}{dr_0(t)}$$

那么,资产与负债组合将会获得免疫。

其次,当利率变化较大时,可以使用高阶微分匹配。以定常收益曲线为例,$V([c],r')$ 与 $V([c],r) + \frac{dV([c],r)}{dr}(r'-r)$ 就存在较大偏差,这个偏差需要用泰勒展开式的高阶项来弥补,即:

$$V([c],r') \approx V([c],r) + \frac{dV([c],r)}{dr}(r'-r) + \frac{d^2V([c],r)}{dr^2}\frac{(r'-r)^2}{2}$$

若使用高阶微分匹配,则令:

$$\frac{d^2V([A],r)}{dr^2} = \frac{d^2V([L],r)}{dr^2}$$

因此,资产凸性等于负债凸性。所以,对于较大的利率变动,只要保持资产和负债的久期和凸性相等,就可以达到利率风险免疫的目的。理论上,只要做到泰勒展开式的前 T 项保持相等,便能够使资产的现金流恰好匹配负债的现金流。

在借鉴文献 [139] 及文献 [144] 等相关文献研究成果的基础上,以下分析几种针对保险公司资产负债特点的具体的利率风险免疫策略。

(一) 固定负债流出的资产负债匹配策略

若保险公司有一笔价值为 L 的负债(如储蓄型寿险产品),到期期限为 T 年,且每年要对保险客户履行固定金额的赔付义务,设负债的现金流出为:$p_1,p_2,\cdots,p_T$,收益率为 y,而且利率期限结构变化平坦或近似平坦。现在的问题是,保险公司要构建投资组合以实现利率风险免疫。假设我们仅考虑固定收益投资工具,而且这些金融工具的有关参数已知。根据前面的推导,在市场利率变化幅度不大的情况下,要使资产组合和负债组合免受利率波动的影响,就必须使资产组合的久期与负债组合的久期相等,即资产与负债的现值保持相等。为了说明问题,下面列举一个简单实例。

例:假设某保险公司有一类储蓄型险种,价值为1000万元人民币(除保险费用和保险利润外),到期期限为5年,保险公司需要在每年向保险客户支付等额利息(除第五年外为固定等额现金流出),利率为4%,且保单无任何嵌入选择权。现在保险公司的问题是如何把这1000万元的资金进行投资,每年至少获得4%的收益,以保证在未来每一时点的资产价值和负债价值相等,即使资产与负债相匹配。设当前金融市场上有两种可选择的投资工具:投资工具1为7年期的大额协议存款,年利率为5%;投资工具2为3年期的国债,年利率为3%;对此,保险公司可以根据资产负债久期匹配确定投资组合中各项投资资产的比例。首先计算负债的调整久期:

$$D_L^* = \frac{1}{1+y} \sum_{t=1}^{T} t \times \frac{CF_t}{(1+y)^t} \times \frac{1}{p_0}$$

$$= \frac{1}{1.04}(1 \times \frac{38.46}{1000} + 2 \times \frac{36.98}{1000} + 3 \times \frac{35.56}{1000} + 4 \times \frac{34.19}{1000} + 5 \times \frac{854.8}{1000})$$

$$\approx 4.45(年)$$

然后,再分别计算两种投资工具的调整久期。经计算,可得投资工具1的调整久期为 $D_1^* = 5.79$ 年;投资工具2的调整久期为 $D_2^* = 2.83$ 年。

由
$$\omega_1 D_1^* + \omega_2 D_2^* = D_L^*$$
$$\omega_1 + \omega_2 = 1$$

可以解得:$\omega_1 \approx 0.547, \omega_2 = 0.453$。因此,保险公司应将1000万元人民币的54.7%,即547万元做7年期的大额协议存款,将1000万元人民币的45.3%,即453万元用于购买3年期的国债,这样构造的投资组合可以使资产负债免受利率波动带来的不利影响。

(二)资产现金流与负债现金流相匹配的免疫策略

设 $A_t, L_t, t = 1, 2, \cdots, n$ 分别表示保险公司在时刻 t 的预期资产现金

流和负债现金流,具体表示为①:

资产现金流 = 利息收入 + 红利 + 租金 + 资产到期 + 偿还 + 提前支付等

负债现金流 = 保单赔付 + 退保 + 保单贷款支付 + 红利分配 + 费用 + 税收 − 保费收入 − 保单贷款偿还及利息

S_t 为时刻 t 的净现金流,且假设资产与负债的现金流都发生在每期期初,利率期限结构是平坦的,收益率为 y,则资产和负债的现值分别为:

$$A = \sum_{t=1}^{n} \frac{A_t}{(1+y)^t}$$

$$L = \sum_{t=1}^{n} \frac{L_t}{(1+y)^t}$$

另设所有净现金流的现值之和为 $V(y)$,即有 $V(y) = A - L$。如果资产的现值等于负债的现值,资产的价值正好可以支付负债,则有 $V(y) = 0$。

现在的问题是,在什么条件下,资产对负债的支付能力不受利率变化的影响,即 $V(y)$ 不受利率变化的影响,显然,这时应有 $V'(y) = 0$,由 $V'(y) = 0$ 可得:

$$\frac{1}{1+y}\left[\sum_{t=1}^{n} \frac{(A_t - L_t)t}{(1+y)^t}\right] = AD_A - LD_L = 0$$

其中,AD_A 和 LD_L 分别称为资产与负债的价值久期。由上式知,如果要使 $V(y)$ 不受利率微小变化的影响,资产的价值久期应当等于负债的价值久期。特别地,如果在资产和负债现值相等的情况下,资产的久期与负债的久期应该相等。

需要解决的第二个问题是,在利率发生变化的情况下,如何保证 $V(y)$ 不为负值。事实上,在收益率小幅波动下,只要要求 $V(y)$ 是收益率 y 的凸函数即可,这时,净资产的价值为正(一阶导数为 0),所以,$V(y)$ 为非负的条件是 $V''(y) > 0$,由此可以推出 $C_A \geq C_L$,即资产凸性大于负债的凸性。

---

① 崔玉杰:《久期与免除战略在资产——负债管理中的应用原理初探》,《数理统计与管理》2001 年第 5 期。

于是得到实现利率风险免疫的三个条件：

① 资金流来自资产的现值等于来自负债的现值，即 $V(y) = 0$；
② 资产的调整久期等于负债的调整久期；
③ 资产的凸性大于负债的凸性。

第一个条件保证了利用正确的资产以支持负债，第二个条件要求资产和负债的现金流平均到达的时间要相同，即 $V'(y) = 0$，第三个条件保证了利率下降使资产市值的上升幅度大于负债价值的增长幅度，利率上升使资产市值的下降幅度小于负债价值的下降幅度，即资产现金流比负债现金流更分散，即有 $V''(y) > 0$。根据上述免疫条件，保险公司可以根据负债现金流的特征构造相应的资产组合，并实现规避利率风险的目的。

当然，上述免疫策略具有极强的限制条件，它不仅要求现金流是固定不变的且不依赖于利率，而且所有现金流用同一利率评估，到期收益曲线作平行移动。这些约束条件使得确定型的久期凸性匹配免疫策略只能应用于部分寿险产品和资产组合。

(三) 利率风险完全免疫策略

这一模型的特点是在一项负债的前后分别有一项资产对应，设在时刻 t 有负债资金流 L_t，在时刻 $t-s$ 有资金流入 A_{t-s}，在时刻 $t+h$ 有资金流入 A_{t+h}，其中 $s, h > 0, s \leq t$，在 A_{t-s}, A_{t+h}, s, h 四个值中，若已知其中任意两个的值，就可以确定另外两个的数值，不妨设利率 y 对应的利息力为 λ。则由

$$V(y) = A_{t-s}(1+y)^s + A_{t+h}(1+y)^{-h} - L_t = 0$$

可得

$$V(\lambda) = A_{t-s}e^{\lambda s} + A_{t+h}e^{-\lambda h} - L_t = 0$$

由

$$V'(y) = A_{t-s}s(1+y)^{s-1} + A_{t+h}h(1+y)^{-h-1} = 0$$

可得

$$V'(\lambda) = A_{t-s}se^{\lambda s} - A_{t+h}he^{-\lambda h} = 0$$

再设变化后的利率 y' 对应的利息力为 μ，则有：

$$\begin{aligned} V(\mu) &= A_{t-s}e^{\mu s} + A_{t+h}e^{-\mu h} - L_t \\ &= A_{t-s}e^{\mu s} + A_{t+h}e^{-\mu h} - (A_{t-s}e^{\lambda s} + A_{t+h}e^{-\lambda h}) \\ &= A_{t-s}e^{\lambda s}\left[e^{(\mu-\lambda)s} + \frac{s}{h}e^{-(\mu-\lambda)h} - \left(1 + \frac{s}{h}\right) \right] \end{aligned}$$

对于上式来说，只要 $\mu \neq \lambda$，都有 $V(\mu) > 0$，即免疫策略有效。

同前两种模型相比，这种模型的结构特殊，有时也需要频繁调整资产，以实现利率风险免疫，其优点是没有对利率的变化幅度做出要求，不仅适合利率变化很小的情况而且也适合利率变化幅度比较大的情况。

第八节 保险公司资产负债管理的最优化模型

一 概述

自20世纪70年代起，经过近三十年的发展，资产负债管理形成三种管理技术。第一种是表内管理技术，即对表内资产负债项目的期限进行比较和调整，管理利率风险的技术包括以收益为基础的缺口管理技术和以价值为基础的久期管理技术等。第二种是表外管理技术，指运用金融衍生工具管理利率风险的技术。无论表内管理技术还是表外管理技术，所针对的都是利率变化时，在既定资产期限和负债期限结构下保险公司的收益和价值变化的风险。第三种是资产负债管理的证券化技术。其中，表外管理技术需要种类齐全的金融衍生工具和一个运作良好的金融衍生产品市场。至于证券化管理技术，除了表外管理技术所必需的条件外，还需要有资产证券化的法律环境。对于金融市场发展相对落后的国家，保险公司运用这两种技术的条件尚不成熟。表内管理技术是保险公司进行资产负债管理的传统技术，对于证券市场的需求不高。因此，我国寿险公司资产负债管理的重点在表内管理技术。

资产负债的表内管理技术很多，这些技术主要用于管理利率风险，如现金流匹配、多重情景分析、缺口模型、免疫类技术、套期保值方法、计算机模拟、利差管理以及其他随机型资产负债匹配模型等。尽管这些技术应用了不同的数学模型和分析方法，但其基本思想都是实现金融机构资产与负债的匹配。就保险业而言，保险公司为了保证自己的偿付能力，既要控制盈余下降的风险，也要为资金运用获得足够的收益而承担可以接受的风险，因此，保险公司资产负债管理的任务就是在二者之间做出权衡，并在权衡各种可能情况下所进行的谨慎的评估，即资产负债管理的重点是风险控制，但不能忽略有关利润增加的目标，也就是说，保险公司的资产负债管理是一系列的最优化问题。

针对不同的问题类型，可以将资产负债管理问题分为资产现金流和负债现金流可以确切知道的确定型问题和资产现金流和负债现金流其中之一不确定或两者都不确定的随机型问题两种[①]。确定型资产负债管理问题假定现金流是确切知道的，对于这类问题，可以建立数学规划模型使资产与负债相匹配。但由于保险公司的资产或负债不可避免地会受到各种因素的影响，对其现金流难以在事前做出准确预测，因此，确定型资产负债管理技术只能作为一种近似的管理手段。一般而言，当资产与负债的不确定性很小而且与一般的利率水平无关时，这样的资产负债管理问题可以看作是确定型问题，保险公司的某些资产如银行存款及长期持有的债券，或者受嵌入选择权影响不大的某些传统不分红产品对应的负债的不确定性很小，因此，确定型资产负债管理模型适合保险公司对部分资产负债进行管理。确定型资产负债管理问题可以直观地描述为：给定负债现金流 L_1，L_2，…，L_T 以及具有市场价值为 A 的当前的资产组合，构造一个无违约、不赎回债券的组合，使其同负债相匹配，从而消除资产负债组合所面临的利率风险。当资产与负债现金流具有很强的利率敏感性时，未来的不确定性也随之增大，相应地，资产负债管理也就不能使用确定型的资产负债管理技术，而应当采用随机型的资产负债管理技术。随机型资产负债管理问题可以描述为：以尽量小的成本选择一个资产组合，以使其现金流在有效期内尽可能随时满足对债务的支付，而不是强调资产与负债的完全匹配。因此，确定型资产负债管理模型只适合于利率变化比较简单的情况，只要对利率的变化作某些简单合理的假设即可，从而也就可以回避对利率变化的概率特征的讨论。而随机型资产负债管理模型则不同，它以利率变化的概率结构为基础。

就利率风险免疫技术而言，根据所运用的规避利率风险的准则不同，可以分为现金流匹配技术（cash‑matching）和利率敏感性匹配技术[②]。相应的资产负债管理模型大体上可以分为四大类：（1）确定型现金匹配模型；（2）确定型利率敏感匹配模型；（3）随机型现金匹配模型；（4）随机型利率敏感匹配模型。其中，前两类模型属于比较传统

---

① 陈占峰：《资产负债管理技术述评》，《系统工程》1999 年第 5 期。
② 同上。

的资产负债管理模型，发展也相对成熟，建立的难度不大。较为成熟的模型包括专献模型及先前提出的确定型久期匹配模型等。后两种模型较为复杂，特别是其求解较为困难。除此之外，近几年来，随着随机运筹技术的不断发展，人们开始使用相关的随机运筹技术来建立资产负债管理模型，如机会约束规划模型、动态随机管理模型、多阶段随机规划模型以及资产负债管理的随机控制模型等[1]，这些模型与传统的随机型资产负债管理模型不同，它们分别从资本充足性以及保证偿付能力的角度建立最优化模型。本书拟以寿险业为例，并借鉴文献［138］以及文献［144］等的研究成果，介绍几个确定型和随机型的资产负债管理模型，并说明这些模型的具体应用步骤。

二 古典现金流匹配模型

现金流匹配是保险公司资产负债管理中最重要的资金运用策略。Jialling C. Koopmans 最早提出了保险公司的现金流匹配策略，后来，Rama Kocherlakota 等人对此进行了推广。

古典现金流匹配技术提供了一种将资产与负债的现金流相匹配的选择策略，它要求整个期间的资产组合与负债组合的现金流特征相一致，即选择固定收入资产使得每一期的现金流保证所有的债务支付，且资产组合成本在满足上述条件的情况下达到最小。因此，现金流匹配方法主要应用于保险公司固定现金流的资产负债匹配，如传统保险产品形成的负债现金流与银行存款及债券投资形成的资产现金流之间的匹配。一般的现金流匹配模型可以表述为[2]：

$$\min \sum_{j=1}^{n} p_j x_j$$

$$\begin{cases} A(t) \geq L(t) \\ x_j \geq 0 \\ t = 1, 2, \cdots, T \end{cases}$$

---

[1] Mejie Smink, A numerical Examination of Asset – Liability Management Strategies [C]. 4th AFIR International Colloquium, 1995, pp. 876—889.

[2] 李秀芳：《中国寿险业资产负债管理研究》，中国社会科学出版社 2002 年版，第 79 页。

其中，p_j 表示资产 j 的价格；

x_j 表示资产组合中资产 j 的数量；

$A(t)$ 表示期间 t 的资产现金流，即 $A(t) = \sum_{j=1}^{n} x_j \cdot c_{jt}$，$c_{jt}$ 表示在期间 t 由单位资产 j 所产生的现金流；

$L(t)$ 表示期间 t 的负债。

这是一个线性规划问题，可以用线性规划的求解技术求解。从实际情形来看，对于所有的 t，$A(t) \geq L(t)$ 的约束条件太强，这样的约束会在实际中增加资产组合的成本。因此，有必要放松这一条件，放松约束条件实际上是放松了对资产组合的限制，从而会使资产组合的成本下降。如用 $S(t)$ 表示时间 t 的净现金流，并假设资产现金流与负债现金流都发生在每期期初，用 $B(t)$ 表示时间 t 的净现金流余额，i_t 表示第 t 期的积累利率，则有：

$$S(t) = A(t) - L(t) \quad t = 0,1,\cdots$$
$$B(0) = S(0) = A(0) - L(0)$$
$$B(t) = S(t) + B(t-1)(1+i_t) \quad t = 1,2,\cdots$$

因此，只要对于所有的 t 满足 $B(t) \geq 0$，则资产现金流与负债现金流才能匹配，这样，现金流匹配模型可以扩展为下述模型：

$$\min \sum_{j=1}^{n} p_j x_j$$

$$\begin{cases} B(t) \geq 0 \\ x_j \geq 0 \\ t = 1,2,\cdots,T; j = 1,2,\cdots,n \end{cases}$$

其实，上述模型的约束条件还可以从各种角度放松限制，如在保证保险公司偿付能力的角度出发，允许资本金和盈余进行再投资，以下的专献模型正是基于这一思想构建的。

三　专献模型

专献模型主要用于保险公司固定现金流入/出的资产负债管理，是一种在古典现金匹配模型基础上建立的确定型现金匹配模型。其基本思想是构造一个资产组合，使资产现金流能够随时满足负债现金流的要求。对于所产生的再投资风险,假如选择一个保守的再投资收益率,则这一策略可以很好地规避利率风险。下面给出一个最优化专献模型,目标函数是使资产成本和初始现金持有量为最小。首先引入下列记号:

$U = \{1, 2, \cdots, k\}$ 表示可投资资产数量的集合;

$T = \{1, 2, \cdots, T_{\max}\}$ 表示一系列有序的离散时间点的集合;

x_i 表示持有的资产 i 的数量;

p_i 表示资产 i 当前的市场价格;

S_τ 表示 τ 时刻的现金持有量,即盈余数量;

ρ 为再投资利率;

L_τ 为 τ 时刻要偿还的债务;

C_{it} 为 t 时资产 i 的现金流量;

$D_{i\tau}$ 为资产 i 的现金流在 C_{it} 为 t 时资产 i 的现金流在 $\tau-1$ 与之间的再投资价值,并且假定偿还日期相当大,则有:

$$D_{i\tau} = \sum_{t \in [\tau-1, \tau]} C_{it}(1+\rho)^{\tau-t}$$

在每一个偿还日,资产组合产生的现金流以及现金持有量的再投资价值用于偿还负债。如果有任何的盈余,那么,新的盈余将以保守的投资率在下一区间再进行投资,可以用下面的约束表示:

$$\sum_{i \in U} D_{i\tau} x_i + S_{\tau-1}(1+\rho)^{\Delta\tau} = L_\tau + S_\tau, \forall \tau \in T$$

上式左边第一项表示资产组合在时刻 $\tau-1$ 与 τ 之间的价值,第二项是现金持有量以保守的投资收益率在 $\tau-1$ 与 τ 之间的再投资;右边第一项表示在时刻 τ 的负债,第二项为盈余。这一约束条件表明,在时刻 τ,资金必须保持平衡。进一步对现金盈余增加非负要求,则可以保证资产现金流完全覆盖负债现金流,于是得到以下的专献模型:

$$\min_x \sum_{i \in U} p_i x_i + S_0$$

$$\sum_{i \in U} D_{i\tau} x_i + S_{\tau-1}(1+\rho)^{\Delta\tau} = L_\tau + S_\tau, \forall \tau \in T$$

$$S_\tau \geq 0, \forall \tau \in T$$

$$x_i \geq 0$$

同下面将要给出的一般免疫模型相比,专献模型用资产产生的现金流完全覆盖负债流,更能保证按期偿还负债的要求,当然,这样的投资成本会很高。

四 一般的免疫模型

免疫模型主要用于固定收入的资产组合，它可以实现保险公司的资产负债针对利率风险的匹配。实践中，人们提出了各种各样的免疫模型，这些模型的共同特点是以资产收益的最大化作为最优化模型的目标函数，下面是一个基本的确定型资产负债匹配模型[①]：

假定 n 种资产的投资时间区间为 $[0,T]$，将其划分为 l 个时间段，如季度或年等，这 l 个时间段分别为：$[0,t_0]$、$[t_0,t_1]$、$\cdots$、$[t_{l-1},t_l]$。资产 i 当前的价格为 p_i，其收益率为 r_i，在时刻 t_j 产生的现金流为 c_{it_j}，另设保险公司资产组合中持有的该种资产的数量为 x_i，则资产 i 的现值可以表示为：

$$p_i = \sum_{j=1}^{l} c_{it_j}(1+r_i)^{-t_j}$$

对收益率 r_i 进行微分，可以得到该种资产现金流的期限或称现值敏感性 v_i：

$$\frac{dp_i}{dr_i} = -\sum_{j=1}^{l} t_j c_{it_j}(1+r_i)^{-(t_j+1)}$$

则资产组合 $X=(x_1,x_2,\cdots,x_n)^T$ 的期限为：$v_p = \sum_{i=1}^{n} v_i x_i$。设已知负债的现值 p_l 和期限 v_l，一个免疫的资产组合必须满足资产和负债的现值以及期限相等，即有：

$$p_l = \sum_{i=1}^{n} p_i x_i \qquad v_l = \sum_{i=1}^{n} v_i x_i$$

由于免疫后的资产组合是无风险的，因此，投资目标就是构建资产组合 $X=(x_1,x_2,\cdots,x_n)^T$，以使得资产组合的收益达到最大。资产组合的收益率 r_p 可由下式给出：

$$p = \sum_{j=1}^{l} \left(\sum_{i=1}^{n} c_{it_j}\right)(1+r_p)^{-t_j}$$

上式关于收益率 r_p 是非线性的，两边同时对 r_p 微分得：

---

① 陈占峰：《资产负债管理技术述评》，《系统工程》1999年第5期。

$$v_p = \frac{dp}{dr_p} = -\sum_{j=1}^{l} t_j \left(\sum_{i=1}^{n} c_{it_j} x_i \right) (1 + r_p)^{-(1+t_j)}$$

当 t_j 取充分大时，由泰勒展开式得：

$$\left(\frac{1+r_p}{1+r_i} \right)^{-(1+t_j)} = \frac{(1+r_i)^{1+t_j}}{(1+r_p)^{1+t_j}} \approx \frac{1+(1+t_j)r_i}{1+(1+t_j)r_p} \approx \frac{r_i}{r_p}$$

由此可得：

$$\begin{aligned} v_p &= -\sum_{j=1}^{l} t_j \left(\sum_{i=1}^{n} c_{it_j} x_i \right) (1+r_p)^{-(1+t_j)} \\ &\approx -\sum_{j=1}^{l} \left(\sum_{i=1}^{n} c_{it_j} x_i \right) (1+r_i)^{-(1+t_j)} \frac{r_i}{r_p} \\ &= -\sum_{i=1}^{n} x_i \frac{r_i}{r_p} \sum_{j=1}^{l} c_{it_j} t_j (1+r_i)^{-(1+t_j)} \\ &= \sum_{i=1}^{n} \frac{x_i v_i r_i}{r_p} \end{aligned}$$

即有：

$$r_p \approx \frac{\sum_{i=1}^{n} x_i v_i r_i}{\sum_{i=1}^{n} x_i v_i}$$

由于上式的分母是一常量，对资金运用收益的极大化就相当于对上式分子的极大化，因此，免疫模型可以表示为如下的最优化模型：

$$\begin{aligned} \max_{x} \quad & \sum_{i=1}^{n} x_i v_i r_i \\ s.t. \quad & \sum_{i=1}^{n} p_i x_i = p_l \\ & \sum_{i=1}^{n} x_i v_i = v_l \\ & x_i \geq 0 \quad i = 1, 2, \cdots, n \end{aligned}$$

上述模型应用到保险公司资产负债管理问题中的一个前提条件是投资组合的现值和期限分别等于负债的现值和期限，即资产和负债的现金流流量不受利率的影响，因此，这一模型适应于利率不敏感型资产与负债的管理。

由于资产组合分散的现金流意味着资产组合高度暴露于状况风险（Shape Risk），因此，可以进一步给上述模型增加稳定性条件，即要求资产组合的凸性不小于负债的凸性。资产 i 的凸性可以表示为：

$$C_i = \sum_{j=1}^{l} t_j(1+t_j) c_{it_j}(1+r_i)^{-(2+t_j)}$$

资产组合的凸性为：

$$C_p = \sum_{i=1}^{n} C_i x_i$$

为了保证免疫的稳定性，要求资产组合的凸性减去负债的凸性非负，即有：

$$\sum_{i=1}^{n} C_i x_i - C_l \geq 0$$

这样，上述模型可以改进为：

$$\max_{x} \sum_{i=1}^{n} x_i v_i r_i$$

$$s.t. \quad \sum_{i=1}^{n} p_i x_i = p_l$$

$$\sum_{i=1}^{n} x_i v_i = v_l$$

$$\sum_{i=1}^{n} C_i x_i - C_l \geq 0$$

$$x_i \geq 0 \quad i = 1, 2, \cdots, n$$

一般免疫模型是资产导向的资产负债管理模型，它适用于具有固定现金流保险业务的资产负债管理，其中，模型的第一个约束条件也可以改为大于或等于约束。下面简要给出以负债导向的资产负债管理模型。

负债导向的一般免疫模型可以表述为：

$$\min_{x} \sum_{i=1}^{n} p_{0i} x_i$$

$$s.t. \quad \sum_{i=1}^{n} p_i x_i \geq p_l$$

$$x_i \geq 0 \quad i = 1, 2, \cdots, n$$

其中，p_{0j} 表示第 j 种资产在初始时刻的成本。

如果在上述模型中分别加入久期匹配，则最优化模型为：

$$\min_{x} \sum_{i=1}^{n} p_{0i} x_i$$

$$s.t. \quad \sum_{i=1}^{n} p_i x_i \geq p_l$$

$$\sum_{i=1}^{n} D_i x_i = D_L$$

$$x_i \geq 0 \quad i = 1, 2, \cdots, n$$

其中，D_i 表示第 i 种资产的久期，D_L 表示负债的久期。

如果在上述模型中分别加入凸性匹配，则最优化模型为：

$$\min_{x} \sum_{i=1}^{n} p_{0i} x_i$$

$$s.t. \quad \sum_{i=1}^{n} p_i x_i \geq p_l$$

$$\sum_{i=1}^{n} D_i x_i = D_L$$

$$\sum_{i=1}^{n} C_i x_i = C_L$$

$$x_i \geq 0 \quad i = 1, 2, \cdots, n$$

其中，C_i 表示第 i 种资产的凸性，C_L 表示负债的凸性。上述三个模型中的第一个约束条件也可以改为等式约束，即资产现值等于负债现值。

无论是免疫模型还是专献模型，由于现金流发生的时间和数量是确知的，因此，上述模型都是一般的线性规划模型，其求解方法已经比较成熟，借助计算机软件即可求解。

五 资产负债管理的随机免疫模型

确定型资产负债管理问题的现金流大小及发生时间可以预先确知，且假定利率作微小变化。实际上，保险公司的某些资产和负债所产生的现金流并不满足上述假设，特别是保险公司的大部分负债现金流对利率有相当强的敏感性，如新型寿险产品的现金流不仅大小是不确知的，而且发生的时间也是不确知的，对于这一类资产负债管理问题需要建立随机模型。由于资产与负债的现金流具有随机性，因此，资产组合与负债组合不可能在每一期间都做到完全匹配，随机型现金流匹配技术通常会造成一定的误差。同确定型问题类似，随机型问题主要有两种建模技术，即随机型现金流匹配技术和随机型利率敏感匹配技术。以下首先参考有关文献的研究成果讨论随机型现金流匹配模型。

随机型现金流匹配的基本思想最早是由 Bradley 和 Crane (1972)[①]针对商业银行的资产负债管理问题提出来的,尽管这一模型极为复杂,并且缺乏有效的求解技术,但这一模型的提出却极大地推动了资产负债管理的研究。

下面是随机现金流匹配模型的一般形式:

$$\min_x p^T x$$

$$\begin{cases} A(x) = L_T \\ d \leq x \leq u \end{cases}$$

其中,L_T 表示负债流的现值,为一随机变量;$A(x) = \sum_{i=1}^{n} A_i x_i$ 表示资产组合的现值,A_i 表示资产 i 的现值,$A(x)$ 也是随机变量;d 和 u 分别为保险公司资产持有量的上下界。上述模型的含义就是,在利率随机波动的情况下,在资产组合预期的现值与负债流的现值相等的约束下,确定成本最小的资产组合。对于随机型资产负债管理模型来说,求解过程和求解方法要比确定型问题复杂得多,因此,随机型资产负债管理问题的关键在于其求解方法。以下讨论上述模型的求解。

处理不确定性问题的较简单的方法是情景优化方法,这种方法将不确定性用离散的情景来描述。其基本思想是,对每一情景产生一个确定型的优化问题,并进行求解,然后利用"追踪"或"协调"的方法把每一子问题的解进行综合。如同随机现金流匹配模型的一般形式,子问题的一般形式为:

$$c^\lambda = \min_x p^T x$$

$$\begin{cases} A^\lambda(x) = L_T^\lambda \\ d \leq x \leq u \end{cases}$$

其中,$A^\lambda(x)$ 表示在情景 λ 下的资产组合的现值,L_T^λ 表示在情景 λ 下的负债流的现值。选择合适的资产持有量的上下界 d 和 u,子问题的解 x^λ 满足 $A^\lambda(x^\lambda) = L_T^\lambda$,则上述随机模型一般形式的最优解 x^* 可以通过追踪方法或协调方法生成,即求解如下的优化问题:

[①] Bradley S. P., Crane D. B., A dynamic model for bond portfolio management [J]. Management Science, 1972, 19 (2): 139 – 151.

$$\min_x \sum_\lambda v_\lambda \{ ||p^T x - c^\lambda||_t + \eta ||A^\lambda(x) - L_T^\lambda||_t \}$$
$$s.t. \quad d \leq x \leq u$$

其中，c^λ 为情景 λ 下资产组合的最小成本；v_λ 为情景 λ 发生的概率；η 为最优解和模型可行性之间的协调系数，当 η 较小时，以资产组合的成本最小为优化目标，反之，当 η 较大时，更关注模型的稳定性；$||\cdot||_t$ 表示范数，由于 $p^T x - c^\lambda$ 是实数而不是向量，因此可取正常意义上的范数，即有：

$$||p^T x - c^\lambda||_t = (p^T x - c^\lambda)^t \quad 1 \leq t < +\infty$$

如果选择 $t=2$ 的范数 $||\cdot||_2$，则上述子问题对应的追踪模型为

$$\min_x \sum_\lambda v_\lambda \{ (p^T x - c^\lambda)^2 + \eta [A^\lambda(x) - L_T^\lambda]^2 \}$$
$$s.t. \quad d \leq x \leq u$$

显然，如果用于免疫的资产空间中包含的资产及其现金流的大小与分布类似于负债现金流的情况时，这种资产肯定会被选择，那么，不论资产组合的成本怎样，这时的目标函数值为 0，因此，有必要在上述模型中进一步增加约束。不妨设保险公司用于构造免疫资产组合的预算成本为 C，则在上述模型中增加预算成本约束后的追踪模型为：

$$\min_x \sum_\lambda v_\lambda \{ (p^T x - c^\lambda)^2 + \eta [A^\lambda(x) - L_T^\lambda]^2 \}$$
$$s.t. \quad \sum_i p_i x_i \leq C$$
$$d \leq x \leq u$$

如果选择 $|\cdot|$ 做范数，则上述子问题对应的追踪模型为

$$\min_x \sum_\lambda v_\lambda \{ |p^T x - c^\lambda| + \eta |A^\lambda(x) - L_T^\lambda| \}$$
$$s.t. \quad \sum_i p_i x_i \leq C$$
$$d \leq x \leq u$$

上述模型可以进一步表示为带有偏差变量的目标规划模型

$$\min_{\rho^+,\rho^-,\delta^+,\delta^-,x} \sum_\lambda v_\lambda [(\rho_\lambda^+ + \rho_\lambda^-) + \eta(\delta_\lambda^+ + \delta_\lambda^-)]$$
$$s.t. \quad p^T x - (\rho_\lambda^+ - \rho_\lambda^-) = c^\lambda$$
$$A^\lambda(x) - (\delta_\lambda^+ - \delta_\lambda^-) = L_T^\lambda$$

$$\sum_i p_i x_i \leq C$$
$$d \leq x \leq u$$

其中，ρ_λ^+、ρ_λ^-，δ_λ^+、δ_λ^- 分别为对应目标的正负偏差变量，正负偏差变量均为非负，正偏差的含义表示目标达到值超过预期目的值的部分，负偏差的含义表示目标达到值不足预期目的值的部分，如 ρ_λ^+ 就表示目标达到值 $p^T x$ 超过预期目的值 c^λ 的部分，因此，它们的定义是：

当 $p^T x - c^\lambda \geq 0$ 时，$\rho_\lambda^+ = p^T x - c^\lambda$；当 $p^T x - c^\lambda < 0$ 时，$\rho_\lambda^- = -[p^T x - c^\lambda]$；当 $A^\lambda(x) - L_T^\lambda \geq 0$ 时，$\delta_\lambda^+ = A^\lambda(x) - L_T^\lambda$；当 $A^\lambda(x) - L_T^\lambda < 0$ 时，$\delta_\lambda^- = -[A^\lambda(x) - L_T^\lambda]$。

上述模型的目标函数同时对正负偏差变量求最小，其含义是使各目标值与预期目的值之间超过和不足的部分都尽量小，即要求恰好达到目的值。

在目标函数中，如果去掉 ρ_λ^+ 和 δ_λ^+ 两个正偏差变量，则上述问题变为仅对负偏差变量求极小的目标规划问题，其含义是使各目标值与预期目的值之间不足的部分尽量小，对超出部分不限。显然，在这种情况下，决策者希望在每一种情景下资产流要随时满足负债流的要求，尽可能避免不能满足偿付要求的情况出现，这时资产组合的成本也可能会高于最小成本。无论哪一种情形，都可以用现成的计算机软件来求解。

六 资产负债管理的随机专献模型

随机专献模型和随机免疫模型不同，随机专献模型不考虑现金流现值相等的条件，而是直接追踪现金流的大小。其基本思想是，如果负债现金流与专献组合的现金流在所有情景下比较接近，那么，这些现金流的不同函数，如现值、期限、久期和凸性等也比较接近。

设 r_t^λ 为情景 λ 下 t 时刻的收益率，$g_t^\lambda(x)$ 为情景 λ 下 t 时刻资产组合的累积现金流，L_t^λ 为情景 λ 下 t 时刻保险公司的累积债务，则 $\dfrac{1}{(1+r_t^\lambda)^t} \| g_t^\lambda(x) - L_t^\lambda \|$ 为情景 λ 下 t 时刻的追踪误差。随机专献的现金流匹配模型就是确定一个组合，使得在各时刻以及所有情景下总的误差最小，具体模型为[1]：

---

[1] 陈占峰：《资产负债管理技术述评》，《系统工程》1999 年第 5 期。

$$\min_x \sum_\lambda v_\lambda \sum_t \frac{1}{(1+r_t^\lambda)^t} ||g_t^\lambda(x) - L_t^\lambda||$$

$$\begin{cases} \sum_i p_i x_i \leq C \\ d \leq x \leq u \end{cases}$$

上述模型的求解方法同随机免疫模型的求解方法类似。显然,由于随机专献模型中资产产生的现金流能够充分追踪负债,而保险公司对近期的负债预测有较大的准确性,所以,对于短期负债利用随机专献模型比较妥当。而对于长期负债问题来说,由于保险公司对长期负债缺乏足够的把握,而且利用随机专献管理策略的成本太高,所以,对于长期负债的管理利用随机免疫模型较为合适。将二者综合起来,得到下述的统一模型:

$$\min_x \sum_\lambda v_\lambda \Big\{ \theta \sum_{t \in [1, t'-1]} \frac{1}{(1+r_t^\lambda)^t} ||g_t^\lambda(x) - L_t^\lambda|| + (1-\theta)||$$

$$\sum_{t=t'}^{T} \frac{1}{(1+r_t^\lambda)^t}(g_t^\lambda(x) - L_t^\lambda)|| \Big\}$$

$$\begin{cases} \sum_i p_i x_i \leq C \\ d \leq x \leq u \end{cases}$$

其中,θ 在 $[0,1]$ 内取值。当 $\theta = 0$ 时,上述模型即为随机专献模型;当 $\theta = 1$ 时,上述模型即为随机免疫模型。对于中长期的资产负债管理问题,可以适当调节 θ 在 $(0,1)$ 内的取值。这样,通过引入参数 θ,使随机型的资产负债管理模型更为灵活。

实际中,还有许多类似的随机匹配模型。像 Hiller 和 Eckstein (1993) 就以资产组合现金流的现值 $V([A],r)$ 与负债现金流的现值 $V([L],r)$ 之差小于零作为风险量度,利用组合投资中风险—收益的基本思想,建立了针对固定收益债券的随机现值(非现金流)匹配模型,该模型为一随机组合最优化模型,可以利用 Benders 的分解算法求解。

七 资产负债管理的随机久期匹配模型

在确定型久期匹配模型中,久期匹配是通过资产与负债组合现金流的现值公式中的微分项的相等来实现的。在随机型资产负债管理问题中，现金流对利率的敏感度很大，且为一个随机变量，因而现金流的现值关于利率的微分其实是一个全微分，即：

$$\frac{dV([c],y)}{dy} = \frac{\delta V([c],y)}{dy} + \sum_{t=1}^{T} \frac{\delta V([c],y)}{\delta c_t} \frac{dc_t}{dy}$$

下面是一个可以应用于保险公司利率敏感型产品的随机久期免疫模型[①]。

从寿险公司的负债来看，现代寿险产品大多属于利率敏感型寿险，传统寿险产品中的部分产品也具有利率敏感性现金流。从资产来看，寿险公司资产中同样有一定比例的利率敏感性资产。寿险公司利率敏感型资产和利率敏感型负债的匹配通常以随机利率模型为基础。如设 $y(t)$ 表示无息票债券的到期收益率，则有下述随机利率模型：

$$dy(t) = f(y,t)dt + g(y,t)dk(t)$$

其中，称 $f(y,t)$ 为漂移项，$g(y,t)$ 为扩散项，$dk(t)$ 为标准 Wiener 过程，则资产价格 $p(t)$ 可以定义为 $y(t)$ 和 a 的函数，其中，向量 a 为参数，则有关系式：

$$p_t = f'p_y + \frac{1}{2}g^2 p_{yy} - yp = 0$$

其中，$f' = f(y,t)dt + m(y,t)g(y,t)$ 为风险调整漂移，$m(y,t)$ 是风险市场价格，且与向量 a 无关。上式结合相应的边界条件便可用于利率敏感性财务赔偿的定价，而且在给定 $v(\tau,\tau) = 1$ 的条件下，通过上式还可以得出在时间 τ 到期的单位无息票债券的贴现因子 $v(t,\tau)$ 的价格。

进一步，定义 $\rho = -p_y(y,t;a)/p(y,t;a)$ 表示利率敏感现金流的基本风险，则定义 $D(y,t;a) = \pi^{-1}\{\rho\} - t$ 为随机久期。其中，π^{-1} 是函数 $\pi = -v_y(t,\tau)/v(t,\tau)$ 关于 τ 的反函数。用 a_A 和 a_L 分别表示资产向量和负债向量，令 $p(y,t;a_A) = p(y,t;a_L)$，如果 $\rho(y,t;a_A) = \rho(y,t;a_L)$，则有 $dp(y,t;a_A) = dp(y,t;a_L)$。等式 $\rho(y,t;a_A) = \rho(y,t;a_L)$ 等价于 $D(y,t;a_A) = D(y,t;a_L)$，成为定常久期。如果资产组合和负债组合能够满足 $p(y,t;a_A) = p(y,t;a_L)$ 和 $\rho(y,t;a_A) = \rho(y,t;a_L)$，则资产负债组合是随机免疫的。

---

① 陈占峰：《资产负债管理技术述评》，《系统工程》1999年第5期。

用矩阵 $A = (a_{ij})_{n \times m}$ 和矩阵 $L = (l_{ij})_{n \times m}$ 分别表示 n 个资产向量和 n 个负债向量，$t = \{t_1, t_2, \cdots, t_n\}$ 表示时间向量，a_{ij} 表示在时间 t_j 第 i 种资产的现金流入值，l_{ij} 表示在时间 t_j 第 i 种负债的现金流出值，$m_A = \{m_{A1}, m_{A2}, \cdots, m_{An}\}$ 和 $m_L = \{m_{L1}, m_{L2}, \cdots, m_{Ln}\}$ 分别表示时间 t 的资产和负债向量的价格。向量 $\alpha = (\alpha_1, \alpha_2, \cdots, \alpha_n)$ 和 $\beta = (\beta_1, \beta_2, \cdots, \beta_n)$ 分别表示各种资产和负债的持有量，则资产组合具有现金流 x，其中，在时间 t_j，有 $x_j = \sum_{i=1}^{n} \alpha_i a_{ij}, j = 1, 2, \cdots, m$；负债组合具有现金流 l，其中，在时间 t_j，有 $l_j = \sum_{i=1}^{n} \beta_i l_{ij}, j = 1, 2, \cdots, m$；用 C 表示成本函数，C_A 和 C_L 分别表示资产和负债的成本，则随机免疫最优策略是使成本最低，即有下述随机资产负债管理模型：

$$\min(\sum_{i=1}^{n} \alpha_i m_{Ai} - \sum_{i=1}^{n} \beta_i m_{Li})$$

$$\begin{cases} p[y(t), t; \alpha] = p[y(t), t; \beta] \\ \rho[y(t), t; \alpha] = \rho[y(t), t; \beta] \\ \sum_{i=1}^{n} \alpha_i m_{Ai} = C_A \\ \sum_{i=1}^{n} \beta_i m_{Li} = C_L \\ \alpha'_i \leq \alpha_i \leq \alpha'_i \\ \beta'_i \leq \beta_i \leq \beta'_i, i = 1, 2, \cdots, n \end{cases}$$

随机型久期匹配技术与确定型久期匹配技术的基本思想相同，都是构造一个资产组合，使其现值及现值关于利率的导数等于负债组合的相应项，从而达到规避利率风险的目的。不过，尽管原理简单，但随机型久期匹配技术在实际中的应用却是非常复杂的。

资产负债管理的最优化模型有很多种，每一种模型都有自己适合的场合及所能解决的具体问题。这些模型只描述了某种指导思想，在具体应用时，保险公司有时还需要根据自己的具体情况，加上其他一些约束条件，如保险法规约束和保险监管部门的政策规定等，以构成适合自己的具体模型。

本 章 小 结

　　保险公司的资产负债管理是从公司整体业务出发而进行的全面有效的系统化管理，目的是通过对资产负债结构的适当调整实现二者的合理匹配，以确保保险公司具有稳定的偿付能力，从而达到从总体上控制保险资金运用风险的目的。本章首先给出了保险公司资产负债管理的含义、特征及其流程，然后以日产生命和美国寿险业为例，分析了其经营管理成功与失败之处，研究表明，中国的民族保险业也应当实行有效的资产负债管理。在此基础上，深入分析了中国保险业资产负债管理模式的选择，并指出中国保险业目前既不适宜采取单纯资产导向型的资产负债管理模式，也不适合采取纯粹负债导向型的资产负债管理模式，而应当结合使用。本章同时还分析了资产负债管理的组织系统，并提出资产负债管理矩阵式组织架构设置的基本思路。其次，本章还研究了保险公司的负债及其利率特性，分析了不分红产品、分红产品、投资连结产品以及其他利率敏感性产品的特点及其利率特性，研究了利率风险的免疫策略和资产负债管理的最优化模型，如古典现金流匹配模型、一般免疫模型、专献模型、资产负债管理的随机免疫模型、资产负债管理的随机专献模型和资产负债管理的随机久期匹配模型。最后，简要分析了几种典型的资产负债管理检测方法，这些方法包括：弹性检测法、现金流检测方法和风险资本法等。

　　从全球范围来看，资产负债管理在保险业中将会发挥越来越重要的作用。首先，日趋增大的市场规模和激烈的市场竞争增加了对资产负债管理的要求；其次，许多国家的保险监管部门为了加强偿付能力监管，对保险公司的资产负债管理方法和技术提出了具体要求，这在很大程度上会促进保险业资产负债管理的发展。从中国的情况看，尽管有意识的资产负债管理对于民族保险业来说可能才刚刚开始，可选择的资产负债管理模式和技术也还很不成熟，但中国的保险公司必须充分认识到资产负债管理的潜力以及可能的发展趋势，认识到进行以资产负债管理技术为中心的组织模式重构的必要性，对于中国的民族保险业来说，资产负债管理理念的进一步根植和深入是极为关键的。多年来，中国的保险公司一直以扩大业务规模作为经营目标，连续多次降息造成的利差损问题使保险公司增强了风险管理的意识，但亦应当看到，部分保险公司风险管理的意识还不强，风险管理的观念和技术老化，更没有真正从全局角度去看待资产负债匹配问题，没有从资产负债匹配的角度去开发产品和构建资产组合，而是片面强调产品创新和市场开拓，这无疑会造成极大的潜在风险。因此，资产负债管理的理念转变是非常重要的，资产负债管理可以从根本上改变保险公司的经营理念，使保险公司能够有效地规避各类风险，特别是利率风险，并在保证偿付能力的前提下获得更快的发展。

第六章

保险公司偿付能力预警监测与资金运用的风险管理

第一节 保险公司偿付能力预警监测问题概述

偿付能力是指保险公司偿付其到期债务的能力，它是保险公司整体运营的多元函数，依赖于产品定价、准备金提取以及保险资金运用等一系列参数。保险资金运用风险最终可以反映到保险公司是否具有偿付能力这一核心问题上来，如果保险资金运用收益达不到预期水平从而产生利差损，就必然会影响到保险公司的偿付能力。因此，对保险公司偿付能力的预警监测是控制保险资金运用风险的间接的手段。

从保险监管的角度而言，偿付能力有两层含义：一是保险公司经营某种产品必须具有满足所承诺的给付责任的能力；二是保险公司达到财务状况良好的标准，即偿付能力额度。偿付能力额度表示为实际资产减去实际负债的差额，实际资产等于各类资产的实际数量乘以资产的认可系数，而资产的认可系数与该资产形态的风险有关，风险越大，认可系数越小，其收益也可能越大。因此，在风险和收益之间确定一个平衡点，即确定合理的偿付能力额度是非常关键的。首先，偿付能力额度过低，则保险公司的资产中高风险的资产比例较大，那么公司面临的风险也就较大。其次，偿付能力额度过高，则会影响保险公司的盈利能力，并进而限制保险公司的发展。如因保险资金运用渠道的限制，中资保险公司的大部分资产都以现金、银行存款以及国债的形式存在，这的确保证了较高的偿付能力，但保险公司的资金运用收益却大大降低了。因此，确定合理的偿付能力额度是合理运用保险资金的前提条件，也是一项异常困难的工作。实际操作中，由于实际偿付能力额度表现的是保险公司实实在在的资产负债质量,通过对保险公司一系列资产负债指标的考察,至少能比较确切的衡量保险公司实际偿付能力的大小。换言之,保险公司经营风险对偿付能力的影响可以从资产和负债两方面体现出来。对负债的影响主要源于定价不足的风险,对资产的影响主要源于资产贬值的风险。所以,从国际范围来看,监管当局对保险公司偿付能力的监测一般是通过对一系列反映资产与负债状况的指标进行监测实现的[1]。在具体操作时,偿付能力监测通常采用"持续经营原则",即不考虑处置保险公司的现有资产,而是判断未来现金流的情况,考察保险公司的现金流能否满足给付需要。

目前,对偿付能力监测模型的研究已经成为一个前沿性的学术课题,但迄今为止,还未见到公认的较为成熟的模型。代表性的模型主要有:美国的现金流测试模型(Cash-Flow Testing)、加拿大的偿付能力动态测试模型(Dynamic Solvency Testing)。国内的研究也比较多,值得称道的研究有:封进(2002)[2] 运用因子分析方法,从寿险业经营风险控制的角度,选取了八个财务指标对我国寿险业的偿付能力进行评价;粟芳(2002)[3] 对非寿险业的偿付能力问题进行了全面研究,用比率法、风险理论法和破产理论法分别研究了中国非寿险业的偿付能力问题,并运用灰色系统理论对偿付能力影响因素进行了关联分析。总之,上述研究都有一定的应用价值,都是基于一系列的比率分析,基于偿付能力与保险公司的财务比率具有线性关系的假设上。

但是,有关研究与经验表明,企业财务状况(资产负债质量)的好坏与财务比率指标的关系通常是非线性关系,各种财务比率指标可能是高度相关的,而且许多财务指标并不成正态分布[4],因此,现有的偿付能力监测模型不能很好地解决这些问题。作为研究复杂性问题的工具,人工神经网络技术在模式识别与分类、自动控制、预测等方面显示了其优越性,特别是能处理任意类数据。人工神经网络方技术克服了传统分

---

[1] 封进:《中国寿险经营的风险研究》,经济管理出版社2002年版,第123页。
[2] 同上书,第142页。
[3] 粟芳:《中国非寿险保险公司的偿付能力研究》,复旦大学出版社2002年版,第56页。
[4] Anthony Saunders, Credit risk measurement, John Wiley&Sons, Inc., 1999, p. 89.

析方法选择适当模型函数形式的困难，它是一种自然的非线性建模过程，不需要分清存在什么样的非线性关系，这给建模带来了极大的方便。而且人工神经网络方法对问题的求解方式与传统方法不同，它是经过训练来解决问题的，训练一个人工神经网络是把同一系列的输入例子和理想的输出作为训练的样本，根据一定的训练算法对网络进行足够的训练，使得人工神经网络能够学会包含在解中的基本原理，当训练完成后，该模型可以用来求解相同的问题。另一方面，从预警问题的本质特征来看，预警是测度某种状态偏离预警线大小的程度，进而发出预警信号的过程。预警系统是确定预警状态、发出监测信号的信息系统。经济监测预警研究始于19世纪末。到现在为止，理论和实务界已经提出了一系列经济预警系统，如宏观经济预警系统、银行破产预警系统以及技术经济预测支持系统等。但是，目前的预警系统还存在一些缺陷，如现有预警方法大多采用直线外推、移动平均、回归分析等，难以处理那些高度非线性数据，而且现有预警方法对于预警线和预警区域的划分是固定不变的，这不符合问题的特征，也不具备时变特征，缺少自适应和自学习能力，极大地降低了预警信号的准确性和灵活性。由于人工神经网络具有任意逼近函数、自学习自适应能力极强的特点，因此，在这里，可以将人工神经网络应用到经济预警问题之中。

显然，从模式识别的角度看，保险公司偿付能力监测预警是一个模式分类过程，从警兆指标、警情指标、警度指标之间的映射关系看，经济预警是一个函数逼近过程；从警兆指标、警情指标、警度指标之间的噪声与报警准确处理方式来看，经济预警问题又是一个最优化过程。而模式识别、函数逼近、最优化正是人工神经网络最擅长的应用领域，因此，用人工神经网络技术对保险公司的偿付能力进行预警监测是适宜的。将人工神经网络方法用于保险公司偿付能力预警监测，一是利用它的映射能力，二是利用其泛化能力，即在经过一定数量的带噪音的样本的训练之后，网络可以抽取样本所隐含的特征关系，并对新情况下的数据进行内插和外推以推断其属性。因此，人工神经网络在保险公司偿付能力预警中的应用，无论从思想上还是从技术上都是对传统经济预警系统的一种拓宽和突破，解决了传统预警模型难以处理高度非线性模型，克服缺少自适应能力、信息和知识获取的间接、费时、低效等困难，为经济预警的实用化奠定了基础。

第二节 径向基函数(RBF)人工神经网络模型

人工神经网络技术在经济领域中已经有比较广泛的应用,如应用 BP 网络对股票价格进行预测,应用 BP 网络模型对商业银行的信贷风险进行预警,运用 BP 网络模型评估借贷方的信用风险等[①],这些应用都取得了比较好的效果。然而,在对经济问题进行预警尤其是在保险领域中应用径向基函数网络解决问题的案例还不多见。

在对同一函数相同精度的逼近过程中,同 BP 网络模型相比较,径向基函数(Radial Basis Function)网络的计算时间和所用神经元个数都大大少于 BP 网络,且在经济指标时间序列预测中,RBF 网络有许多成功的应用案例,如马兰芳、刘金兰(2002)利用 RBF 网络模型对商业银行的经营状况进行了预警监测[②]。因此,本书拟借鉴其研究思路选择 RBF 网络作为指标值预测的基本方法。

RBF 网络由三层组成,输入层节点传递输入信号到中间层,中间层节点即 RBF 节点由如高斯核函数那样的辐射状作用函数组成,输出层节点通常为简单的线性函数。RBF 网络结构如图 6-1 所示。

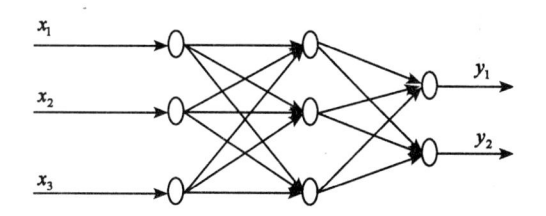

图 6-1 径向基函数神经网络结构

RBF 网络最常用的核函数是如下形式的高斯函数:

$$u_j = \exp\left[\frac{-(X-c_j)^T(X-c_j)}{2\sigma_j^2}\right] \quad j = 1, 2, \cdots, N_h$$

[①] 王春峰、万海晖、张维:《基于神经网络技术的商业银行信用风险评估》,《系统工程理论与实践》1999 年第 9 期。

[②] 马兰芳、刘金兰等:《人工神经网络在商业银行监测预警中的应用研究》,《管理工程学报》2002 年第 16 期。

其中，u_j 是第 j 个中间节点的输出，$X = (a_1, a_2, \cdots, a_n)^T$ 是输入样本，c_j 是高斯函数的中心值，σ_j 是标准常数，N_h 是中间层节点数。由上式可知，节点的输出范围在 0 和 1 之间，且输入样本越靠近节点的中心输出值越大。

RBF 网络的输出为中间层节点输出的线性组合，即：

$$y_i = \sum_{j=1}^{N_h} \omega_{ij} u_j - \theta = W_i^T \quad i = 1, 2, \cdots, m$$

其中，$W_i = (\omega_{i1}, \omega_{i2}, \cdots, \omega_{iN_h} - \theta)^T$，$U = (u_1, u_2, \cdots, u_{N_h}, 1)^T$。

RBF 网络的学习过程分为两个阶段。第一阶段根据所有的输入样本决定中间层各节点的高斯中心值 c_j 和标准化常数 σ_j；第二阶段，在中间层参数确定后，根据样本，利用最小二乘法原理，求出输出层的权值 W_i。

第三节 保险公司偿付能力预警监测模型及其实现

一 保险公司偿付能力预警监测指标体系

下面以寿险公司为例，运用 RBF 神经网络模型对寿险公司的偿付能力进行预警监测，其中，首要步骤是建立相应的预警监测指标体系。在偿付能力评价指标体系设计上，美国对产险和寿险有不同标准，其中，寿险的比率有 4 类 12 个指标。为克服单个指标的缺陷，美国保险监理官协会（NAIC）还研究提出了风险资本比率作为偿付能力额度的评价指标。欧盟各国、澳大利亚、新加坡和中国香港等的偿付能力监管重点在偿付能力额度监管。我国的《保险法》规定，对寿险公司的偿付能力要实施两个层次的全方位监管，并逐步转变到以偿付能力监管为主上来，2003 年 3 月 24 日中国保监会颁布了《寿险公司偿付能力额度及监管指标管理规定》，分别规定了财产险公司和寿险公司具体的偿付能力额度及监管指标管理规定，并同时给出了各指标值的正常范围。显然，寿险公司只能根据这些给定指标的正常值从静态角度监测其偿付能力，不能从动态角度监测自己的偿付能力状况，更不能得出综合的预警

第六章 保险公司偿付能力预警监测与资金运用的风险管理   259

监测结果。以下首先根据《寿险公司偿付能力额度及监管指标管理规定》给出寿险公司偿付能力的预警监测指标，然后利用径向基函数神经网络模型，对寿险公司的偿付能力进行预警监测。监测指标共有 12 个，具体是：

（1）长期保费收入增长率 v_1：v_1 =（本年长期险保费收入 – 上年长期险保费收入）/上年长期险保费收入 × 100% ；

（2）短期险自留保费增长率 v_2：v_2 =（本年短期险自留保费 – 上年短期险自留保费）/上年短期险自留保费 × 100% ；

（3）实际偿付能力额度变化率 v_3：v_3 =（本年实际偿付能力额度 – 上年实际偿付能力额度）/上年实际偿付能力额度 × 100% ；

（4）险种组合变化率 v_4：v_4 = 各类险种保费收入的占比变动的绝对值之和/险种类别数 × 100% ；

（5）认可资产负债率 v_5：v_5 = 认可负债/认可资产 × 100% ；

（6）资产认可率 v_6：v_6 = 资产净认可价值/资产账面价值 × 100% ；

（7）短期险两年赔付率 v_7：v_7 =［本年和上年的赔款支出（减摊回赔款支出）之和 + 本年和上年的分保赔款支出之和 + 本年和上年的未决赔款准备金提转差之和 – 本年和上年的追偿款收入之和］/（本年和上年的短期险自留保费之和 – 本年和上年的短期险未到期责任准备金提转差之和）× 100% ；

（8）投资收益充足率 v_8：v_8 = 资金运用净收益/有效寿险和长期健康险业务准备金要求的投资收益 × 100% ；

（9）盈余缓解率 v_9：v_9 =（摊回分保费用 – 分保费用支出）/（认可资产 – 认可负债）× 100% ；

（10）资产组合变化率 v_{10}：v_{10} = 现金和投资资产中各项目净认可价值的占比变动的绝对值之和/现金和投资资产的项目种类数 × 100% ；

（11）融资风险率 v_{11}：v_{11} = 卖出回购证券 ÷（实收资本 + 公积金）× 100% ；

（12）退保率 v_{12}：v_{12} = 退保金/（上年末长期险责任准备金 + 本年长期险保费收入）× 100% 。

下面以上述 12 个指标为例，运用 RBF 神经网络模型说明对保险公司的偿付能力进行预警监测的基本方法。但遗憾的是，由于本研究没有获得实证研究所需要的指标数据，以下只能介绍这种方法的基本原理和应用步骤。

二　指标权重的确定与研究数据的整理

根据监测的时间频率，上述指标的时间单位可以是年、半年、季度甚至月。比如，如果偿付能力的预警监测是每年进行一次，那么，指标数据的取值范围也应当是一年。另外，各指标在衡量保险公司偿付能力中的重要程度是不相同的，有的指标重要一些，有的指标次要一些。为此，还需要在"偿付能力"这一目标下，给出反映各指标重要程度的权重。在此，可以使用层次分析法（AHP）确定各指标的权重，具体步骤从略，不妨设专家最后给出的各指标权重如表6-1所示：

表6-1　　　　　　　偿付能力预警监测指标权重

指标	v_1	v_2	v_3	v_4	v_5	v_6	v_7	v_8	v_9	v_{10}	v_{11}	v_{12}
权重	C_1	C_2	C_3	C_4	C_5	C_6	C_7	C_8	C_9	C_{10}	C_{11}	C_{12}

表6-1中，$C_1 + C_2 + \cdots + C_{12} = 1$。在确定各指标的权重以后，接下来的工作就是要针对上述12项指标搜集整理该公司的历史数据，假设监测的时间间隔按季度进行，那么，对各指标值的计量也以季度为单位。一般情况下，研究要有4年以上的历史数据才能满足一定的精度要求。设可以搜集到某公司2007—2011年连续5年的历史数据，这样，将该公司连续5年的历史数据按不同指标分四个季度列于表中，总共得到240个研究数据。

三　单指标预警与监测

对该公司各指标的预警监测，采用径向基函数人工神经网络方法，具体步骤是：对保险公司时间序列的各监测指标作窗式移动，输入层有三个神经元，对应连续三个季度的指标数值，输出层有一个神经元，对应后一季度的指标数值，依次类推。具体计算过程可以由计算机软件（MATLAB软件包中的神经网络工具箱）完成。

预警线和预警区域的划分采用应用较为广泛的3 σ 准则，即按时间

第六章 保险公司偿付能力预警监测与资金运用的风险管理

序列值的标准差划分,对每一指标 v_i 计算其时间序列平均值 $\bar{v}_i$ 和样本标准差 σ_{v_i},以 $\bar{v}_i + 3\sigma_{v_i}$ 作为红灯区与黄灯区的临界线,以 $\bar{v}_i + \sigma_{v_i}$ 作为黄灯区与绿灯区的临界线,以 $\bar{v}_i - \sigma_{v_i}$ 作为绿灯区与浅蓝灯区的临界线,以 $\bar{v}_i - 3\sigma_{v_i}$ 作为浅蓝灯区的临界线。预警线和预警区域的划分如图6-2所

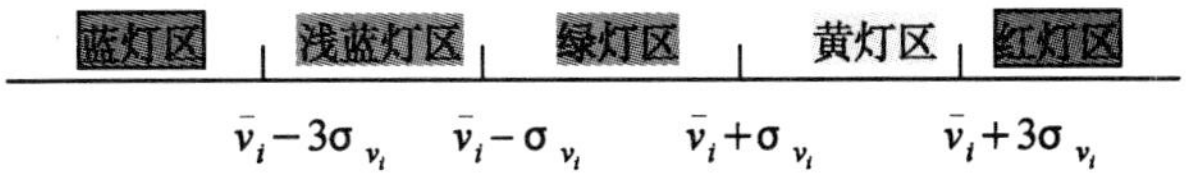

图6-2 预警线和预警区域的划分

示:用 MATLAB 软件包中的神经网络工具箱进行计算,得到12个单指标的拟合结果,系统自动生成预测结果拟合图。这样,对应每一个指标,共得到12张拟合图,图中横坐标表示时间(季度),纵坐标是相应指标的计量单位。在每张图中,共有五条折线,其中由上到下的四条折线分别为红灯区与黄灯区、黄灯区与绿灯区、绿灯区与浅蓝灯区、浅蓝灯区与蓝灯区的分界线,另外一条折线对应该指标的监测与预测结果。根据单指标的监测与预测结果在图中对应折线的位置,不仅可以对该公司在每一季度的单指标历史运营状态做出判断,而且还可以对单指标在未来的运营状态做出预测,即是"过热"、"偏热"、"正常"、"偏低"还是"过低"。由预测拟合结果得2007—2011年度该公司各偿付能力指标的240个监测结果,可列于表中。当然,由于各项指标所反映的经济含义不同,各指标运行区域分值应根据指标所反映的经济含义进行确定。在这12个指标中,既有正向指标,又有反向指标。根据指标性质,对应"过热"、"偏热"、"正常"、"偏低"、"过低",如正向指标依次取5、4、3、2、1分;反向指标依次取1、2、3、4、5分,这样,可以得到12个指标的预警区域分值表。

四 偿付能力的综合监测

对保险公司偿付能力的综合监测可以通过构造监测指数 p_t 来进行,具体步骤如下:

(1)根据指标体系和所划分的运行区间,针对各指标当前所处的

运行区间，分别取值 μ_i，μ_i 的取值范围为 1 分，2 分，3 分，4 分，5 分；

（2）构造监测指数 p_t，以当前时点上各指标的加权平均值作为监测指数 p_t，则有：

$$p_t = \sum_{i=1}^{12} C_i \times (\mu_i/5)$$

（3）根据经验，不妨取满分的 85%、70%、50%、35% 为监测指数 p_t 的四个临界点。则有：

1) 若 $p_t \geq 85\%$，则为红灯区，说明保险公司在该时间段内资产业务或负债业务发展过热；

2) 若 $70\% \leq p_t < 85\%$，则为黄灯区，说明保险公司在该时间段内资产业务或负债业务发展略有过热；

3) 若 $50\% \leq p_t < 70\%$，则为绿灯区，说明保险公司在该时间段内资产业务和负债业务发展稳定；

4) 若 $35\% \leq p_t < 50\%$，则为浅蓝灯区，说明保险公司在该时间段内资产业务或负债业务发展有转稳或萎缩的可能；

5) 若 $p_t < 35\%$，则为蓝灯区，说明保险公司在该时间段内资产业务或负债业务发展处于萎缩状态。

其中，1) 和 5) 说明保险公司的资产与负债不匹配，偿付能力易出现问题，保险公司应采取具体措施提高偿付能力。2) 和 4) 说明保险公司的资产与负债可能存在一定程度的不匹配，应关注自己的偿付能力。

根据监测指数 p_t 的计算公式，分别计算各年度分季度的综合监测指数，这样就得到 2007—2011 年间连续 20 个季度的偿付能力监测指数，根据上述临界点的划分结果，不难判断该公司在每一季度的偿付能力状况。在这里，临界点的划分没有固定标准，一般根据专家经验确定，监测指数 p_t 也可以按照其他方式构造，如可以将监测指数 p_t 定义为各指标预警区域分值到最优值的欧氏距离（加权），这样，监测指数 p_t 越小的季度，说明保险公司的偿付能力就越有保证。

五　偿付能力的综合预警

对保险公司偿付能力的综合预警可以通过构造预警指数 q_t 来实现，

预警指数 q_t 的构造方法与监测指数 p_t 的构造方法类似，唯一的区别是，监测指数 p_t 利用的是当前的数据，而预警指数 q_t 使用的是未来的预测数据。根据前面得到的 12 个指标 RBF 神经网络模型的预测结果，可以得到 12 个指标 2012 年第 1 季度的预测值，预警区域的划分仍然采用 3σ 准则。由 12 个指标的预测结果可得 2012 年第 1 季度的预警指数 q_t：

$$q_t = \sum_{i=1}^{12} C_i \times (\tau_i/5)$$

其中，τ_i 为第 i 个指标在 2012 年第 1 季度的预测值所在区域的对应得分（1、2、3、4、5 分）。预警指数 q_t 的临界点同样可以根据经验来划分，这样，根据预警指数 q_t 的值及临界点的划分结果，就可以对保险公司未来的偿付能力进行监测预警。

将 BRF 人工神经网络模型用于保险公司偿付能力的预警监测中，方法科学直观，计算结果有明确含义，在一定程度上保证了预警信号的准确性和灵敏性，该方法可以为保险公司和监管部门所借鉴。

本章小结

保险资金运用风险最终可以反映到保险公司是否具有偿付能力这一核心问题上来，如果保险资金运用风险超过承受能力从而使资金运用收益达不到预期水平，那就必然会影响到保险公司的偿付能力。作为尝试，本章以 2003 年 3 月 24 日中国保监会颁布的《寿险公司偿付能力额度及监管指标管理规定》中有关人寿寿险公司具体偿付能力额度指标为例，将径向基函数（RBF）神经网络模型用于保险公司偿付能力的预警监测中，不仅给出了单指标的预警监测方法，而且还给出了偿付能力综合预警与监测的方法与步骤。

第七章

研究展望

  保险资金运用是现代保险业经营过程中的一项重要业务活动，随着我国保险业的快速发展，保险资金运用渠道正在进一步拓宽，但资金运用渠道的拓宽也势必会带来许多难以想象的风险，因此，如何有效控制和管理保险资金运用过程中的风险因素将是保险资金运用的关键。本书主要以保险投资学、金融投资学以及金融风险管理理论为基础，以金融工程以及随机数学中的有关理论方法为基本分析工具，在对保险资金运用的有关概念，如保险资金运用的资金来源、性质、运用约束、风险、风险管理等进行综述的基础上，从微观层次上研究了保险资金运用的风险管理问题，研究内容涉及以下两个方面：保险资金运用方式的风险管理与控制以及保险资金运用风险的综合管理与控制。

  当然，本研究课题涵盖的内容还有很多，它涉及保险资金运用的每一个环节。本书所作的研究工作只是针对保险资金运用风险管理的某些局部问题，因此，无论在理论上还是在应用上，本研究都有待于进一步拓展和提高。总体而言，本领域未来的研究重点应集中在以下几个方面。

  首先，保险市场和资本市场日趋融合已经是无可争辩的事实，保险资金已经直接入市，保险资金运用规模正在逐步扩大，保险公司将成为金融市场上举足轻重的机构投资者，因此，保险资金运用渠道的拓宽以及运用规模的扩大不仅加大了保险资金运用过程中的风险，而且使风险因素更趋复杂，这必将要求我国的保险公司应当不断提高自身的资产管理能力和风险管理水平，特别是随着保险资产管理公司的建立，保险资金运用机构更应建立自己相对独立的风险管理系统。总体而言，由于在未来一段时间内，固定收益产品仍然是我国保险公司的主要投资方式，加之保险产品的利率特性，因而利率风险还会是保险公司的主要投资风险，利率风险的度量与管理无疑会是将来的一个研究热点，特别是有关利率风险模型的研究与应用对于保险公司的资产负债管理有着极其重要的影响。当今，国外大保险公司已经应用较为成熟的风险管理软件来计量风险，有的还采用 GAT 和 BLOOMBERG 等计算方法更加审慎的软件，有的则利用自行开发的软件度量并管理利率风险，保险公司的其他风险类型也正在不断引入银行业投资风险分析软件进行管理，因此，可以预计，包括利率风险在内的风险度量与管理软件将会有较大发展。

其次，随着金融复杂化和全球一体化进程的加快，保险公司面临的交易对手将会更加复杂，因此，为了确保保险资金的安全运用，保险公司必将会更加注重对信用风险的管理，保险公司不仅要参考外部评级机构以及本国监管部门提供的评级结果，而且还应根据自身掌握的信息和需要建立内部评级系统。在信用风险管理方面，不仅采用类似资产负债匹配风险管理的限额方式，对投资组合的行业分布、公司选择等制定风险限额，而且还应确定公司认可的风险较低的交易对手名单，以确保将信用风险控制在可以接受的范围之内。除此之外，在信用风险方面，信用评级机构与大的机构投资者必将有密切联系，以逐步实现数据共享，以便更为准确地测算违约频率和违约损失等，并在统一的金融风险体系下予以度量。

再次，20世纪90年代以前，保险公司的流动性风险比较重要，但当前和今后一段时间内，这一风险并非是保险公司主要的风险暴露，原因在于，其一，随着保险产品由传统不分红产品到分红产品和其他利率敏感型产品的转变，保险产品的利率敏感性越来越高，保单贷款利率由固定利率转向浮动利率，保单贷款利率与市场贷款利率的差距逐步缩小，降低了保单退保率，从而降低了流动性风险；其二是因为会计制度的变化使保险公司固定收益投资可随时沽出而不会对其账面价值和盈余产生不利影响，因此，流动性风险管理将不再是保险公司风险管理的主要内容。但尽管如此，国外许多大型寿险公司仍然采用 PTS、TAS 或 AQS 等一系列软件进行情景模拟和极限测试，以控制流动性风险暴露。

此外，未来一段时间内，资产负债不匹配风险将受到业界和理论界更多的关注，我国保险业起步较晚，保险公司起初比较注重于扩大市场规模，主观上缺乏对资产负债管理的重要性的认识，没能主动引进国际上先进的资产负债匹配技术，保险资金运用的外部环境也限制了我国保险业实施资产负债匹配的风险管理策略，但随着我国保险资金运用渠道的进一步拓宽以及保险公司风险管理意识的增强，保险公司必将注重对资产负债不匹配风险的管理，因此，除了相关的理论研究之外，理论界和实务界应当专注于国外资产负债管理技术在我国的应用性研究。

最后，从国际保险业以及整个金融市场的发展趋势和风险因素的变迁可知，保险资金运用的风险因素将会更加复杂和隐蔽，保险公司也必将面临新的资金运用风险，这就要求保险公司应当在保险资金运用的风险管理组织模式、技术方法、内部风险的控制制度方面相应地有所创新和发展，如整体风险管理模式的引入，资产负债管理模式的进一步发展、未来风险管理模型技术的通用性的逐步增强，等等。现今，尽管保险业已经应用了一些包括银行业在内的其他金融机构的投资风险管理模型与技术，并自行开发了一些适用于保险业特点的风险管理模型与技术，但这种应用还只是局部的和较低水平的。目前只有大规模的保险公司才运用复杂的风险管理技术和模型，且很少有公司实施全面的风险管理，所以，保险资金运用的风险管理将一直是国内外业界和学术界研究的一个重要课题。

总之，由于近年来保险公司的资产配置方式已呈现出证券化的发展趋势，保险市场和资本市场日趋融合，保险资金运用渠道逐步拓宽，这种发展趋势无疑会使保险公司面临更大的资金运用风险，因此，未来保险公司竞争的制高点与其说是保险资金运用能力的竞争，倒不如说是风险管理能力的竞争。保险资金运用的风险管理作为保险公司整体风险管理的重要组成部分，无疑在其中占据了重要地位，所以，无论是理论界、业界还是保险监管当局，今后都必将重视对保险资金运用风险管理问题的研究。一言以蔽之，对保险资金运用风险管理问题的研究任重而道远，希冀本研究能够起到抛砖引玉的作用，以使该领域的研究会走得更远。

参 考 文 献

[1] Altman EI, Saunders A., *Credit risk measurement: Developments over the last 20 years*, Journal of Banking & Finance, 1997, (21): 1721—1742.

[2] Ang A., Sherris M., *Modeling for risk management and valuation of interest rate dependent cash flows*, North American Actuarial Journal, 1998, 1 (2): 1—26.

[3] Anthony Saunders, *Credit risk measurement*, John Wiley&Sons, Inc, 1999.

[4] Babbel, D. F., "Asset Liability Matching in the Life Insurance Industry." In E. I. Altman and I. T. Vanderhoof, eds, *The Financial Dynamics of the Insurance Industry*, Burr Ridge, IL: Irwin Professional Publishing, 1995.

[5] Babbel, D. F. and R. Stricker, *Asset Liability Management for Insurers. Insurance Perspectives*, Goldman Sachs, May 1987.

[6] Bass, A., Funari, S., *A data envelopment analysis approach to measure the mutual fund performance*, European Journal of Operational Research, 2001, (135).

[7] Bradley S. P., Crane D. B., *A dynamic model for bond portfolio management*, Management Science, 1972, 19 (2): 139—151.

[8] Brennan M. J., *The term structure of discount rates*, Financial Management, 1997, 26 (1): 81—89.

[9] Cox, J. C., Ingersoll, J. E., Ross, S. A., *Duration and measurement of Basis Risk*, Journal of Business, 1979, (52): 40—67.

[10] Doherty, N. A., *Corporate Risk Management: A Financial Exposition*, New York: McGraw-Hill, 1985.

[11] Donald R. Van Deventer, Kenji Imai., *Financial Risk Analytics*, Irwin, 1997.

[12] D. Duffie, *Dynamic Asset Pricing Theory*, Princeton University Press, Princeton, New Jersey, 1992.

[13] Dowd K., *Beyond Value at Risk*, New York, John Wiley&Sons, 1998.

[14] Frank J. Fabozzi & Atsuo Konishi, *The Handbook of Asset/Liability Management* (Revised Edition), Irwin McGraw-Hill, 1996.

[15] Frank J. Fabozzi (Editor), *The Handbook of Fixed Income Securities* (5th edition), McGraw-Hill, 1997.

[16] Glyn Holton, *Simulation value-at-risk*, Risk, 1998, (5): 60—63.

[17] G. O. Bierwag, *Duration and Term Structure of Interest Rates*, Journal of Financial and Quantitative Analysis, 1977, (12): 712—734.

[18] G. O. Bierwag & Chuksoon Khang, *An Immunization Strategy is a Minmax Strategy*, The Journal of Finance, 1979, 34 (2).

[19] Hans Buhlmann, *Life Insurance With Stochastic Interest Rates*, Financial Risk in Insurance, G. Ottaviant (Ed.), Springer-Verlag, 1995, 11—34.

[20] Harold D. Skipper, Jr, *International Risk and Insurance: An Environmental Managerial Approach*, McGraw-Hall, Inc., 1998.

[21] Holton, Glyn A., *Simulating value-at-risk*, The Journal of Performance Measurement, 1998, 3 (1).

[22] Hoffman, D. G. Ed., *Operational risk and financial institutions* (Risk Publication), 1998.

[23] Ingersoll J. E., Ross S. A., *Waiting to invest: investment and uncertainty*, Journal of Business, 1992.

[24] ISDA/BBA/RAM survey report (February 2000), *operational risk-The Next Frontier available*, from www. isda. org.

[25] J. A. Tilly, *The Matching of Assets and Liabilities*, TRANS of the Society of Actuaries, 1980, (32): 256—289.

[26] James S. Trieschmann, Sandra G. Gustavson, Robert E. Hoyt, *Risk Management and Insurance*, South-Western College Publishing, 11th edition, 2000.

[27] Jarrow Robert, Stuart Turnbull, *The intersection of market and credit risk*, Journal of Banking & Finance, 2000, (24): 171—188.

[28] Jennifer Lang, *Asset Liability Modeling for Life and General Insurance Companies*, IAA Session Meeting, 1998, March.

[29] J. Kroll, *Mean Variance Versus Direct Utility Maximization*, Finance, 1984, (39): 47—62.

[30] Jorion P., Value *at risk: The new benchmark for controlling market risk*, New York: The McGraw-Hill Companies, Inc., 1997.

[31] Kevin Dowd, *Financial Risk Management*, Financial Analysts Journal, July/August 1999.

[32] Kevin Dowd, *Beyond value at risk*, New York: John Wiley & Sons, 1998.

[33] Lawrence A. Berger, *Asset/Liability Modeling and Portfolio Optimization*, RECORD of ACTUARIES, Volume 23, No. 3, Washington Annual Meeting, October 21—27, 1997.

[34] Li D., Chen Z., *Optimal portfolio policy in multi-period liability* management, Working paper, Chinese University of Hong Kong, 1998.

[35] Litteman, R. & Scheinkman, J. A., *Common Facters Affecting Bond Returns*, Journal of fixed Income, 1991, 1 (1): 45—67.

[36] Lucy Barnes McDowell, Patti Palmich, *Asset-Liability Management for Annuity Products*, Financial Management, RESOURCE, 1995, September, 11—17.

[37] Mark A. Tullis & Philip K. Polkinghorn, *Valuation of Life Insurance Liabilities* (3rd Edition), ACTEX publications Inc., 1996.

[38] Massimo De Felice, *Immunization Theory: An Actuarial Perspective on Asset-Liability Management*, Financial Risk in Insurance, G. Ottaviani (Ed.), Springer-Verlag, 1995, 56—67.

[39] Mejie Smink, *A numerical Examination of Asset-Liability Management Strategies*, 4th AFIR International Colloquium, 1995, 876—889.

[40] Merton, *On the pricing of corporate debt: the risk structure of interest rates*, Journal of Finance, 1974, (29): 449—470.

[41] Miccolis, Jerry, Kevin Hively and Brian Merkley, *Enterprise Risk Management: Trends and Emerging Practices*, Institute of Internal Auditors Research Foundation, June 2001.

[42] Michel Crouhy, Dan Galai, Robert Mark, *Comparative analysis of current credit risk models*, Journal of Banking & Finance, 2000, (24): 59—117.

[43] MORGAN JP, *Risk Metrics*, Risk Metrics, Third Quarter, 1996.

[44] *Operational Risk Regulatory Approach Discussion Paper*, International Swaps and Derivatives Association, Inc., 2000.

[45] Ouderri BN., Sulliran WG, *A Semi-Variance Model for Incorporating Risk into Capital Investment Analysis*, Journal of the Engineering Economist, 1991, 36 (2).

[46] Panjer, H., Measurement of Risk, *Solvence Requirements and Allocation of Capital within Financial Conglomerates*, 2002, www.uwaterloo.ca.

[47] Patrick L. Brockett, et. al., *A Neural Network Method for Obtaining an Early Warning of Insurer Insolvency*, The Journal of Risk and Insurance, 1994, 61 (3): 402—424.

[48] Petterson, J. A., *The dependence of Investment Policy on the Liabilities of a Lift*

Office. Transactions of 22nd International Congress of Actuaries in Sydney, 1984, (15): 201—215.

[49] Penza P., Bansal V. K., *Measuring market risk with value at risk*, New York: John Wiley & Sons, Inc., 2001

[50] Philippe Jorion, *Financial Risk Manager Handbook*, John Wiley & Sons, 2001.

[51] Pietro Penza, Vipul K. Bansal, *Measuring Market Risk with Value at risk*, China Machine Press, 2001, (9): 93—149.

[52] Pollard J., *On fluctuating interest rates*, Bulletinde Association Royale des Actuaries Belges 1971, 1 (66): 68—97.

[53] Richard Bookstaber, *Risk Management in Complex Organizations*, Financial Analysts Journal, March/April 1999.

[54] *Risk Management by Insurers: Investment Management for Insurers*, Edited by David F.

[55] Robert van der Meer, Meye Smink, *Strategies and Techniques for Asset-Liability Management: an Overview*, The Geneva Papers on Risk and Insurance, 1993, (18): 112—134.

[56] Saikat Nandi, *Valuation models for default-risky securities: an overview*, Economic Review, 1998, Fourth Quarter, 22—35.

[57] Singh M. K., *Value at risk using principal components analysis*, The Journal of Portfolio Management, 1992, (11).

[58] Stephen W. Forbes, *Current Issues for Chief Financial Officers of Life Insurers*, Financial Management, RESOURCE, 1995, January, 15—22.

[59] Stephen W. Forbes, *The Use of Derivatives in Asset-Liability Management*, Financial & Strategic Services, RESOURCE, 1998, April, 22—28.

[60] Studer G., *Stress Testing Portfolios* (Technical Report), RiskLab, Zurich, July 1995.

[61] S. Mark Dorfman, *Introduction to Risk Management and Insurance*, Sixth Edition, Prentice-Hall, Inc., 1998.

[62] Swiss Re, *Asset and Liability Management for Insurers*, Sigma, 2000, (6).

[63] Swiss Re, *Sigma*, 1998, (3).

[64] Swiss Re, *Sigma*, 1996, (5).

[65] Swiss Re, *Development of insolvencies and the importance of security in the insurance industry*, Sigma, 1995, (7).

[66] Swiss Re, *The performance of the insurance industry in international comparison:*

risk-adjusted analysis, *Sigma*, 1995, (1).

[67] Tony Dardis, *Financial Economists, Actuaries and Asset-Liability Management Modeling*. The Tillinghast Modeling Seminar, Dallas, USA, 1994, July.

[68] Vanderhoof, I. T. *The Interest Rate Assumption and the Maturity Structure of the Assets of a Life Insurance Company*, Transactions of the Society of Actuaries, 1972.

[69] Yong Yao, *Term Structure Models: A Perspective from the Long Rate*, North American Journal, 1999, July 112—132.

[70] Zvi Bodie, Alex Kane, J. Alan Marcus, *Investments*, Fourth Edition, Irwin/McGraw-Hill, 1999.

[71] 程鹏、吴冲锋、李为冰：《信用风险度量和管理方法研究》，《管理工程学报》2002 年第 16 期。

[72] 徐大江：《线性规划在证券投资有效集研究中的应用》，《系统工程》1995 年第 13 期。

[73] 郑俊：《组合证券投资最优化模型研究》，《预测》1995 年第 1 期。

[74] 侣锋等：《组合投资在 E-sh 风险下的有效边界》，《系统工程理论方法用》1995 年第 4 期。

[75] 段国圣：《保险资金投资运作及风险管理》，《国泰君安证券网》。

[76] 戴国强等：《VaR 方法对我国金融风险管理的借鉴及运用》，《金融研究》2000 年第 7 期。

[77] 《证券投资基金的投资组合管理》，国研网。

[78] 邹素文：《论我国保险资金的投资运营》，《株洲工学院学报》2001 年第 15 期。

[79] 张宏业：《久期免疫策略在保险风险防范中的应用》，《保险研究》2000 年第 4 期。

[80] 吴文江：《债券价值对市场利率变化的敏感度》，《经济数学》2000 年第 17 期。

[81] 陈友平：《论保险资金管理体制》，《保险研究》，2001 年。

[82] 王春峰：《金融市场风险管理》，天津大学出版社 2001 年版

[83] 陈东：《如何过滤寿险资金的投资风险》，中证网。

[84] 许谨良等：《风险管理》，中国金融出版社 1998 年版。

[85] 刘裔宏等：《寿险基金运用的模型研究》，《系统工程》1995 年第 13 期。

[86] 裴光：《中国保险业监管研究》，中国金融出版社 1999 年版。

[87] 王绪瑾：《论我国保险投资的监管》，《内蒙古保险》1999 年第 3 期。

[88] 于泳：《人寿保险固定收益投资研究》，中央财经大学硕士论文，

2002 年。

[89] 蓝东玫：《我国保险投资的风险管理研究》，中央财经大学硕士论文，2001 年。

[90] 郑伟、孙祁祥：《论保险投资的风险与管理》，《保险研究》2001 年第 3 期。

[91] 林霄、李勇等《寿险公司的利率风险度量及管理》，《保险研究》2003 年第 1 期。

[92] 冯文斌：《对保险资产管理公司相关问题的思考》，《保险研究》2003 年第 5 期。

[93] 张洪涛、郑飞虎：《保险资产管理公司发展模式与监管》，《保险研究》2003 年第 10 期。

[94] 邹琪、贲奔：《中国保险业投资风险分析》，《保险研究》2004 年第 6 期。

[95] 王娜、刘志刚：《保险资金运用的主要风险测定及管理》，《保险研究》2004 年第 6 期。

[96] 向峰：《保险资金投资运作及绩效评估的思考》，《保险研究》2003 年第 1 期。

[97] 秦振球、俞自由：《从资产负债管理看我国寿险产品开发和资金运用》，《上海保险》2002 年第 12 期。

[98] 易丹辉：《中国寿险企业投资风险评价中风险价值的应用研究》，《中国保险监管与精算实务》，袁卫、饶富瑞（Fred Rowley）、彭非主编，中国人民大学出版社 2002 年版。

[99] 王一佳、马泓、陈秉正：《寿险公司风险管理》，中国金融出版社 2003 年版。

[100] 李秀芳：《中国寿险业资产负债管理研究》，中国社会科学出版社 2002 年版。

[101] 魏巧琴：《保险企业风险管理》，上海财经大学出版社 2002 年版。

[102] 安东尼·桑德斯：《信用风险度量》，刘宇飞译，机械工业出版社 2001 年版。

[103] 徐景峰、于瑾：《利率与寿险产品定价研究》，中国财政经济出版社 2004 年版。

[104] 任兆璋：《金融风险防范与控制》，社会科学文献出版社 2001 年版。

[105] 吴育华、杜纲：《管理科学基础》，天津大学出版社 2001 年版。

[106] 赵强：《我国基金管理理论、应用与创新研究》，天津大学博士学位论文，2003 年。

[107] 郑蕾、刘喜华、杨攀勇:《保险资产管理公司的多变量最优激励合同》,《东岳论丛》2010 年第 7 期。

[108] 刘新立:《我国保险资金运用渠道的拓宽及风险管理》,《财经研究》2004 年第 9 期。

[109] 黄英君:《我国保险资金运用的风险理论研究——基于 VaR 模型的实证分析》,《云南财经大学学报》2010 年第 3 期。

[110] 隋学深等:《保险公司偿付能力和保险资产风险联动监管机制研究》,《上海金融》2013 年第 1 期。

[111] 陈刚:《证券投资基金业绩评价的非参数方法》,《统计与信息论坛》2003 年第 18 期。

[112] 丁文恒等:《基于 DEA 的投资基金业绩评估》,《数量经济技术经济研究》2002 年第 3 期。

[113] 张维迎:《博弈论与信息经济学》,上海人民出版社 1996 年版。

[114] 寇日明、等译:《风险管理实务》,中国金融出版社 2000 年版。

[115] 吴育华、付永进:《决策对策与冲突分析》,南方出版社 2002 年版。

[116] 马永开、唐小我:《共同基金业绩评价方法和评价体系》,《数量经济技术经济研究》2001 年第 11 期。

[117] [美] 菲利普·乔瑞著:《VaR:风险价值——金融风险管理新标准》,张海鱼等译,中信出版社 2000 年版。

[118] 马兰芳、刘金兰等:《人工神经网络在商业银行监测预警中的应用研究》,《管理工程学报》2002 年第 16 期。

[119] [英] 马克·洛尔、列夫·博罗多夫斯基编:《金融风险管理手册》,陈斌等译,机械工业出版社 2001 年版。

[120] 张汉江、马超群等:《证券投资基金管理人的最优激励合同》,《系统工程》2000 年第 18 期。

[121] 赵军:《我国人寿保险资金运用基础问题研究》,中央财经大学硕士学位论文,2001 年。

[122] 施兵超、杨文泽:《金融风险管理》,上海财经大学出版社 2002 年版。

[123] 《关于印发〈保险资金运用风险控制指引(试行)〉的通知》,中国保险监督管理委员会,保监发 [2004] 43 号,2004 年 4 月 28 日。

[124] 《保险资产管理公司管理暂行规定》,中国保险监督管理委员会。

[125] 刘媛华、严广乐:《证券投资基金中委托代理关系的风险研究》,《上海理工大学学报》2003 年第 25 期。

[126] 嵇尚洲、陈方正:《金融风险中的新领域——操作风险的度量与管理》,

《上海金融》2003 年第 1 期。

[127]、闻岳春：《美国证券投资基金管理公司风险管理、内部控制及其借鉴》，《财贸经济》2001 年第 12 期。

[128] 中国证券业协会编（证券业从业资格考试统编教材）：《证券投资基金》，中国财政经济出版社 2003 年版。

[129] 彭江平：《商业银行风险管理的理论与系统》，西南财经大学出版社 2001 年版。

[130] 范龙振、胡畏：《金融工程学》，上海人民出版社 2003 年版。

[131] 王春峰、万海晖、张维：《基于神经网络技术的商业银行信用风险评估》，《系统工程理论与实践》1999 年第 9 期。

[132] 宋逢明：《金融工程原理》，清华大学出版社 1999 年版。

[133] 张玲、张佳林：《信用风险评估方法发展趋势》，《预测》2000 年第 4 期。

[134] 刘锡良：《金融机构风险管理》，西南财经大学出版社 1999 年版。

[135] [美] 哈里·马克威茨著：《资产选择——投资的有效分散化》，刘军霞等译，首都经济贸易大学出版社 2000 年版。

[136] 李亚静：《基于 VaR 的风险分析理论和计算方法》，《预测》2000 年第 5 期。

[137] 姚小义等：《证券公司资产管理业务的规模风险控制》，《数量经济技术经济研究》2002 年第 5 期。

[138] 陈占峰：《资产负债管理技术述评》，《系统工程》1999 年第 17 期。

[139] 崔玉杰等：《久期与免除战略在资产—负债管理中的应用原理初探》，《数理统计与管理》2001 年第 20 期。

[140] 寇日明等：《债券价格计算理论与实务》，经济科学出版社 2001 年版。

[141] 唐旭等译：《利率风险的控制与管理》，经济科学出版社 1999 年版。

[142] 粟芳：《中国非寿险保险公司的偿付能力研究》，复旦大学出版社 2002 年版。

[143] 申曙光等：《中国保险投资问题研究》，广东经济出版社 2002 年版。

[144] 娄道永：《资产负债配对研究中的几个利率模型》，《精算通讯》第一期，第 16—18 页。

[145] 程鹏、吴冲锋：《上市公司信用状况分析新方法》，《系统工程理论方法应用》2002 年第 11 期。

[146] 封进：《中国寿险经营的风险研究》，经济管理出版社 2002 年版。

[147] 陈忠阳：《金融风险分析与管理研究——市场和机构的理论、模型与技

术》，中国人民大学出版社 2001 年版。

[148] 孙子明：《保险资金入市的风险及其防范》，《中国经贸导刊》2010 年第 12 期。

[149] 韩信波：《保险资金投资基础设施模式研究及风险控制》，《特区经济》2010 年第 2 期。

[150] 张健：《保险资金运用全面风险管理》，《保险研究》2009 年第 3 期。

[151] 邵晓华、陆履亨、姚奕：《关于我国保险资金入市的风险与对策的一些思考》，《浙江金融》2007 年第 7 期。

[152] 陈群民、王宇熹：《基于 CDaR 的保险资金运用风险管理模型》，《保险研究》2010 年第 12 期。

[153] 杨攀勇：《保险资金运用的风险管理与控制问题研究》，天津大学博士学位论文，2007 年。

[154] 吴忠、王宇熹：《基于 CDaR 理论的社保基金投资风险管理模型的构建》，《统计与决策》2009 年第 2 期。

[155] 夏金华、刘冬荣：《基于模糊层次分析法的保险资金股票投资风险评价研究》，《经济问题》2009 年第 10 期。

[156] 冯翠英：《基于新保险法的保险资金投资房地产投资信托基金研究及风险控制》，《特区经济》2011 年第 2 期。

[157] 兰东娟、宋军刚：《我国保险资金境外投资风险防范探析》，《保险研究》2009 年第 1 期。

[158] 中国保监会 http://www.circ.gov.cn。

[159] 中国保险报 http://www.zgbxb.com.cn。

[160] 上海证券报 http://www.cnstock.com。

[161] 中国证券报 http://www.cs.com.cn。

[162] 新华国际保险研究信息网 http://www.ciiri.com。

[163] 中国易富网 http://www.eefoo.com。

[164] 中国保险网 http://www.3wins.com。